21世纪高等院校经贸管理系列应用型教材

数字化融媒体特色教材

INTERNATIONAL TRADE PRACTICE

国际贸易实务

主　编　张少云　刘文菊　崔润言

副主编　庞荣荣　叶　勇　贾培玉

参　编　佘文婧　马　俊　侯梦薇

　　　　朴光范　田红军

ZHEJIANG UNIVERSITY PRESS
浙江大学出版社

·杭州·

图书在版编目（CIP）数据

国际贸易实务 / 张少云，刘文菊，崔润言主编． —
杭州：浙江大学出版社，2024.6
ISBN 978-7-308-24511-1

Ⅰ．①国… Ⅱ．①张… ②刘… ③崔… Ⅲ．①国际贸
易—贸易实务—教材 Ⅳ．①F740.4

中国国家版本馆CIP数据核字(2023)第250927号

国际贸易实务
GUOJI MAOYI SHIWU

主　编　张少云　刘文菊　崔润言

策划编辑　徐　霞（xuxia@zju.edu.cn）
责任编辑　徐　霞
责任校对　陈丽勋
封面设计　春天书装
出版发行　浙江大学出版社
　　　　　（杭州市天目山路148号　邮政编码310007）
　　　　　（网址：http：//www.zjupress.com）
排　　版　杭州晨特广告有限公司
印　　刷　杭州宏雅印刷有限公司
开　　本　889mm×1194mm　1/16
印　　张　13.5
字　　数　372千
版 印 次　2024年6月第1版　2024年6月第1次印刷
书　　号　ISBN 978-7-308-24511-1
定　　价　59.00元

浙江大学出版社市场运营中心联系方式：0571-88925591；http：//zjdxcbs.tmall.com

前　言

随着中国在世界经济中的总体地位不断提高,为适应国内、国际经济贸易发展的不断变化,培养我国经济与贸易所需要的人才,满足贸易类专业学生与社会各界人士学习对外经济贸易知识的需要,编写了《国际贸易实务》。

本书系统地介绍了国际贸易的基本理论、政策、惯例、贸易措施、实务操作与贸易方式等内容,在保证理论完整性和系统性的前提下,深入浅出,化繁为简。

本书主要突出以下三方面的特点。

第一,充分挖掘思政元素。我国提出的"一带一路"倡议得到了国际社会的高度关注与响应,党的二十大报告进一步明确指出,推动共建"一带一路"高质量发展,维护多元稳定的国际经济格局和经贸关系。同时,党的二十大报告强调,我国要进一步推进高水平对外开放,稳步扩大规则、规制、管理、标准等制度型开放,加快建设贸易强国。本书在充分学习党的二十大精神的基础上坚持以习近平新时代中国特色社会主义思想为指导,及时全面准确地在教材中落实党的二十大精神,充分发挥教材的铸魂育人功能,将价值塑造、知识传授和能力培养三者融为一体,培养学生良好的职业品格、严谨的行为规范、较强的团队协作精神,以及精益求精的工匠精神和守约诚信的契约精神。

第二,前沿性。本书力求反映国际经济与贸易的新法律和惯例的内涵,尽可能地反映学科发展的前沿动态,吸收国际结算领域的新成果,增加了"一带一路"、跨境电商等新内容,有利于学生及相关国贸人员熟悉新的国际贸易惯例与规则,并掌握国际贸易实务的基本理论、基本知识和基本技能。

第三,充分体现教育信息化。本课程在2018年已成为智慧树平台上的优质在线课程,本书相关视频和习题等材料都可通过扫码进入在线课程免费下载和学习。另外,本书中的课后测试题和知识拓展等也都可通过扫码直接进行学习。

全书共分为十章,主要包括概论、商品的标的物、国际贸易术语、国际商品的价格、国际货物运输、国际货物运输保险、国际贸易结算、交易的磋商与合同的订立、贸易争端与预防、国际贸易方式等。

本书的写作大纲由张少云教授提出,并由张少云教授进行最后的统稿和审定。参编人员的具体分工如下:张少云,第1、2、3、4章;刘文菊,第7、8、9章;庞荣荣,第5、6、10章。另外,在本书编写过程中,安徽农业大学叶勇教授,安徽水利水电职业技术学院佘文婧、马俊,临沂大学崔润言,太原师范学院贾培玉、侯梦薇,天津财经大学珠江学院朴光范,上海海洋大学田红军等各大高校的教师们都给予了大量的支持,并给出了中肯的修改意见。另外,本书的编写过程参阅了大量的书籍和资料,吸取了很多具有参考价值的内容,借鉴了许多专家、学者的研究成果,在此一并表示由衷的感谢!

本书难免存在错误或遗漏等不完善的地方,敬请各位读者评判指正。

编　者

2024 年 3 月

目录 Contents

第一章	国际贸易概论	001
	第一节　国际贸易概述	001
	第二节　国际贸易适用的惯例和法律	009
	第三节　国际贸易的基本流程	010

第二章	商品的标的物	016
	第一节　商品的名称	016
	第二节　商品的品质	018
	第三节　商品的数量	024
	第四节　商品的包装	028

第三章	国际贸易术语	036
	第一节　贸易术语的含义及相关的国际惯例	036
	第二节　《2020年国际贸易术语解释通则》	038
	第三节　适合任何运输方式的贸易术语	039
	第四节　适合海运和内河运输的贸易术语	048

第四章	国际商品的价格	057
	第一节　国际贸易商品价格的掌握	058
	第二节　计价货币的选择	060
	第三节　佣金与折扣	062
	第四节　主要出口价格及价格核算	064
	第五节　合同中价格条款的制定	067

第五章	国际货物运输	070
	第一节　海洋运输方式	071
	第二节　铁路运输方式	080

第三节　航空运输方式 ……………………………………………… 082

第四节　公路、内河、邮政和管道运输 ……………………… 086

第五节　集装箱运输 ………………………………………………… 087

第六节　合同中的装运条款 ……………………………………… 089

第六章　国际货物运输保险 …………………………………… 095

第一节　保险的基本原则 ………………………………………… 096

第二节　海洋货物运输保险保障范围 ………………………… 097

第三节　中国海洋货物运输保险条款 ………………………… 101

第四节　我国其他货运保险的险别与条款 ………………… 107

第五节　伦敦保险协会海运货物保险条款 ………………… 110

第六节　国际货物运输保险实务与合同中的保险条款 … 112

第七章　国际贸易结算 ……………………………………………… 120

第一节　票　据 …………………………………………………………… 120

第二节　汇付与托收 ………………………………………………… 128

第三节　信用证 ………………………………………………………… 133

第四节　银行保函和备用信用证 ……………………………… 143

第五节　各种支付方式的合理安排 …………………………… 147

第八章　交易磋商与合同的订立 …………………………… 150

第一节　交易磋商 …………………………………………………… 150

第二节　国际货物买卖合同的签订 …………………………… 159

第九章　贸易争端与预防 ……………………………………… 165

第一节　商品检验 …………………………………………………… 165

第二节　异议与索赔 ………………………………………………… 170

第三节　不可抗力 …………………………………………………… 174

第四节　国际仲裁 …………………………………………………… 177

第十章　国际贸易方式 …………………………………………… 182

第一节　经销和代理 ………………………………………………… 183

第二节　招投标和拍卖 …………………………………………… 187

第三节　寄售和展卖 ………………………………………………… 192

第四节　对等贸易 …………………………………………………… 193

第五节　加工贸易 …………………………………………………… 196

第六节　期货交易 …………………………………………………… 200

第七节　国际电子商务 …………………………………………… 202

参考文献 …………………………………………………………………… 209

第一章 | 国际贸易概论

☞ 学习导航

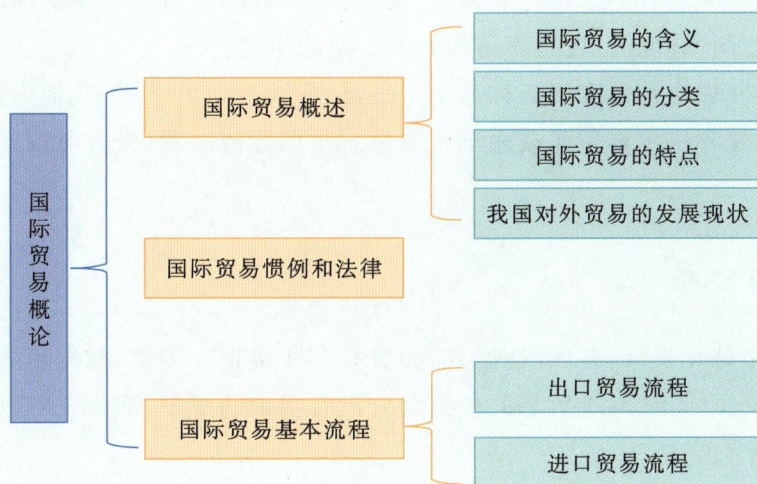

☞ 学习目标

1.知识目标:理解和掌握国际贸易实务的基本概念、特点以及国际贸易的分类;掌握国际贸易规则的基本构成,对比惯例与法律之间的差异。

2.能力目标:熟悉进出口业务流程,培养学生寻找客户、建立和发展客户关系的基本技能。

3.思政目标:引导学生了解世界形势和国情,熟悉国际规则和政策,把国家利益放在第一位。掌握当前外贸热点及外贸学科前沿知识,熟悉我国"一带一路"倡议及规划。另外在授课过程中,让学生充分感受到中国的经济和对外贸易取得了巨大成就,同时不忘初心、坚定信念,与祖国利益时刻保持高度一致,为中国的繁荣和发展作出贡献。

第一节 国际贸易概述

对外贸易是社会经济发展的重要推动力。在全球化过程中,中国越来越处于世界的中心位置,中国提倡构建人类命运共同体,需要世界各国相互合作。2021年以来,面对复杂严峻的国内外形势,我国对外贸易立足新发展,对外贸易快速增长,货物进出口规模创历史同期新高,贸易结构持续优化,增长新动能加快积聚,高质量发展稳步推进,对国民经济的带动作用进一步增强,为我国经贸复苏作出了重要贡献。

我国提出的"一带一路"倡议得到了国际社会的高度关注与响应,党的二十大报告进一步明确指出,推动共建"一带一路"高质量发展,维护多元稳定的国际经济格局和经贸关系。同时,党的二十大报告还强调,我国要进一步推进高水平对外开放,稳步扩大规则、规制、管理、标准等制度型开放,加快建设贸易强国。因此,在学习这门课程的时候,必须站在国家战略的高度,只有这样才能有效地指导我们的学习和工作。

一 国际贸易的含义

国际贸易实务,或称进出口业务,是一门专门研究国家(地区)间商品交换的具体过程的学科,是一门具有涉外活动特点的实践性很强的综合性应用科学。它涉及国际贸易理论与政策、国际贸易法律与惯例、国际金融、国际运输与保险等学科的基本原理与基本知识的运用。

国际贸易(international trade)是指世界各国(地区)之间商品和劳务交换的活动。而对外贸易是指一个国家(地区)与其他国家(地区)之间商品和劳务交换的活动。

作为出口方来看,其输出商品和服务称为出口贸易;作为进口方来看,其输入商品和服务即为进口贸易。所以,对外贸易又称进出口贸易或输出入贸易。从国际范围看,世界各国对外贸易的总和,就构成了国际贸易。

二 国际贸易的分类

随着世界经济的全球化发展,各国(地区)间的贸易交往也越发频繁,根据不同性质的划分方式,贸易可分为不同的种类。国际上,对于贸易的种类划分没有明确的规定,那么,到底国际贸易分为哪些种类呢?具体如表1-1所示。

表1-1　国际贸易的分类

分类方法	国际贸易的分类名称
按照商品形态划分	有形贸易(国际货物贸易)、无形贸易(国际服务贸易、国际技术贸易)
按照货物移动方向划分	出口贸易、进口贸易、过境贸易
按照进出国境与进出关境的不同划分	总贸易、专门贸易
按照贸易是否有第三方参加划分	直接贸易、间接贸易、转口贸易
按照货物运送方式划分	陆路贸易、海路贸易、空运贸易等
按照贸易方式(即具体做法)划分	一般贸易、包销、寄售、拍卖、加工贸易、合作生产、易货贸易、补偿贸易、租赁贸易等

(一)按照商品形态划分

按照商品形态划分,国际贸易可分为有形贸易和无形贸易。**有形贸易**是指进出口商品是有实物形态的,是可以看得见、摸得着的。国际贸易中的有形商品,通常分为初级产品和工业制成品两大类。比如家具、农作物、机器等。与此相对,**无形贸易**是指进出口商品是没有实物形态的,摸不着、看不到的。无形贸易主要包括通信、建筑、销售、教育、卫生、娱乐、运输、保险、金融、旅游、技术等劳务的提供与接受等。

有形贸易与无形贸易的主要区别在于有形贸易的商品进出口需办理海关手续,表现在海关贸易统计上,它是整个国际收支中最重要的项目。无形贸易的劳务进出口不经过海关手续,通常不显于海关贸易统计上,一般显示在一国(地区)的收支表上。

(二)按照货物移动方向划分

按照货物移动方向划分,国际贸易可分为进口贸易、出口贸易和过境贸易。

进口贸易(import trade)是指将外国(地区)的商品或服务输入本国(地区)市场销售的贸易活动。

出口贸易(export trade)是指将本国(地区)的商品或服务输出到外国(地区)市场销售的贸易活动。

过境贸易(transit trade)是一种特殊的进出口贸易类别。比如说甲国(地区)的商品经过丙国(地区)境内运至乙国(地区)市场销售,对丙国(地区)而言就是过境贸易。由于过境贸易对国际贸易的阻碍作用,目前,世界贸易组织(WTO)成员之间互不从事过境贸易。

(三)按照进出国境与进出关境的不同划分

按照进出国境与进出关境的不同划分,国际贸易可分为总贸易和专门贸易。

在对外贸易统计时,若以国境为界,凡进入国境的商品算作进口,离开国境的商品算作出口,则一定时期内的进出口额之和便为该国的**总贸易**(general trade)。若以关境为标准划分的贸易则称为**专门贸易**(special trade),只有进入关境的商品以及从保税仓库运进关境的商品才列为专门进口。如果商品进入国境后,暂时存放在保税仓库,未进入关境,则不列为专门进口。运出关境的本国产品以及进口后未经加工又运出关境的商品,则列为专门出口。

有的国家(地区)采用总贸易概念统计对外贸易,有的国家(地区)采用专门贸易概念统计对外贸易。例如,美国采用专门贸易与总贸易两种概念分别统计其对外贸易,我国则采用总贸易概念统计对外贸易。

> **课堂讨论**:有没有关境大于国境的情况?

(四)按照贸易是否有第三方参加划分

按照贸易是否有第三方参加划分,国际贸易可分为直接贸易、间接贸易和转口贸易。

直接贸易是指商品生产方与商品消费方不通过第三方进行买卖商品的行为。该行为对于贸易的出口方而言称为直接出口,对于进口方而言则称为直接进口。

间接贸易是指商品生产方与商品消费方通过第三方进行买卖商品的行为。间接贸易中的生产方称为间接出口方,消费方称为间接进口方,而第三方则是转口贸易方,第三方所从事的就是**转口贸易**。例如,战后的伊拉克虽有一些商机,但是风险也很大。面对这种情况,我国有些企业在向伊拉克出口商品时,大多是先把商品卖给伊拉克的周边国家,再由伊拉克的周边国家转口到伊拉克。

转口贸易的发生,主要是因为有些国家(地区)具备地理、历史、政治或经济等方面的优势,其所处的地理位置适合于作为货物的集散地及销售中心,这些国家(地区)输入大量货物,除了一部分供本国(地区)消费外,另一部分则出口到邻近国家(地区)。如新加坡、伦敦、鹿特丹等,都是国际著名的中转地,拥有数量很大的转口贸易。举新加坡为例:新加坡缺乏天然资源,但其在地理方面拥有得天独厚的优势,是个自由贸易港,许多国家(地区)的货物都要通过此地进行中转。新加坡通过转口贸易除可以得到可观的转口利润和仓储、运输、装卸、税收等收入外,同时也推动了当地金融、交通、通信、旅游等行业的发展,其优势由此可见一斑。

> **想一想**:过境贸易和转口贸易有什么区别?

(五)按照货物运送方式划分

按照货物运送方式划分,国际贸易可分为陆路贸易、海路贸易、空运贸易、邮购贸易等(具体详见本书第四章内容)。

(六)按照贸易方式(即具体做法)划分

按照贸易方式(即具体做法)划分,国际贸易可分为一般贸易、包销、寄售、拍卖、加工贸易、合作生产、易货贸易、补偿贸易、期货贸易、跨境贸易等(具体详见本书第十章内容)。

三 国际货物贸易的特点

国际货物贸易属于商品交换范围,与国内贸易在性质上并无不同,但由于它是在不同国家(地区)间进行的,所以与国内贸易相比具有以下特点:

(1)国际货物贸易要涉及不同国家(地区)在政策措施、法律体系等方面可能存在的差异和冲突,以及语言文化、社会习俗等方面带来的差异,所涉及的问题远比国内贸易复杂。

(2)国际货物贸易的交易数量和金额一般较大,运输距离较远,运输时间较长,因此交易双方承担的风险远比国内贸易要大。

(3)国际货物贸易容易受到交易双方所在国家(地区)的政治、经济变动、双边关系及国际局势变化等因素的影响。

(4)国际货物贸易除了交易双方外,还需涉及运输、保险、检验、银行结算以及海关等部门的协作、配合,过程要比国内贸易复杂得多。

因此,国际贸易与国内贸易既存在共同性,又有很大区别,国际贸易比国内贸易更为复杂。

四 我国对外贸易的发展现状

2023年是全面贯彻党的二十大精神的开局之年,在以习近平同志为核心的党中央坚强领导下,我国顶住外部压力、克服内部困难,全面深化改革开放,加大宏观调控力度,经济持续回升向好、高质量发展扎实推进。据海关统计,2023年我国货物进出口总额41.76万亿元,同比增长0.2%。其中,出口23.77万亿元,增长0.6%;进口17.98万亿元,下降0.3%(见表1-2)。

表1-2　2023年我国货物进出口总额及增长速度

指标	金额/亿元	比上年增长/%
货物进出口总额	417568	0.2
货物出口额	237726	0.6
其中:一般贸易	153530	2.5
加工贸易	49062	−9.0
其中:机电产品	139196	2.9
高新技术产品	59279	−5.8
货物进口额	179842	−0.3
其中:一般贸易	117042	1.3
加工贸易	27061	−11.3
其中:机电产品	65363	−5.5
高新技术产品	47916	−5.2
货物进出口顺差	57883	3.5

资料来源:中华人民共和国商务部。

2023年以来,面对复杂严峻的外部形势,中国外贸承压前行、总体平稳,展现出较强的发展韧性和创新活力,为国民经济持续恢复向好作出了积极贡献。具体分析,主要有以下六个方面的特点。

一是外贸运行总体平稳,向好态势明显。进出口规模逐季抬升,2023年第一季度为9.69万亿元,第二、三、四季度都在10万亿元以上。到第四季度又是一个月比一个月强,同比分别增长了0.8%、1.3%、2.8%,12月份达到了3.81万亿元。

二是经营主体活力充足,民营企业主力作用增强。2023年,我国有进出口记录的外贸经营主体首次突破60万家。其中,民营企业55.6万家,合计进出口22.36万亿元,同比增长6.3%,占进出口总额的53.5%,提升3.1个百分点。同期,外商投资企业进出口12.61万亿元,占30.2%;国有企业进出口6.68万亿元,占16%。

三是贸易伙伴多元共进,共建"一带一路"国家占比提升。2023年,我国对共建"一带一路"国家进出口19.47万亿元,同比增长2.8%,占进出口总额的46.6%,提升1.2个百分点。对拉美、非洲分别进出口3.44万亿元和1.98万亿元,同比分别增长6.8%和7.1%。第四季度对欧盟、美国进出口回暖,全年分别进出口5.51万亿元、4.67万亿元,分别占13.2%和11.2%。

四是产品竞争优势稳固,出口动能丰富活跃。2023年,我国出口机电产品13.92万亿元,同比增长2.9%,占出口总额的58.6%;同期劳动密集型产品出口4.11万亿元,占出口总额的17.3%。在机电产品中,电动载人汽车、锂离子蓄电池和太阳能电池合计出口1.06万亿元,首次突破万亿元大关,同比增长29.9%。船舶、家用电器的出口同比分别增长35.4%和9.9%。出口动能体现了从中国制造向中国创造的迈进。

五是国内需求持续恢复,大宗、民生商品进口有序扩大。2023年,我国能源、金属矿砂、粮食等大宗商品进口量同比增加15.3%。其中,进口原油、天然气、煤炭等能源产品11.58亿吨,同比增加27.2%;铁、铝等金属矿砂14.58亿吨,同比增加7.6%。同期,进口农产品1.64万亿元,增长5%;纺织、衣着鞋帽类消费品进口增长5.6%,首饰、钟表进口分别增长63%、17.2%。

六是高水平开放稳步推进,新平台新业态发展势头良好。2023年,我国自由贸易试验区数量已扩大至22个,合计进出口7.67万亿元,增长2.7%,占进出口总额的18.4%;海南自由贸易港建设深入推进,年度进出口连续三年保持两位数增长。

📖 **知识拓展**

《区域全面经济伙伴关系协定》(RCEP)

2020年11月15日,《区域全面经济伙伴关系协定》(Regional Comprehensive Economic Partnership,RCEP)在东亚合作领导人系列会议期间正式签署,成员包括东盟10国、中国、日本、韩国、澳大利亚和新西兰共15个国家。这15个成员涵盖全球约23亿人口,占全球人口的30%;GDP总和超过25万亿美元,所包括的区域将成为世界最大的自由贸易区。该协议的签订是东亚区域经济一体化进程的重大里程碑,为推动区域乃至世界经济复苏注入了新的动力。

五 中国对外贸易发展的挑战与机遇

党的二十大报告指出:"推动货物贸易优化升级,创新服务贸易发展机制,发展数字贸易,加快建设贸易强国。"这是党中央站在新的历史起点上,统筹中华民族伟大复兴战略全局和世界百年未有之大变局作出的重大战略安排,为新时代新征程贸易强国建设指明了前进方向,提供了根本遵循。

(一)中国对外贸易发展面临的挑战

目前,我国在对外贸易发展规模上,仍处于领先地位,但增长速度却在逐渐下滑,部分领域进出口贸易逆差逐渐拉大,尤其服务贸易领域,更是成为我国对外贸易发展的短板,造成我国对外贸易结构发展不均衡。长此以往,势必会导致我国对外贸易的经济带动作用削减。我国当前的对外贸易产品主要集中在中低端领域,而致力于未来,只有不断发展高端技术、服务领域,才能更好地助力国家经济发展。因此,我国在对外贸易产业结构方面,必须尽快作出有效调整。从内部来讲,我国贸易结构仍然不平衡,产业链与供应链终端的风险仍旧存在。另外,随着生产成本的上升,贸易利润空间逐步缩小。从外部来看,全球新冠疫情的暴发,导致全球整体贸易需求呈下滑趋势。另外,单边主义和贸易保护主义抬头,贸易摩擦不断升级等都对我国的对外贸易造成了不小的挑战。

(二)中国对外贸易发展面临的机遇

2021年是中国加入世界贸易组织20周年,中国切实履行入世承诺,关税总水平降至7.4%,低于9.8%的入世承诺。打造开放层次更高、营商环境更优的开放新高地,对标国际高标准经贸规则,积极推动制度创新,赋予自贸试验区更大改革自主权,推进贸易投资便利化改革创新,稳步推进海南自由贸易港建设,出台实施海南自由贸易港跨境服务贸易负面清单。新增天津、上海、重庆、海南4个服务业扩大开放综合试点地区,推进文化、数字服务、中医药服务等领域特色服务出口基地建设。率先核准《区域全面经济伙伴关系协定》(RCEP)并推动协定达到生效门槛,申请加入《全面与进步跨太平洋伙伴关系协定》(CPTPP)和《数字经济伙伴关系协定》(DEPA),构建面向全球的高标准自贸区网络。积极参与WTO改革,推动数字经济、绿色低碳等新兴领域国际经贸规则制定。成功举办进博会、广交会、服贸会、消博会等重要展会。

知识扩展:
CPTPP和DEPA

一方面,加入WTO、亚太经济合作组织(APEC)、RCEP等多边贸易组织和协定,积极建设"一带一路",将有利于我国建立良好的双边、诸边及多边贸易关系。另一方面,信息化与数字经济、跨境电商的快速发展,将为我国对外贸易带来新的发展机遇。

(三)中国对外贸易发展面临的主要任务

1.推动货物贸易优化升级

促进贸易创新发展,夯实贸易发展的产业基础,增强贸易创新能力,推动外贸质量变革、效率变革、动力变革,增强对外贸易综合竞争力。

(1)优化贸易结构。加快推动智能制造发展,逐步向研发设计、营销服务、品牌经营等环节攀升,稳步提高出口附加值。做强一般贸易,加强品牌、质量和渠道建设,提高效益和规模。提升加工贸易,推动产业链升级。构建绿色贸易体系,优化国际市场和国内区域布局,促进内外贸一体化。鼓励企业加强研发,打造"中国商品"品牌。

(2)积极扩大进口。推动降低进口关税和制度性成本,激发进口潜力,优化进口来源地,优化进口结构。扩大优质消费品进口,扩大先进技术、重要设备、关键零部件进口,增加能源资源产品和国内紧缺农产品进口,促进贸易平衡发展。

(3)推动贸易投资协调发展。实施自由贸易试验区提升战略,加快建设海南自由贸易港。合理缩减外资准入负面清单,依法保护外商投资权益,营造市场化、法治化、国际化一流营商环境。实施好《鼓励外商投资产业目录》，更大力度吸引和利用外资，鼓励外资更多投向中高端制造、高新技术、传统制造转型升级、现代服务等领域。创新对外投资合作方式，高质量建设境外经贸合作区，推动构筑互利共赢的产业链、供应链合作体系。

（4）加快发展贸易新业态。促进跨境电商健康持续创新发展，推进跨境电商综合试验区建设，鼓励引导多元主体建设海外仓，优化跨境电商零售进口监管。推进市场采购贸易方式发展，发挥外贸综合服务企业带动作用，提升保税维修业务发展水平，稳步推进离岸贸易发展。

2.促进服务贸易创新发展

持续推进服务贸易深层次改革、高水平开放、全方位创新，推动服务贸易总量增长、结构优化、效益提升，促进贸易高质量发展。

（1）优化服务进出口结构。扩大研发设计、节能降碳、环境服务、医疗等服务进口。扩大旅游、运输等传统服务出口，推动知识密集型服务出口，鼓励成熟产业化技术出口，推动知识产权、法律等专业服务走出去。拓展国家特色服务出口基地，扩大文化服务、中医药服务等出口，打造"中国服务"品牌。

（2）加快服务外包转型升级。推进服务外包创新发展，培育云外包、众包、平台分包等新模式，积极发展研发、设计、维修、检验检测等生产性服务外包。鼓励对外发包，助力构建稳定的国际产业链供应链。推动服务外包与制造业融合发展，利用5G等新兴技术发展数字制造外包。高标准建设服务外包示范城市。

（3）创新服务贸易发展机制。提升服务贸易开放水平，有效发挥自由贸易试验区、海南自由贸易港引领作用，健全跨境服务贸易负面清单管理制度。全面深化服务贸易创新发展试点，推动成效明显的地区升级为国家服务贸易创新发展示范区。

3.发展数字贸易

抓住数字经济发展机遇，加快发展数字贸易，建立健全促进政策，积极参与国际规则与标准制定，打造建设贸易强国的"新引擎"。

（1）培育数字贸易新业态、新模式。加快贸易全链条数字化赋能，提升贸易数字化水平。积极支持数字产品贸易，持续优化数字服务贸易，促进专业服务、社交媒体等业态创新发展。稳步推进数字技术贸易，提升云计算服务、通信技术服务等业态的关键核心技术自主权和创新能力。积极探索数据贸易，逐步形成较为成熟的数据贸易模式。

（2）建立健全数字贸易治理体系。加快建立数据资源产权、交易流通、跨境传输、安全保护等基础制度和标准规范。在国家数据跨境传输安全管理制度框架下，研究开展数据跨境传输安全管理试点。加快培育数字贸易主体，建设国家数字服务出口基地，打造数字贸易示范区。加强数字经济领域国际合作，积极推动加入《数字经济伙伴关系协定》（DEPA）进程。

4.深化国际经贸合作

坚定不移扩大对外开放，坚持真正的多边主义，全方位扩大国际经贸合作，深度参与全球产业分工和合作，维护多元稳定的国际经济格局和经贸关系，为建设贸易强国营造良好外部环境。

（1）推动共建"一带一路"高质量发展。坚持共商共建共享原则，完善贸易畅通网络，构建内外联通、安全高效的贸易大通道。支持中欧班列发展，打造国际陆海贸易新通道。积极推进数字丝绸之路建设，拓展丝路电商全球布局，建设"一带一路"电子商务大市场。

（2）推进双边、区域和多边合作。坚定维护多边贸易体制，积极参与世界贸易组织改革，深入参与联合国、二十国集团、金砖国家、亚太经济合作组织等多边和区域合作机制，贡献更多中国智慧。促进大国协调和良性互动,深化同周边国家经贸关系,加强与发展中国家团结合作,扩大互利共赢。

(3)扩大面向全球的高标准自由贸易区网络。优化自由贸易区布局,推动商签更多高标准自贸协定,积极推动加入《全面与进步跨太平洋伙伴关系协定》(CPTPP)进程。提升自由贸易区建设水平,全面深入参与各领域议题谈判,高质量实施《区域全面经济伙伴关系协定》(RCEP),全面发挥自贸协定的制度性红利。

(4)优化贸易促进平台。推动中国国际进口博览会越办越好,发挥好国际采购、投资促进、人文交流、开放合作四大平台功能。继续办好中国进出口商品交易会、中国国际服务贸易交易会、中国国际消费品博览会、中国国际投资贸易洽谈会等展会。建设国家进口贸易促进创新示范区。更好发挥线上贸易平台作用。

5.提升风险防控能力

贯彻总体国家安全观,树立底线思维,防范和化解贸易领域风险,筑牢安全屏障。

(1)健全贸易摩擦应对机制。推进产业损害预警体系建设,积极引导企业防范应对风险。增强运用贸易救济规则能力和水平,提升贸易救济政策工具效能,完善贸易调整援助制度。

(2)完善现代化出口管制体系。实施出口管制法及其配套法规、规章。优化出口管制许可制度,加大出口管制执法力度。深化国际交流合作,促进正常的两用物项贸易,妥善应对滥用出口管制等歧视性行为。

(3)保障粮食安全、能源安全和资源安全。推动粮食、能源资源、关键技术和零部件进口来源更加多元,做好全链条进口保障,着力提升产业链供应链韧性和安全水平,增强开放环境下动态维护国家经济安全的能力。

第二节 国际贸易适用的惯例和法律

国际贸易当中,买卖双方当事人签订的合同必须得到相关法律的认可,当事人的权利才能得到保障。但国际货物买卖合同的双方当事人分处不同国家,各国法律又有所不同,一旦双方发生争议,究竟用哪个国家的法律裁决就成了双方当事人所关心的问题。因此,在合同中订明有关法律、惯例及公约的适用条款是解决国际贸易中"法律冲突"的唯一办法。下面对国际贸易适用的法律和国际惯例作一简要介绍。

一 适用当事人选择的国家的法律

国内法是由本国制定或认可,并在本国主权管辖范围内适用的法律。世界上许多国家都有自己的对外贸易法。比如,我国对外贸易依据的是2021年开始施行的《中华人民共和国民法典》和2016年11月修订的《中华人民共和国对外贸易法》。

但是,由于每个国家都有自己的国内法或是对外贸易法,而买卖双方当事人又处在不同的国家,因此对同一问题的有关法律规定可能出现不一致的情况。一旦发生冲突,到底采用哪国的法律就成了买卖双方的争议点。因此,为了解决这类法律冲突,一般在合同中会规定冲突解决的办法。如果当事人没有在合同中明确适用具体国家的法律,则适用与该合同有最密切联系的国家的法律。至于与合同有最密切联系的国家,则应视合同的具体情形由受理合同争议的仲裁机构或法院确定。

案例分析

我国某专业公司A与一家韩国百货公司B在济南签订了一份纺织品买卖合同，价格条件是青岛港船上交货。合同中并未提及该合同所适用的法律，但由于该合同的缔约地在济南，履约地在青岛，均在中国境内，按国际司法的一般规则，可以认为中国与该合同有最密切的联系，应当适用中国法律。当然，本例也可适用某一国际贸易惯例或某一国际条约。

二　适用国际贸易惯例

国际贸易惯例是指在国际贸易长期实践中形成的、被普遍接受和遵守的一些较为明确和固定内容的贸易惯例和做法。惯例不是法律，惯例对合同当事人没有普遍的强制性，只有当事人在合同中规定加以采用时，才对合同当事人有法律约束力。所以，当事人在采用时，可以对其中的某项内容进行更改或补充。

目前，在国际货物买卖中常使用的国际惯例有：国际商会制定的《2020年国际贸易术语解释通则》（简称《2020通则》）、《跟单信用证统一惯例》（UCP600）、《托收统一规则》（URC522）等。这些惯例已为大多数国家（地区）的银行、进出口商接受和采用，并成为具有世界性影响的国际贸易惯例。

有关国际贸易惯例的约束力问题，有以下几种情况：

（1）如果合同中作出了与惯例相反的约定，只要这些约定是合法的，就将得到有关国家法律的承认和保护。

（2）如果合同明确表示采用某种惯例，则此惯例对双方均有约束力。

（3）当双方在合同中对某些问题没有作出明确规定时，尽管在合同中也未规定采用某些惯例，但事后双方又在该问题上发生争议而提交仲裁，各国法庭或仲裁机构往往会引用某些公认的或影响较大的惯例作为判决或仲裁案件的依据。因此，国际贸易惯例只有在当事人承认或在实践中采用时才对当事人有法律约束力。

随着国际贸易的迅速发展，有些惯例中的内容已逐渐为某些国家的国内法所吸收，还有些内容则被国际条约所采纳。国际贸易惯例在国际贸易中起着举足轻重的作用。

三　适用当事人所在国缔结或参加的国际条约和公约

目前国际上常用的贸易条约和协定有通商航海条约、贸易协定和贸易议定书、支付协定、国际商品协定等。比如，WTO、APEC、RCEP等多边贸易组织和协定。其中《联合国国际货物销售合同公约》（CISG，自1988年1月1日起正式生效）已成为我国进行国际货物买卖时所依据的最重要的一项国际公约。

我国在批准CISG时作了两项保留：一是我国不同意扩大CISG的适用范围，认为CISG对我国来说，仅适用于CISG缔约成员之间的有关当事人签订的贸易合同；二是我国认为，涉外合同的订立、修改、终止等均应采用书面形式。

第三节　国际贸易的基本流程

一个国家的对外贸易分为出口贸易和进口贸易,在实际业务过程中涉及的环节也非常复杂,但是不管是出口贸易还是进口贸易,就它们的基本业务流程来看,都包括交易前的准备阶段、磋商和订立合同阶段以及履行合同阶段。

一　出口贸易流程

出口贸易流程分为出口交易前的准备工作、贸易洽谈阶段以及履行合同阶段,具体可参见图1-1。

(一)交易前的准备工作

1.办理相关手续

1)办理进出口经营权

自中国加入WTO以后,国家鼓励企业申报进出口经营权。根据《中华人民共和国对外贸易法》规定,自然人、法人和其他组织依法登记后,可以从事货物和技术的进出口贸易。随着跨境电商的快速发展,越来越多的进出口贸易通过电子商务平台达成交易、进行支付结算,并通过跨境物流完成商品交易。跨境电商在某种程度上降低了外贸的门槛,丰富了外贸业务模式。

2)办理海关登记注册

所有进出口货物都要向海关办理报关手续。需要向海关办理报关手续的企事业单位,应向当地海关提出书面申请,经海关审核并办理注册登记手续。只有办理了上述手续的单位,才可以直接向海关办理进出口货物的报关手续。

3)办理出口许可证

根据国家规定,凡是国家宣布实行出口许可证管理的商品,不管任何单位或个人,也不管任何贸易方式,出口均需申领出口许可证。出口许可证制是一国对外出口货物实行管制的一项措施。一般而言,某些国家对国内生产所需的原料、半制成品以及国内供不应求的一些紧俏物资和商品实行出口许可证制。通过签发许可证进行控制,限制出口或禁止出口,以满足国内市场和消费者的需要,保护民族经济。此外,某些不能复制、再生的古董文物也是各国保护对象,严禁出口;根据国际通行准则,鸦片等毒品或各种淫秽品也禁止出口。

我国执行审批并签发出口许可证的机关为:商务部及其派驻在主要口岸的特派员办事处;各省、自治区、直辖市以及经国务院批准的计划单列市的对外经贸行政管理部门,实行按商品、按地区分级发证。

2.国际市场调研

1)市场调研

在对外洽谈之前,企业应对国外市场做深入、细致、准确、多方面的调查研究,以便从中择优选出适当的目标市场。这些调研主要包括:对进口国别的调研、对商品市场的调研、对商品销售的调研。

(1)对进口国别的调研,主要是调查研究有关国别的经济状况、对外政策、进出口商品的结构、贸易对象国别、贸易与外汇管制、有关对外经济往来的情况及其特点、市场惯例、财政状况、生活习惯等。开展这些调研,主要是为了达到贯彻国别政策、选择适宜的市场、创造有利条件以及发展贸易关系的目的。

```
                              出口交易前的准备工作

      办理相关    国际市场    制定出口商    组织出口    编制出口    开展出口    建立业务
        手续        调研      品经营方案      货源        计划        促销        关系

                                对外进行贸易磋商

        询盘    →    发盘    →    还盘    →    接受

                          签订合同(假定按CIF)

                              履行合同

    备货、加工、                                            催证、审证、改证
    包装、刷唛
                          租船订舱                    →    办理保险

    向检验检疫局报检        发运货物、办理报关    ↔    制作有关单据

      检验证书      →      海关检验放行

                        货物装船后取得订单                        保险单

                        向买方发装船通知

                          汇集有关单证

                持全套货运单据连同信用证,向银行办理议付

                          索赔、理赔、处理争议
```

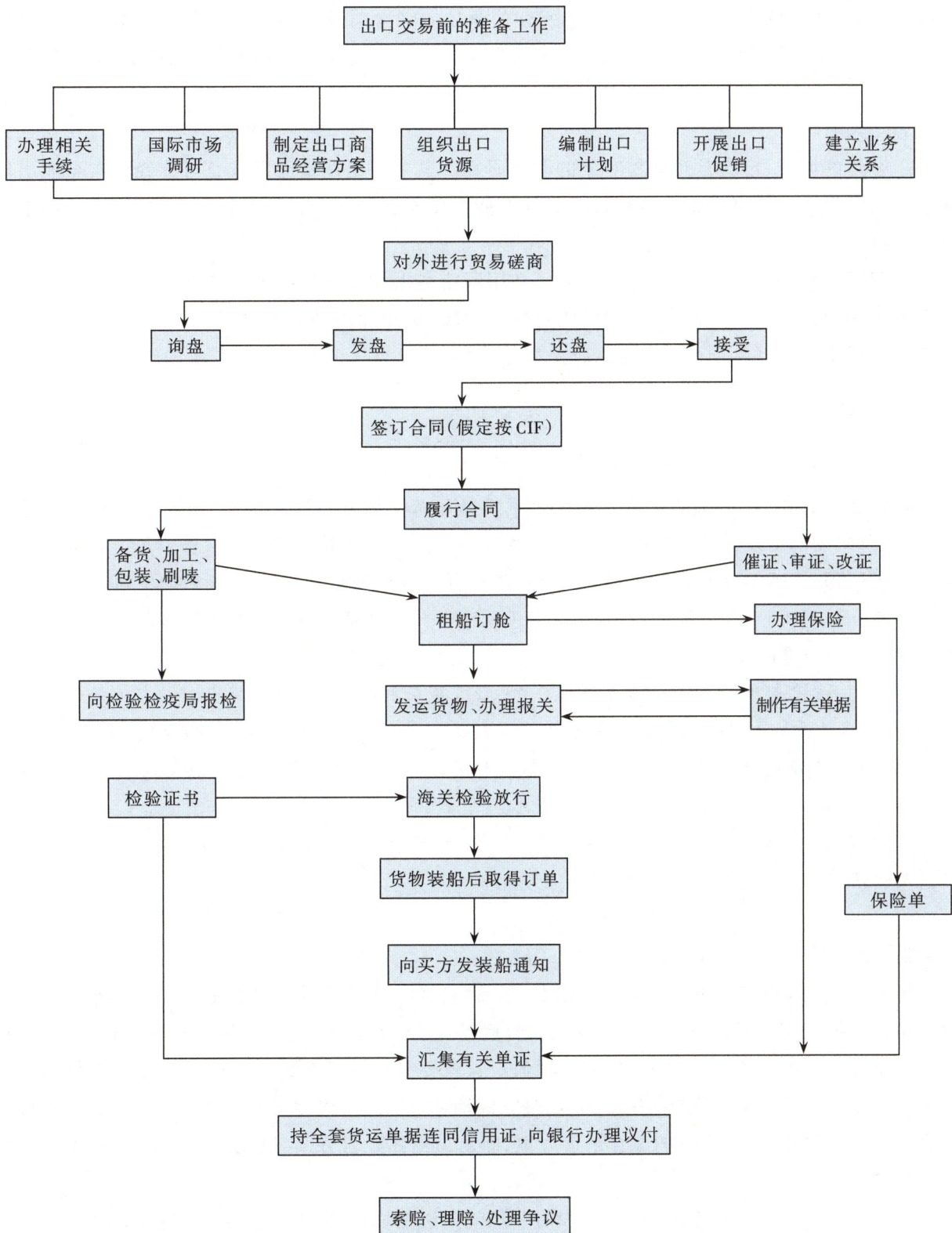

图 1-1　出口贸易的基本流程

（2）对商品市场的调研,主要是调查研究有关商品的供需情况及相关商品的品种、质量、包装、成本、价格、主要供需国别及其发展状况。开展这些调研,主要是为了摸清适销市场,使商品销售在有利的条件下进行。

（3）对商品销售的调研，主要是调查研究有关商品的销售渠道、广告宣传、计价货币和售前售后服务等。开展这些调研，主要是为了让外贸人员学会做贸易的技巧，运用有效的推销手段，扩大商品出口。

2）客户调研

关于客户的调研，也就是对交易对象的调查研究。其主要是调查已经或有可能经营本企业出口产品的客户或潜在客户的资信情况、经营范围、经营能力以及客户与我国贸易往来的情况等，以便根据企业自身的特点有区别地选择和利用客户。

出口商投入时间进行调查和研究，是为了在国际市场上增加其产品成功的机会。调查和研究潜在市场有助于确定产品在哪里最容易销售，确定细分市场，确定国内外的竞争对手，为产品确定合理的市场价格。该项工作可以由企业内部的调研人员完成，也可以委托企业外部的专业调研公司完成。

📖 知识拓展

按经营业务的特点来划分，国际客户可分为以下几种类型。

综合性大企业：这类企业大多数是某个市场经营某些大宗商品进出口业务的垄断商，其业务范围很大，在防止受其垄断销售的情况下，我方可与这类企业保持一定的买卖关系。

进出口商：专门从事进出口业务、自买自卖的商人。这些进出口商与当地批发商、零售商、国外出口商或厂商有一定的关系，其业务以某几项专业传统商品为主，也兼营其他商品。进出口商是我方出口业务中的主要往来对象之一。

零售商：主要是指自己进口的大百货公司、超级市场和连锁商店、购物中心。它们的销售额很大，占市场零售量的比重也很大。在发达国家里，它们是我方出口业务中需要沟通的重要渠道之一。

经纪商：从事进出口业务的代客买卖或从中撮合收取佣金的中间商。当某新商品进入市场时，我方可通过他们促成交易。

制造商：主要是指自己进口一些原料用于生产的厂商。他们是我方初级产品出口的批发商，但在某些情况下，利用他们打开销路还是可取的。

3.制定出口商品经营方案

外贸企业在对国际市场调查研究的基础上，一般均应对所经营的出口商品制定经营方案。出口商品经营方案是根据国家的方针政策和本企业的经营意图对该出口商品在一定时期内所作出的全面业务安排。一个企业在分析市场、选定自己的目标市场以后，就要针对目标市场的需求、影响市场销售的不可控的宏观因素以及本企业可以控制的销售因素，最有效地利用自身的人力、物力资源，趋利避害、扬长避短，设计企业的销售策略，制定最佳的综合销售方案，即出口商品经营方案，以便达到企业的预期目标。

4.落实货源

组织货源是出口交易前的必要工作。没有货源就无法交货，根本谈不上出口。对制造企业或其他非专业外贸企业而言，要制定好出口商品的生产计划，生产适合于目前国际市场需求的产品，同时注意试制新品种，扩大出口货源。对专业外贸企业而言，则要制定收购计划。专业外贸企业应结合国外市场的要求（如质量、规格、花色、型号、品种、包装和需求量等），与国内生产企业签订购销合同。签订合同后，外贸企业要经常深入生产部门，了解其中存在的问题，协助生产部门解决问题，以保证收购顺利完成。

5.开展出口促销

出口促销活动所涵盖的内容很多,比如商标注册、广告宣传、展览会促销、自建网站宣传等。出口促销与国内促销并无实质性区别。但由于国际市场的特点,机械地照搬国内的促销模式来开展出口促销是不可取的。跨越国界本身决定了国际市场营销比国内市场营销具有更大的复杂性、挑战性和风险性。这使得很多在国内市场上行之有效的促销策略和方法,在国外市场上的作用减弱,甚至丧失其原有的作用。这就要求所有的外贸企业,必须根据国际市场营销环境的变化,及时调整其促销策略,以形成适应不同目标国家(地区)市场的出口促销组合。

6.建立业务关系

出口商通常在寻找新的进口商前,应先根据本方的营销策略,对潜在市场的基本情况进行调查了解。如果潜在市场的基本情况符合本方的要求,就将这个市场定为目标市场,并在目标市场中寻找潜在的进口商作为交易对象,与之建立业务关系。

(二)出口交易磋商和合同订立

外贸企业在与选定的国外客户建立业务关系以后,即可就出口交易的具体内容与对方进行实质性谈判,即交易磋商。磋商的内容主要是买卖货物的各种交易条件。交易磋商既可通过交换书信、数据电文(包括电报、电传、传真、EDI和电子邮件)等书面形式进行,也可以通过电话、当面谈判的口头形式进行。交易磋商一般要经过询盘、发盘、还盘、接受等环节,达成交易、订立合同的基本程序是:一方向另一方发盘和另一方对该发盘做出接受。除另有约定外,国际货物买卖合同于对发盘的接受生效时即告订立。然而,在实际业务中,为了明确责任、便于履行,或使口头谈成的合同生效,通常还需当事人双方签署一份有一定格式的书面合同,如出口销售合同或售货确认书等。

(三)出口合同的履行

履行合同即买卖双方当事人根据合同规定各自履行自己的义务。任何一方违反合同的规定并使对方遭受损失,均应依法承担赔偿对方损失的责任。

就出口企业而言,履行出口合同的工作主要包括:按照合同备妥货物,如系采用信用证方式收汇的交易,要向客户催开信用证并于收到后根据合同进行审核,发现不符又不能接受的,应立即通知客户修改;然后向运输机构办理委托运输和装运等手续,其中包括租船订舱、报检、报关、办理保险、装船(或其他运输工具)等工作,在货物装运后缮制单据,办理和申领必要的出口凭证及证件;最后进行交单和向银行办理结汇(收取货款)等手续。在履行合同过程中,若发生违约并造成一方受损,就要进行索赔和理赔工作。在处理索赔、理赔过程中,如果发生争议,应以合同条款为依据,按照法律和惯例进行处理。

二　进口贸易流程

进口贸易流程也分为进口交易前的准备工作、贸易洽谈阶段以及履行合同阶段,具体可参见图1-2。

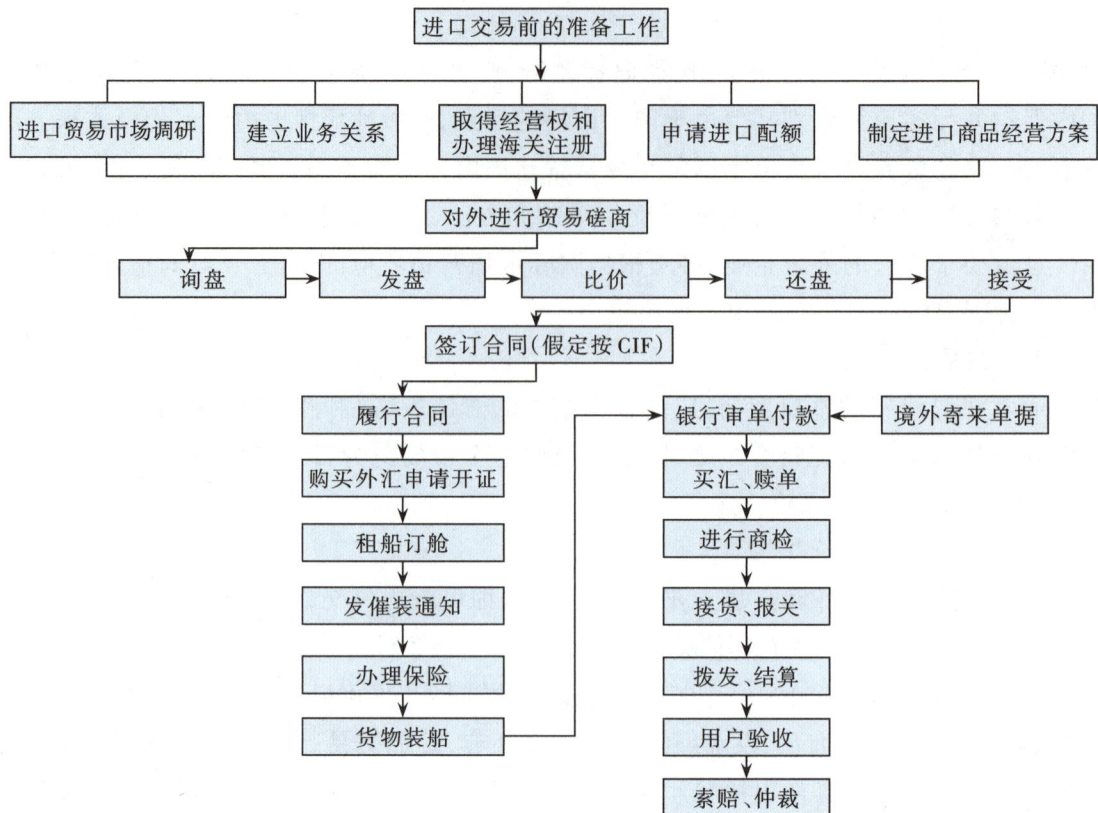

图1-2 进口贸易的基本流程

复习巩固

一、习题链接

第一章测试题

二、思考题

1.受全球新冠疫情影响,我国的对外贸易发生了哪些变化?

2.作为一个进口商,如果要从境外进口一批货物,需要承担哪些成本?

综合能力提升

《区域全面经济伙伴关系协定》(RCEP)2020年11月正式签署后,其进程备受关注。目前,中国已经率先完成RCEP的核准。RCEP其他成员也都表示,将努力推动该协定尽快正式生效,届时多个领域将迎来重磅利好。

根据规定,该协定生效需要15个成员中至少9个成员批准,其中至少包括6个东盟成员和3个非东盟成员。目前,中国政府已经正式核准了RCEP,各项实施技术准备都在有序推进。

该协定一经生效,各成员之间将按规定,履行关税减让承诺。协定生效后,区域内90%以上的货物贸易将最终实现零关税,分为立即降至零关税和10年内降至零关税。未来,印尼就橡胶、箱包服装鞋靴等对我国取消关税,菲律宾就医药产品、塑料及其制品、汽车及零部件等给予我国零关税待遇。我国也在原有中国–东盟自贸协定基础上,就菠萝罐头、椰子汁、胡椒、部分汽车部件等对东盟开放市场。

试问:世界最大自由贸易协定的签订,会带来哪些红利? 可分别从国家层面、企业层面以及消费者层面进行探讨。

☞ 学习导航

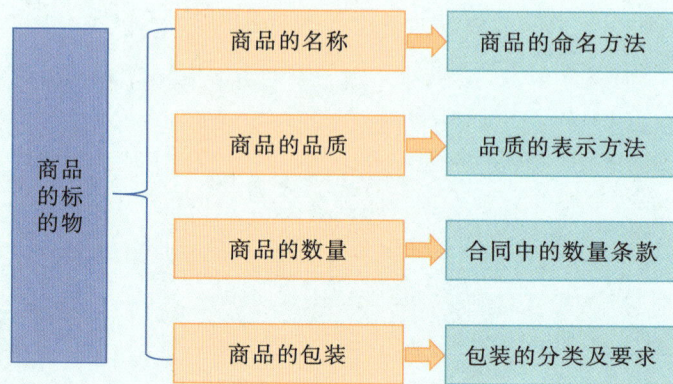

☞ 学习目标

1. 知识目标：掌握国际贸易合同中关于商品的品质、数量和包装条款的规定；全面掌握货物品质的表示方法，熟悉买卖合同中品质条款的内容和规定方法；了解国际贸易中惯常使用的计量单位，掌握计算货物数量的各种方法。

2. 能力目标：灵活运用质量机动幅度、数量机动幅度等条款；熟练运用和填制出口合同的包装条款；达到能够熟练签订合同中关于品名、数量、质量以及包装的相关条款内容。

3. 思政目标：诚信是社会主义核心价值观的内涵之一。在讲述合同的质量、数量等合同条款制定时，培养学生遵纪守法、诚实守信的良好品质和职业道德素养。

第一节　商品的名称

商品的名称(name of commodity)简称品名，是国际贸易的交易对象或交易客体，法律上称之为标的或标的物。在实际国际贸易中，买卖双方在洽谈交易和签订合同时并未看到具体商品，而是凭借对拟行买卖商品进行必要的描述，以确定交易标准。因此，在国际货物买卖合同中明确买卖的标的物非常重要。

从法律的角度来看，合同标的的具体名称非常重要。这是买卖双方在货物交付中的基础，关系到买卖双方的基本权利和义务。如果卖方的财产与合同中规定的名称或描述不符，买方保留拒收货物、取消合同和要求损害赔偿的权利。

> 📖 **导入案例**
>
> 　　我国某生产企业向马来西亚客户出口汽车配件,品名为YZ-8 303R/L,但该生产企业在交付时提供了YZ-8 301R/L。虽然这两种型号的产品在外形上非常相似,却是用在不同车型上的。因此客户不能接受,要求我方调换产品或是降低价格。我方考虑到退货相当麻烦、费用很高,最后只好降价15%了结此案。

一　商品的命名方法

　　随着国际贸易的快速发展,贸易中的商品种类越来越多,商品的命名方法也越来越多。常见的商品命名方法如表2-1所示。

表2-1　常见的商品命名方法

序号	命名方法	示例
1	以商品的主要用途命名	登山鞋、清洁剂、护手霜、杀虫剂等
2	以商品的主要成分命名	六个核桃、六味地黄丸、人参珍珠霜等
3	以商品的外观形态命名	喇叭裤、绿豆、红豆等
4	以商品的制作工艺或制作过程命名	精制油、手工皂、手擀面、二锅头酒等
5	以商品的产地命名	安溪铁观音、日照绿茶、崂山啤酒等
6	以企业名称或人名命名	李宁、奔驰、索尼、爱迪生等
7	以外语音译命名	可口可乐(Coca-Cola)、英特尔(Intel)、万宝路(Marlboro)等
8	以美好事物命名	吉祥水饺、吉利汽车、红双喜烟等

二　买卖合同中的品名条款

(一)合同中品名条款的基本内容

　　国际商品销售合同中关于产品名称条款没有统一的格式,可以由买卖双方协商确定。这个一般比较简单,通常在产品描述(product description)或产品名称/产品名称栏中,指定交易双方交易的产品名称。对于一般产品,列出产品名称就足够了。但是,有些产品可能有不同的品种、等级和型号等,为清楚起见,还可以对特定品种、等级和型号的一般描述作进一步的限制。此外,还可以将产品质量规格也包括进去,这实际上是把品名条款与品质条款合并在一起。

　　例如,Name of Commodity:100% cotton shirts;Art. No:DP16377-22(商品名称:100% 全棉衬衫;货号:DP16377-22)。

(二)拟定品名条款时的注意事项

　　(1)产品名称应明确、具体,避免含糊不清的一般规定,以便利于合同的履行。由于产品的规格和型号种类繁多,即使它们是同一类产品,也会有相当大的差异。

　　(2)应实事求是。进出口双方合同中所列货物的名称,应当是卖方可以提供且买方实际需要的货物。凡做不到或是不必要的描述性词句均不能作为品名使用,以避免给合同履行带来困难。

案例分析

"手工制造"名称引起的纠纷

美国向中国订一批竹子做的纸。当时合同上写的是"手工纸",实际制作时有些工序是非手工制作的。交货时,对方提出交货与品名不符,要求降价,造成我方很被动。

(3)中外文翻译必须准确。在国际贸易中,中外文翻译产品名称容易出现一词多义的问题。为避免不必要的纠纷,双方应核对货物、样品或以说明书、照片等多种方式注明产品名称,以减少纠纷。例如,在西欧和美国,大豆被用作饲料,因此被称为"horse bean"。但在埃及,大豆被用作早餐。因此,如果它们仍然被命名为"horse bean",便会引起一些争议。

(4)尽可能使用国际通用的名称。某些产品的名称因国家(地区)而异。为避免误解,双方必须按照国际贸易分类标准(SITC)或《国际产品名称及编码协调制度公约》的规定,统一使用国际标准的通用名称。例如,利巴韦林被广泛用作抗病毒药物。其国际名称为"利巴韦林",而在我国常被称为"病毒唑"。因此,在国际贸易中,必须使用"利巴韦林"作为产品名称。

(5)注意选用合适的品名。有些产品由于名称不同,国家(地区)进出口限制不同,所需文件也不同。为了减税便利出口,在产品命名时,应当选择一个合理、有利的名称。

案例分析

不同的商品品名引发的纠纷

我方某公司曾出口苹果酒一批,外商开来的信用证上货物的名称为"apple wine"。为了单证一致,我方在所有的单据上均用了"apple wine"。不料,货到后遭当地海关扣留罚款,因该批酒的内外包装上均写的是"cider"字样,结果外商要求我方赔偿其罚款损失。

此案中,进口商品遭到进口国(地区)海关的扣留罚款,就是因为单据上的商品名称"apple wine"和包装上的商品名称"cider"不一致,"cider"既可以是苹果酒,也可以是苹果汁,而这两种商品的税率是不一样的。在向海关申报时,必须正确填报货物的名称,否则将影响海关的监管、征税和统计分类,也会遭到海关的罚款。例如,我国海关对一些进口商品的监管征税情况:复印机的税率为50%,胶版复印机的税率为30%;载重30吨以上的货车零件税率为6%,载重8吨至30吨的汽车零件税率为30%,大客车的税率为50%。由此可见,正确、实事求是地反映商品内容是非常重要的。

第二节　商品的品质

一　品质的含义及其重要性

商品质量是衡量商品使用价值的尺度。国际标准化组织ISO 9000在《质量管理体系——基础和术语》中将"质量"定义为:一组固有特性满足要求的程度。我国商品学界一般认为,商品质量有广义和狭义之分。广义的商品质量,是指商品具有满足明确和隐含需要的能力的特性和特征的总和。狭义的商品质量,是指商品具有满足明确和隐含需要的能力的特性的总和。因此,广义的商品质量包括狭义的商品质量和商品品种两方面的内容。

质量是买卖双方在谈判和交易时需要首先明确和落实的重要问题,是买卖合同的主要条款之一。《联合国国际货物销售合同公约》第30条规定:"卖方必须按照合同和本公约的规定,交付货物,移交一切与货物有关的单据并转移货物所有权。"如果卖方交付的货物质量与合同不符,买方有权要求损害赔偿,并可要求修理或更换货物或拒收货物并终止合同。

在出口业务中,质量的好坏直接关系到产品的国际竞争力,以及产品的销售质量和价格。它还可以反映国家(地区)的工业水平、卖方乃至出口国(地区)的信誉。因此,应在国家有关方针政策的指导下,按照经济规律,在出口货物的生产、加工、运输、储存和销售过程中,必须在质量方面进行管理,加强对产品质量的统筹控制,以质取胜,取得成效。

在进口业务中,必须严格控制质量。要从实际出发,规范进口商品质量,确认进口商品质量符合我国经济建设、科研、国防和保障国民健康的要求。

二、品质的表示方法

品质条款是国际货物买卖合同最基本的条款之一,卖方要严格按照合同规定来备货,必然需要熟练掌握品质条款。由于交易的货物种类繁多,加上交易习惯各不相同,故表示品质的方法多种多样,概括起来,主要分为以实物表示和以文字说明表示两大类。

(一)以实物表示货物品质

以实物表示货物品质,可分为凭现货买卖和凭样品买卖两种。

1.凭现货买卖

凭现货买卖又称看货买卖,是指买卖双方根据所交易商品的实际质量进行的交易。通常,买方或其代理人在卖方所在地检验货物。交易达成后,卖方应交付经买方检验的货物,买方不得对检验的货物质量提出异议。这种方式主要用于拍卖、寄售、展览销售,特别适用于珠宝、字画、某些工艺品等具有独特性质的商品。

2.凭样品买卖

由于在国际贸易中各国(地区)相距甚远,无法每次逐一对货物进行看货买卖,故凭现货买卖在实际贸易中所占比重很小,而大部分都是通过凭样品买卖来完成的。

样品是指从一批货物中抽出来的或由生产、使用部门设计、加工出来的,足以反映和代表整批货物质量的少量实物。

在国际贸易中,按样品提供者的不同,样品可分为下列几种。

(1)卖方样品(seller's sample)。由卖方提供的样品被称为"卖方样品"。凡凭卖方样品作为交货的品质依据的行为,被称为"凭卖方样品买卖"。在此情况下,在买卖合同中应订明:"品质以卖方样品为准"(quality as per seller's sample)。日后,卖方所交整批货的品质,必须与其提供的样品相同。

(2)买方样品(buyer's sample)。买方为了使其订购的商品符合自身要求,有时提供样品交由卖方依样生产或加工,如卖方同意按买方提供的样品成交,则该行为称为"凭买方样品买卖"。在此情况下,买卖合同中应订明:"品质以买方样品为准"(quality as per buyer's sample)。日后,卖方所交整批货的品质,必须与买方样品相符。

(3)对等样品(counter sample)。在国际贸易中,谨慎的卖方往往不愿意承接凭买方样品交货的交易,以免因交货品质与买方样品不符而招致买方索赔甚至退货的危险。在此情况下,卖方可根据买方提供的样品,加工复制出一个类似的样品交买方确认,这种经确认后的样品,被称为"对等样品"或"回样",也被称为"确认样品"。当对等样品被买方确认后,日后卖方所交货物的品质,必须以对等样品为准。

此外,为了发展贸易关系,增进彼此对商品的相互了解,买卖双方经常向对方发送样品。为了介绍商品而发送的样品,为避免与标准样品混淆,一般应标明"仅供参考"(for reference only)。寄送"参考样品"时,如买卖合同中未订明交货品质以该项样品为准,而是约定了其他方法来表示品质,这就不是凭样品买卖,这种样品对交易双方均无约束力。

课堂讨论: 在凭样品买卖中遇到买方提供样品时应注意哪些问题?

采用凭样品买卖时,应当注意下列事项:

(1)提供的样品要有代表性,品质既不要偏高,也不要偏低。偏高会造成交货困难,偏低则在价格上吃亏。

(2)尽量将样品进行公证。无论凭买方样品、卖方样品还是对等样品成交,尽量申请第三方鉴定机构或公证机构公证,由第三方或公证机构在一批货物中抽取同样质量的样品若干份并加封识别,由第三方或公证机构留存一份备案,其余供当事人使用。双方应保留好经公证的样品和公证单据,便于日后查证。

但要注意的是,并不是所有的样品都适合公证,凡是商品太大或是保存期短、不宜储藏的都不适合公证。

(3)凡凭样品买卖,卖方交货品质必须与样品完全一致。在凭样品成交的条件下,买方收到与样品不符的货物,可以拒收或提出赔偿要求,因此,卖方应在对交货品质有把握时采用此法,而且应严格按样品交货。

案例分析

中国某进出口公司与美国某商业贸易公司订立一份出口小麦的合同,凭小麦样品买卖,支付方式为货到目的港验收后付款。货到经买方验收后发现货物品质与先前寄送的样品不符,美公司决定退货并拒绝提货。后来,小麦因保管不妥完全变质,美国海关向我国进出口公司收取仓储及变质商品处理费共2万美元。试问:我方的失误在哪里? 风险费用是否应都由我方承担?

分析: 在国际贸易中,交货的商品由于种类繁多、特点各异,表示品质的方法也不相同;本案中,双方使用凭样品交易的表示方法,这时样品是双方约定表示商品品质的唯一依据。因此,我方应承担品质与样品不符的赔偿责任。但《联合国国际货物销售合同公约》第86条第1款规定:"如果买方已收到货物,但打算行使合同或本公约规定的任何权利,把货物退回,他必须按情况采取合理措施,以保全货物。他有权保有这些货物,直至卖方把他所付的合理费用偿还给他为止。"因此美公司应承担小麦保管不妥完全变质的责任以及海关向我方进出口公司收取仓储及变质商品处理费的2万美元。

（4）以样品表示品质的方法,履约过程中易产生品质方面的争议,只能酌情采用。能用科学的指标表示商品质量时,就不宜采用此法。

（5）采用凭样品成交而对品质无绝对把握时,应在合同条款中相应作出灵活的规定。当卖方对品质无绝对把握,或对于一些不完全适合凭样品成交的货物,可在买卖合同中特别订明:“品质与样品大致相同”(quality shall be about equal to the sample)或“品质与样品近似”(quality is nearly same as the sample)。为了预防因交货品质与样品略有差异而导致买方拒收货物,也可在买卖合同中预先订明:“若交货品质稍次于样品,买方仍须受领卖方货物,但价格应由双方协商相应降低。”当然,此项条款只限于品质稍有不符的场合。如果实际交货的品质与样品差距较大,买方仍有权拒收货物。

（6）对买方提供的样品,应防止卷入侵犯第三者工业产权的纠纷。一般的做法就是在品质条款中规定:如果发生买方来样引起侵犯第三者工业产权的事情,一概由买方负责,与卖方无关。

　　课堂讨论:是不是所有商品都适用于凭样品买卖?

（二）以文字说明表示货物品质

在国际货物买卖中,大部分采用文字说明的方法表示货物的品质,这种方法称为“凭文字说明买卖”,具体有以下六种方式。

1.凭规格买卖(sale by specification)

凭规格买卖,是指买卖双方在交易中用规格表示商品的品质。例如,化学成分、含量、纯度、性能、容量、长短、粗细等。用规格表示商品品质的方法简单易行、明确具体,因此在国际贸易中应用较广。

例如,我国出口大豆的合同规格:水分(最高)15%,含油量(最低)17%,杂质(最高)1%,不完善粒(最高)7%。

2.凭等级买卖(sale by grade)

凭等级买卖,是指把同一种商品,按其规格的差异,分为品质优劣不同的若干等级,每一级都有相对固定的规格。值得注意的是,由于不同等级的商品具有不同的规格,在双方品质条款列明等级的同时,最好一并规定好每一等级的具体规格,以免引起不必要的争议。

例如,我国出口的冷冻带骨兔肉分为:

特级:每只净重不低于1500克;

大级:每只净重不低于1000克;

中级:每只净重不低于600克;

小级:每只净重不低于400克。

3.凭标准买卖(sale by standard)

凭标准买卖,是指凭政府机关或工商团体等机构统一制定和公布的标准品质指标进行的交易。世界各国都有自己的不同标准。此外,还有国际标准和国外先进标准。国际标准是国际标准化组织(ISO)制定的标准和其他国际组织规定的具体标准。国外先进标准是一些发达国家制定的国家标准。例如,ANSI代表美国,BS代表英国,NF代表法国,DIN代表德国。我国主要有国家标准、行业标准、地方标准、企业标准。国际标准和国外先进标准在国际贸易中被广泛采用。

在凭标准买卖中,国际贸易中农副产品常采用“良好平均品质”标准(FAQ标准)和“上好可销品质”

标准(GMQ标准)来表示。

(1)由于有些农产品的品质变化较大,难以确定统一的标准,往往采用良好平均品质来表示。良好平均品质俗称"大路货"。

良好平均品质(fair average quality,FAQ)是指一定时期内某地出口货物的平均品质水平,一般指中等货。目前,国际上关于良好平均品质有以下两种说法:一是指以装船时在装船地同一季节装运货物的平均品质为准。它一般是从各批出运的货物中抽样,然后混合、调配、取其中者作为良好平均品质的标准。二是指生产国(地区)在农副产品收获后,对产品进行广泛的抽样,从中制定出该年度的良好平均品质的标准。凡是达不到标准要求的,均按其差异程度决定减价多少。两种抽样均可由买卖双方联合进行,也可以委托检验人员进行。为了在执行合同时不致发生争执,双方应在合同中订明是何年或何季度的良好平均品质或者同时规定具体的要求。

例如,中国桐油,大路货,游离脂肪酸最高4%。

(2)**上好可销品质**(good merchantable quality,GMQ)是指卖方交货品质只需保证为上好的、适合于销售的品质即可。如果卖方所交货物无该类货物通常的使用目的、无市场交易可能,则由卖方承担责任。显然这种标准更为笼统,一般只适用于木材或冷冻鱼等物品。我国在对外贸易中很少使用该标准。

4.凭品牌或商标买卖(sale by brand or trademark)

品牌是工业或商业公司制造或销售的产品的名称,以区别于其他公司的类似产品。品牌可以用于公司的一种或所有产品。

商标是生产者或销售者用来识别生产或销售的特定产品的标志。它可以由一个或多个独特的单词、字母、数字、图形或图像组成。

在国际市场上行销已久、质量稳定、信誉良好并为买方或消费者所熟悉及喜爱的产品,可以凭品牌或商标来规定货物的质量,这种方法被称为"凭品牌或商标买卖",如耐克牌运动鞋、可口可乐等。

但是,如果一个带有品牌名称的产品同时有多个型号和规格,为了清晰起见,需要在指定品牌名称的同时指定型号和规格。商标或品牌交易一般只适用于一些质量稳定的工业产品或经过科学加工的初级产品。在进行此类交易时,首要任务是有效控制质量,保证产品的传统特性,维护知名品牌产品的声誉。

5.凭产地名称或地理标志买卖(sale by name of origin,or by geographical indication)

一些地区的产品,特别是一些传统农副产品,加工工艺独特,在世界范围内享有盛誉。在这些产品的销售中,可以使用原产地名称或地理标志来代表其独特的品质。比如用国家作为象征——法国香水、德国啤酒等。以某个国家的某一地区为标志——四川芥末、青岛啤酒、安溪铁观音等。这些标签不仅表明特定产品的产地,更重要的是无形中对这些商品的特殊质量和品位提供了一定的保障。

课堂讨论:还有哪些土特产是以产地代表商品品质的呢?

6.凭说明书或图样买卖(sale by description or illustration)

在国际贸易中,一些商品(如机械、电器、仪表产品等),由于其结构和性能复杂,不能用简单的指标来反映质量的全貌,因此应以详细说明或图纸为依据,规定机械、电器、仪表、大型设备、车辆等的结构、材料、性能和用途。

上述表示产品质量的方法可以根据产品的特点、市场或交易习惯单独使用或组合使用。但是,在同时使用规格和样品的进出口贸易中,根据外国法律如"英国货物销售法"中的规定,凡是既凭样品又凭规格达成的交易,卖方所交货物必须既符合样品,又要与规格保持一致,否则买方有权拒收货物,并可以提出索赔要求。

📖 案例分析

品质标准确定不适致损案

我国某公司向德国出口一批农产品,合同规定其所含水分最高为15%,杂质不超过3%,但在成交前我方曾向买方寄过样品,订约后我方又电告对方成交货物与样品基本相同,货到后,买方验货后提出货物的质量明显比样品差的检验证明,并要求索赔6000英镑。问:本案例中,商品品质的表示方法是否合理?

分析:此例是一宗既凭品质规格交货,又凭样品买卖的交易。卖方成交前的寄样行为及订约后的"电告"都是合同的组成部分。根据商品特点正确选择表示品质的方法,能用一种表示就不要用两种,避免双重标准。

三　品质机动幅度条款与品质公差条款

某些产品由于在生产过程中存在自然损耗,或受生产工艺、产品本身特点等原因的影响,难以保证交货品质与合同规定的内容完全一致。对于这些商品,如果条款规定过死或质量标准制定得过于绝对,必然会给卖方交货带来困难。此时,应灵活运用以下方法。

(一)品质机动幅度

品质机动幅度(quality latitude)是指允许卖方所交货物的品质指标在一定幅度内有所波动。在一些初级产品(如农副产品)进出口中,多采用品质机动幅度。规定品质机动幅度的方法有三种:

(1)规定范围:对某项货物的品质指标规定允许有一定差异范围。例如,漂布,幅阔35/36英寸。即布的幅阔只要在35英寸到36英寸的范围内,均作为合格。

(2)规定极限:对有些货物的品质规格,规定上下极限。规定极限的表示方法,常用的有:最多(maximum,缩写为max)、最少(minimum,缩写为min)。例如,大米碎粒35%(rice, long shaped broken grains 35% max);水分15%(moisture 15% max);杂质1%(admixtures 1% max)。

(3)规定上下差异:在规定某一具体质量指标的同时,规定必要的上下变化幅度。规定上下差异也是使货物的品质规格具有必要的灵活性的有效方法,例如,灰鸭毛,含绒量18%,上下1%(grey duck feather, down content 18%, 1% more or less)。卖方所交货物品质只要在其规定的范围内,即可认为交货品质与合同相符,买方无权拒收。

(二)品质公差

品质公差(quality tolerance)是指被国际同行业公认的产品品质的误差。在工业品的生产过程中,产品的品质指标存在一定的误差是难免的,如手表每天计时的误差为若干秒;某一圆形物体的直径误差为若干毫米。这种为国际上所公认的品质误差,即使不在合同中作规定,只要卖方交货品质在公认的误差范围内,即认为符合合同。

四 规定品质条款时应注意的问题

（1）如果质量可以用一种方式表达，一般不宜同时用多种方式表达。这是因为所交付货物的质量在以多种方式表示时必须同时满足规定的质量条款，任何差异均被视为违约。

（2）质量条款的内容和文字应简单、具体、明确，避免使用诸如"大约"和"左右"之类的笼统术语。

（3）要从卖方生产实际出发，根据实际情况制定相应的质量指标。在确定质量条件时，要适当确定产品的质量，综合考虑买方的具体要求和卖方的实际生产情况。如果质量设置过高，无法实现或难以实现，势必导致合同的订立和履约困难。反之，则影响被交易商品的价格、销售渠道、声誉，甚至损害出口商品的声誉，使买方产生疑虑而不敢成交。

（4）对凭说明书买卖的某些机电产品，特别是涉及先进技术和大额资金的机电产品，应建立质量保证条款和技术服务条件，明确卖方在交货后若干时期内，保证其出售的商品品质符合说明书上规定的指标。

第三节　商品的数量

商品的数量是国际商品销售合同的必备条件之一。《联合国国际货物销售合同公约》第35条第1款规定，卖方的基本义务之一是按照合同约定的数量交付货物。国际商会的《跟单信用证统一惯例》规定，除非信用证规定货物数量不得增减，只要支取的金额不超过信用证金额，则可有5%的增减幅度。但当信用证规定的数量以包装单位或个数计数时，则此增减幅度不适用。按照某些国家（地区）的法律规定，卖方交货数量必须与合同规定相符，否则，买方有权提出索赔，甚至拒收货物。

交易双方约定的数量是交货的基础，因此准确把握合同中的交易数量和数量条件具有重要意义。销售合同中交易数量的确定不仅涉及进出口业务的完成，还涉及对外政策和商业意图的实施。准确控制交易数量也将对达成交易和追求优惠价格起到一定作用。

> **案例分析**
>
> 某外贸公司出口打印机1000台，信用证规定不允许分批装运。货物集港准备装船时发现有45台打印机包装及质量有一定的问题，临时更换已经来不及。为了保证质量，出口商认为根据《跟单信用证统一惯例》（UCP600）规定，即使不允许分批，在数量上也允许有5%的伸缩。少装45台打印机，未超过总数的5%，于是实际装船955台，当去银行议付时，遭到银行的拒绝。试问：银行拒绝有理吗？为什么？

一 计量单位与计量方法

在国际贸易中，由于商品的种类、特性和各国度量衡制度的不同，所以计量单位和计量方法也多种多样。

（一）国际贸易中常用的度量衡制度

国际贸易中常用的单位制主要有四种：公制、英制、美制和国际单位制。

公制（metric system）的基本单位是千克和米。它被欧洲大陆和世界上大多数国家采用。

英制(British system)的基本单位是磅和码。一般被英联邦国家采用。

美制(US system)的基本单位与英制相同,为磅和码。此外,体积单位是加仑和蒲式耳。

国际单位制(international system of units)是在公制基础上制定和颁布的。有七个基本单位:千克、米、秒、摩尔、坎德拉、安培和开尔文。

我国采用的是以国际单位制为基础的法定计量单位。《中华人民共和国计量法》第3条规定,"国家采用国际单位制。国际单位制计量单位和国家选定的其他计量单位,为国家法定计量单位",并明确规定,不再允许使用非法定的计量单位。我国出口商品时,除照顾对方国家(地区)贸易习惯而约定采用公制、英制或美制计量单位外,应使用我国法定计量单位。此外,我国进口的机械设备、仪器等必须使用法定计量单位,否则,通常不允许进口。如有特殊需要,还需经相关标准计量控制部门批准。

(二)常用的计量单位

国际上通常采用的计量单位名称及适用的商品主要有以下六种。

1.按重量(weight)计量

按重量计量是当今国际贸易中广泛使用的一种计量方法。常用计量单位:千克(KG)、吨(T)、公吨(M/T)、长吨(L/T)、短吨(S/T)、磅(pound or LB)、盎司(ounce or OZ)等。

适用商品:许多农副产品、矿产品和部分工业制成品,如羊毛、棉花、原油和药品等;黄金、白银等贵金属商品,则采用克或盎司来计量。

2.按个数(number)计量

常用计量单位:只(piece or PC)、双(pair)、套(set)、打(dozen or DOZ)、件(package or PKG)、罗(gross or GR)、令(ream or RM)、卷(roll or coil)、箱(case)、袋(bag)、桶(barrel or drum)等。

适用商品:大多数工业制成品,尤其是日用消费品、轻工业品、机械产品、一部分土特产品以及杂货类商品,如文具、纸张、绳子、成衣、拖拉机和活牲畜等。

3.按长度(length)计量

常用计量单位:码(yard or YD)、米(meter or M)、英尺(foot or FT)、厘米(centimeter or CM)等。

适用商品:金属绳索、丝绸和布匹等。

4.按面积(area)计量

常用计量单位:平方码(square yard or SQ.YD)、平方米(square meter or SQ.M)、平方英尺(square foot or SQ.FT)等。

适用商品:玻璃板、地毯、皮革制品和塑料制品等。

5.按体积(volume)计量

常用计量单位:立方码(cubic yard or CU.YD)、立方米(cubic meter or CU.M)、立方英尺(cubic foot or CU.FT)等。

适用商品:木材、天然气和化学气体等。

6.按容积(capacity)计量

常用计量单位:公升(liter or L)、加仑(gallon or GAL)、蒲式耳(bushel or BU)等。

适用商品:酒类、石油和谷物等。

(三)商品重量的计量方法

在国际贸易中,按重量计量的商品很多。根据一般商业习惯,通常计算重量的方法有五种:毛重、净重、公量、理论重量、法定重量和实物净重。

1.毛重(gross weight)

毛重是指商品本身的重量加包装物的重量,与"净重"相对。这种计重方法一般适用于低值商品。计算公式:

$$毛重=净重+包装重量$$

2.净重(net weight)

净重是指商品本身的重量,即除去包装物后的商品实际重量。净重是国际贸易中最常见的计重方法。不过,有些价值较低的农产品或其他商品,有时也采用"以毛作净"(gross for net)的方法计重。所谓"以毛作净",实际上就是以毛重当作净重计价。若合同中未明确规定计算重量的方法时,一般采用净重。例如,蚕豆100公吨,单层麻袋包装,以毛作净。

3.公量(conditioned weight)

有些商品(如棉花、羊毛、生丝等)具有较强的吸湿性,其所含的水分受客观环境的影响较大,故其重量很不稳定。为了准确计算这类商品的重量,国际上通常采用按公量计算的方法,即以商品的干净重(指烘干商品水分后的重量)加上国际公定回潮率与干净重的乘积所得出的重量,即为公量。计算公式有下列两种:

$$公量=商品干净重×(1+公定回潮率)$$
$$公量=商品净重×(1+公定回潮率)/(1+实际回潮率)$$

> **算一算**
>
> 某厂出口生丝10公吨,双方约定公定回潮率是11%,用科学仪器抽出水分后生丝净剩8公吨,实际回潮率为25%。问:某厂出口生丝的公量是多少?
>
> **解**:公量=商品干净重×(1+公定回潮率)=8×(1+11%)=8.88(公吨)
>
> 公量=商品净重×(1+公定回潮率)/(1+实际回潮率)
>
> =10×(1+11%)/(1+25%)=8.88(公吨)

4.理论重量(theoretical weight)

对于一些按固定规格生产和买卖的商品,只要其每件重量大体是相同的,就可以由其件数乘以每件重量进而推算出总重量。

5.法定重量和实物净重

> 知识扩展:
>
> 从量税

按照一些国家(地区)海关法的规定,在征收从量税时,商品的重量是以法定重量计算的。所谓法定重量,是指商品重量加上直接接触商品的包装物料,如销售包装等的重量。而除去这部分重量所表示出来的纯商品的重量,则称为实物净重。

二 合同中的数量条款

(一)数量条款的基本内容

销售合同中的数量条款主要包括交易货物的具体数量和计量单位。对于按重量销售的货物,还应商定重量的计算方法。数量条款的内容和复杂性应视商品的特性而定。

(二)溢短装条款

在矿砂、化肥、粮食、食糖等大宗散装货物的交易中,由于受商品特性、货源变化、船舱容量、装载技术和包装等因素的影响,要准确地按约定数量交货有时存在一定的困难。为了使交货数量具有一定范围的灵活性和便于履行合同,买卖双方可在合同中合理规定可以多装或少装的机动幅度,这种条款称为**数量增减条款**或**溢短装条款**(more or less clause)。

如果合同和信用证未明确规定可否溢短装,可根据 UCP600 的规定处理:除非信用证规定货物的数量不得有增减,在总支取金额不超过信用证金额的条件下,货物数量允许有 5% 的增减幅度,但是,当信用证规定数量以单位或个数计量时,此项增减幅度则不适用。

例如,quantity:500 tons 5% more or less。

> 课堂讨论:一笔出口矿砂的合同规定:"2500 M/T 5% more or less at seller's option"。卖方准备交货时,矿砂的国际市场价格上涨,作为卖方你准备交付多少?为什么?如果站在买方的立场上磋商合同条款,应注意什么?

三　规定数量条款需注意的问题

(一)正确掌握成交数量

在洽商交易时,应正确掌握进出口商品成交的数量,防止心中无数、盲目成交。

(1)买方市场的供求状况。对于主要出口市场和地区、全年稳定供应货物的买家,必须始终保持一定的销售额,以防止其他竞争者利用销售不足和供应滞后的优势乘虚而入。

(2)卖方货源的供应情况。卖方在有生产能力和货源充沛的情况下,可适当扩大成交量;反之,如果货源紧张,则不宜盲目成交。

(3)国际市场的价格动态。当价格呈下跌趋势时,如果有供应,应该争取更多的交易和更快的销售。如果价格在上涨,则不建议匆忙进行大量交易,应争取在有利时机出售。

(4)客户的资信状况和经营能力。对小客户的成交数量不能过多,对大客户的成交数量不宜过少。

(二)数量条款应当明确具体

为了便于履行合同和避免引起争议,进出口合同中的数量条款应当明确具体。比如,在规定成交商品数量时,应一并规定该商品的计量单位。对按重量计量的商品,还应规定计算重量的具体方法,如"中国大米 1000 公吨,麻袋装,以毛作净"。某些商品,如需要规定数量机动幅度时,数量机动幅度为多少,由谁来掌握这一机动幅度,以及溢短装部分如何作价,都应在条款中具体订明。

此外,在进出口合同中,一般不宜采用大约、近似、左右等带伸缩性的字眼。为了明确责任和便于履行合同,对某些难以准确地按约定数量交易的商品,特别是大宗商品,可在买卖合同中具体规定数量机动幅度。

(三)溢短装数量的计价方法要公平

通常,在灵活性范围内发货数量多或少的部分通常按合同价格计算。但是,为了防止合同双方利用市场条件的变化,为了获得额外收入而故意装载更多或更少的货物,在合同中可以明确规定装载数量更多或更少的这部分货物按照出厂或到货时的市场价格定价,以体现公平合理的原则。

第四节　商品的包装

一　包装的定义及作用

我国国家标准《包装术语　第1部分：基础》(GB/T 4122.1—2008)中，对现代商品**包装**作了明确定义："为在流通过程中保护产品，方便储运，促进销售，按一定技术方法而采用的容器、材料及辅助物等的总体名称。也指为了达到上述目的而采用容器、材料和辅助物的过程中施加一定方法等的操作活动。"商品包装具有从属性和商品性两种特性。商品包装是附属于内装商品的特殊商品，具有价值和使用价值，同时又是实现商品价值和使用价值的重要手段。

适当的商品包装，对保护、保存商品，美化、宣传商品以及方便商品的贮存、运输、销售和使用都起着重要作用。商品包装被誉为"无声推销员"，是宣传商品、企业形象的工具，是商品特征的放大镜，是免费的广告。因此，出口商品包装是提高商品在国际市场上的竞争力、扩大销售、增加售价的有效手段。在实际业务中，我们对出口商品的包装，应力求做到符合科学、经济、牢固、美观、适销的要求。

在国际贸易当中，包装作为说明货物的重要组成部分，包装条件为买卖合同中的一项主要交易条件。《联合国国际货物销售合同公约》第35条第1款规定，卖方须按照合同规定的方式装箱或包装，卖方交付的货物，如未按合同规定的方式装箱或包装，就构成违约。因此，为明确双方当事人的责任，通常都应在买卖合同中对商品的包装作出明确具体的规定。

📖 **案例分析**

出口包装的重要性

我国某粮油进出口公司出口一批货物到加拿大，交货期为当年9月20日之前，目的港为魁北克。合同规定用塑料袋包装，每件要使用英、法两种文字的唛头。但我公司实际交货改用牛皮纸包装代替，并使用只有英文的唛头，加拿大商人为了适应当地市场的销售要求，不得不雇人重新更换包装和唛头，而后向我方提出索赔。

分析：从本案来看，卖方未严格按照合同规定的包装条件履行交货义务，应视为违反合同。具体来说，卖方的错误有两方面：一是擅自更换包装材料；二是未按合同规定使用唛头。目前许多国家(地区)对于在市场上销售的商品制定了相关包装和标签管理条例，进口商品必须符合这些规定，否则不准进口或禁止在市场上出售。由于加拿大部分地区属于法语区，为此，销售产品除英文外常要求加注法文。总之，为了顺利出口，必须了解和适应不同国家(地区)规定的特殊要求，以减少不必要的纠纷。

二　包装的种类

商品的包装，按其作用的不同，分为运输包装和销售包装以及中性包装和定牌。

🧠 课堂讨论：试举例说明运输包装与销售包装在某一商品上的运用。

(一)运输包装

运输包装(transport packaging)又称大包装、外包装(outer packaging),它是将货物装入特定容器,或以特定方式成件或成箱的包装。运输包装的作用一是保护货物在长时间和远距离的运输过程中不被损坏和散失;二是方便货物的搬运、储存和运输。运输包装的主要特点是容积大、结构坚固、标志清晰以及装卸搬运方便。

1.运输包装的分类

运输包装的方式和造型多种多样,用料和材质各不相同等,这就导致货物运输包装的多样性,如表2-2所示。

表2-2　运输包装的种类

分类标准	种类
包装方式	单件运输包装、集合运输包装
包装造型	箱型包装、桶型包装、袋型包装以及集装袋、集装箱、托盘组合包装等
包装材料	纸制包装,金属包装,木制包装,塑料包装,麻制品包装,竹、柳、草制品包装,玻璃制品包装和陶瓷包装等
包装质地	软性包装、半硬性包装、硬性包装
包装程度	散装、裸装、全部包装

2.运输包装的标志

运输包装的标志是指为了方便货物运输、装卸及储存保管,便于识别货物和防止货物损坏而在商品外包装上刷写的标志。按其作用可分为运输标志、指示性标志、警告性标志、重量及体积标志、产地标志等。

1)运输标志

运输标志(shipping mark)俗称"唛头",其作用一是在运输过程中方便有关人员辨认货物及核对单证;二是避免货物在运输过程中发生混乱或延误,使货物顺利和安全地运抵目的地。它通常是由一个简单的几何图形和一些字母、数字及简单的文字组成,如图2-1所示。

运输标志在国际贸易中具有特殊的法律作用。根据《联合国国际货物销售合同公约》第31条和第32条的规定,在商品特定化以前,风险不转移到买方。而商品特定化最常见的有效方式,就是在商品外包装上标明运输标志。此外,国际贸易主要采用凭单付款的方式,而主要的出口单据如发票、提单、保险单等,都必须显示运输标志。商品以集装箱方式运输时,运输标志可被集装箱号码和封口号码取代。

运输标志(标准主唛)

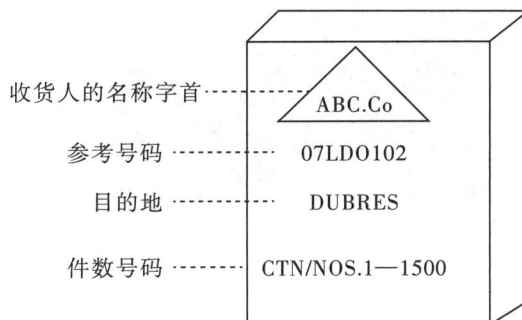

收货人的名称字首 --------- ABC.Co

参考号码 --------- 07LDO102

目的地 --------- DUBRES

件数号码 --------- CTN/NOS.1—1500

图2-1　标准化运输标志

2）指示性标志

指示性标志（indicative mark）是根据商品的特性，对一些易碎、易损、易变质的商品，在搬运装卸操作和存放保管条件方面所提出的要求和注意事项，用图形或文字表示的标志。例如，"怕湿""向上""小心轻放""禁用手钩"等。

为了统一各国（地区）关于运输包装指示性标志的图形与文字，一些国际组织如国际标准化组织（ISO）、国际航空运输协会（IATA）和国际铁路货运会议（RID）分别制定了包装储运指示性标志，并建议各成员予以采纳。我国制定的关于运输包装指示性标志的标准，所用图形与国际上通用的图形基本一致，如图2-2所示。

图2-2　常见的指示性标志

3）警告性标志

警告性标志（warning mark）也称危险货物包装标志或危险品标志（dangerous cargo mark），是指危险货物包装上刷写或粘贴的标明危险性质和等级，以促使流转过程中的工作人员注意并提高警惕的标志。根据《危险货物包装标志》（GB 190—2009）的规定，在运输包装上应打印上警告性标志。

此外，联合国政府间海事协商组织也规定了一套国际海运危险品标志，这套规定在国际上已被广泛采用。有的国家（地区）在进出口危险品时，要求在运输包装上标上该组织规定的危险品标志，否则不准靠岸卸货。因此，在我国出口危险货物的运输包装上，要标示我国和国际上所规定的两套危险品标志。常见的警告性标志如图2-3所示。

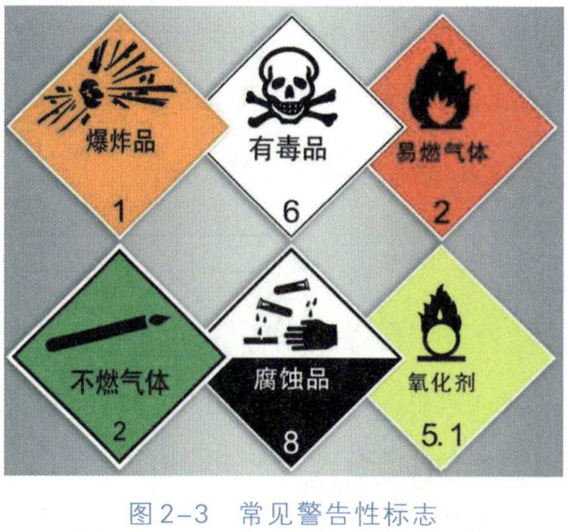

图2-3　常见警告性标志

4）重量及体积标志

运输包装上除了需标明运输标志、指示性标志、警告性标志以外，还需标明货物的重量及体积等信

息,以便在储藏和运输过程中安排装卸作业的舱位等。例如:

GROSS WEIGHT	100KG
NET WEIGHT	90KG
MEASUREMENT	60CM×50CM×40CM

5)产地标志

商品产地是海关统计和征税的重要依据。一般在商品的内、外包装上均需注明产地,作为商品说明的一个重要内容,如"MADE IN CHINA"。

(二)销售包装

销售包装(selling packing)又称小包装、零售包装,是以销售为目的,与商品一起出售给消费者的小型包装。销售包装具有识别功能、便利功能、美化功能、想象和联想功能等。

> **案例导入**
>
> 包装之于商品,犹如衣服对于人类,不可或缺。20世纪50年代,销路一直很好的杜邦公司发现自己的市场份额不断下降。调查后发现,63%的消费者重视包装。虽然杜邦的产品质量很好,但包装存在两个问题:一是包装质量差,经常破损,消费者自然不愿买破损的商品;二是包装过于简单,缺乏特色,识别性不强,消费者很难一眼认出这个产品是杜邦的。为此,杜邦重新设计、改进包装,一场危机就此化解。包装的重要性由此可见一斑。

1.销售包装的种类

目前,国际市场上较为流行的销售包装按照作用可划分为以下几类:

(1)挂式包装,如吊带、网兜、吊钩等。

(2)易开式包装,如易拉罐等。

(3)携带式包装,有手提袋装置等。

(4)喷雾式包装,如香水、发胶等。

(5)配套式包装,如餐具、茶具等。

(6)礼品式包装,外表美观、讲究等。

(7)透明式包装,便于识别,有利选购。

2.销售包装的标志和说明

在销售包装上,一般都附有装潢画面、各种标签和文字说明,有的还印有条形码。近年来,越来越多的进出口商品包装上还印有环境标志(green label)。

1)包装的装潢图片

包装的装饰图片包括图案和颜色。在设计上,应该美观大方,充满艺术魅力,并突出商品自身的特点。同时,要注意不同国家(地区)的民族习惯和宗教信仰等,防止使用进口国(地区)的禁忌图像和颜色。

2)包装的标签和文字说明

销售包装上需要标明所需的标签和说明。标签和文字说明包括商品名称、商标名称、数量、规格、用途、组件和使用方法等。使用的语言必须简明扼要,才能被销售市场上的消费者所理解。如果需要,也可以同时使用中文和外语。此外,在进行标签设计和使用、文字说明时,应注意进口国(地区)的有关规定。例如,瑞士对进口衬衣规定衣领上必须有洗涤、熨烫的说明图示,否则不准进口;日本规定,凡销往该国的药品,除必须说明成分和服用方法外,还要说明其功能,否则不准进口;中国产品质量法中对某些产品的包装标志也有必须使用中文的规定。

3)条形码

条形码(bar code)又称条码,是由具有不同厚度和间隔的双杠的组合和对应的数字构成的商品代码。这些线和缝隙空间表示某些信息,只要借助光电扫描阅读设备即可迅速将条形码代表的诸如商品的生产国别、制造厂商、产地、名称等一系列商品信息,准确无误地显示出来。条码标准的使用可以提高结算的效率和准确性,便于交易双方及时了解产品的相关信息,也可以提高国际市场物流配送的效率。总之,条形码是商品在国际市场流通的国际语言和统一号码,是商品进入超市和大型百货商店的先决条件。

国际上通用的条形码有两种:一种是由美国和加拿大组建的统一代码委员会编制的UPC码(universal product code);另一种是由国际物品编码协会编制的EAN码(European article number)。目前,较多国家和地区使用EAN码,EAN系统已成为国际公认的物品编码标志系统。EAN码由12位数字产品代码和1位校验码组成,如图2-4所示。前3位数字为前缀码,中间第4~8位数字为生产商编码,第9~12位数字为产品码,最后1位数字为自动生成的校验码。按照国际物品编码协会的分配,我国的前缀码为"690~699"(不包括港、澳、台地区)。此外,我国书籍的代码是"978",杂志的代码是"977"。

前缀码　　生产商编码　　产品码　　校验码

图2-4　商品条形码

为了适应国际市场对条形码的要求和扩大出口,我国于1988年成立了中国物品编码中心。该中心于1991年4月正式加入国际物品编码协会,正式在我国的出口商品销售包装上采用国际标准条形码。

4)环境标志

环境标志也称为绿色标志或生态标志。它是一种印在产品及其包装上的图形,用以表明该产品的生产、使用及处理过程符合特定的环境保护要求,对生态环境无害或危害性极小。自从1978年德国最初使用"蓝色天使"标志以来,越来越多的国家(地区)制定了自己的环境标签制度,形成了新的非关税壁垒——绿色壁垒。例如,日本有"生态标签制度",加拿大有"环境选择",新加坡有"绿色标签制度"等。一些发达国家颁布了法律和文件,规定没有环境标签的进口产品都受数量和价格限制,不允许进口。

我国于1994年5月成立了中国环境标志产品认证委员会,并公布了由青山、绿水、太阳和10个环组成的中国环境标志图形,如图2-5所示。尽管已经公布了多项对环境标志产品的技术要求,并有一批产品通过了环境标志认证,但是同发达国家相比,我国的环境标志制度仍然处于起步阶段,产品种类较少,远远满足不了对外贸易的需要。为了扩大出口,我国企业应尽早进行ISO 14000标准(环保标准)的认证。

图2-5　中国环境标志图形

(三)中性包装和定牌

采用中性包装和定牌生产,是国际贸易中的习惯做法。

1.中性包装(neutral packing)

知识扩展:
各国对包装材料的部分规定

1)中性包装的定义

中性包装是指在出口商品和/或内外包装上都不注明生产国别、地名和厂商名称的包装。

2)中性包装的分类

无牌中性包装:包装上既无生产地名、厂商名称,又无商标牌号。主要用于有待进一步加工的半成品包装。

定牌中性包装:包装上仅有买方指定的商标或牌号。多数的超级市场、百货公司等,都要求在其商品或包装上标示自己使用的商标或牌号,以扩大知名度和显现该商品的价值。

3)中性包装的作用

采用中性包装,是为了打破某些进口国家(地区)实行的关税壁垒、配额限制和其他一些限制进口的歧视性措施。目前,某些出口商品使用中性包装已成为国际贸易中的一种习惯做法。

案例分析

自行车出口案例

菲律宾某公司与上海某自行车厂洽谈进口业务,打算从我国进口"永久"自行车1000辆。但要求我方改用"剑牌"商标,并且在包装上不得注明"中国制造(MADE IN CHINA)"字样。试问:我方是否可以接受? 在处理此项业务时,应注意什么问题?

分析:(1)这是一笔中性包装交易,外方要求采用定牌中性包装,我方一般可以接受。

(2)在处理该业务时应注意:①对方所用商标在国外是否有第三者已注册,若有则不能接受。如果一时无法判明,则应在合同中写明"若发生工业产权争议,应由买方负责"。②我方品牌产品在对方市场上的销售情况,若我方产品已在对方市场树立良好声誉,则不宜接受;否则会影响我方产品地位甚至造成市场混乱。

2.定　牌

1)定牌的定义

定牌是指卖方按买方要求在其出售的商品或包装上标明买方指定的商标或牌号,这种做法称为定牌生产。一般对于大量的、长期稳定的订货,可以接受买方指定的商标。我国在采用买方的商标或品牌时,需标明"中国制造"。

2)定牌的作用

采用定牌,是为了利用买方(包括生产厂家、大百货公司、超级市场和专业商店等)的经营能力和他们的企业商誉或名牌商誉,以提高商品售价和扩大销售数量。

3)采用定牌时要注意的问题

(1)应注意有的外商利用向我方订购定牌商品来排挤使用我方商标的货物的销售,从而影响我国产品在国际市场树立名牌。采用定牌时,一般应标明"中国制造"字样。

(2)要审查买方提供的商标牌号与我国相关法律是否相悖,若相悖,则不可接受;若买方提供的商标引发了产权争议,则应在合同中明确由对方负责。

课堂讨论:定牌中性包装与定牌生产的区别是什么?

三 合同中的包装条款

(一)合同包装条款的主要内容

在进出口贸易合同中,包装条款一般包括包装材料、包装方法、包装规格、包装标志和包装成本等。货物的包装条件涉及买卖双方的利益,包装方法对进口商在市场上的销售有一定的影响。因此,买卖双方应协商包装问题,并在合同中订立明确。

例1:木箱装,内衬防潮纸,每箱净重20千克。

In wooden cases lined with waterproof paper of 20KG net each.

例2:国际标准茶叶纸箱装,24纸箱装一托盘,10托盘装一集装箱(整箱)。

In international tea boxes,24 boxes on a pallet,10 pallets in an FCL container.

(二)订立包装条款时需注意的问题

1.出口包装要遵循买方国家(地区)对包装的有关规定和惯例

由于不同国家(地区)对包装的要求不同,例如在包装材料方面,有些国家(地区)不允许使用玻璃或陶瓷制成的包装材料,有些国家(地区)禁止使用稻草、干草和报纸屑作为包装垫,也有一些国家(地区)禁止将原棉、葡萄枝、旧材料或易滋生害虫和寄生虫的植物材料作为包装衬垫。随着各国(地区)对包装要求越来越严格,出口包装应遵循买方国家(地区)有关贸易包装的法规和惯例。

2.努力实现包装标准化

商品包装标准化是指在生产技术活动中,对所有制作的运输包装和销售包装的品种、规格、尺寸、参数、工艺、成分、性能等所作的统一规定,并且按照统一的技术标准对包装过程进行管理。产品包装标准是包装设计、生产、制造和检验包装产品质量的技术依据。我国的产品包装标准主要包括建材、机械、电工、轻工、医疗器械、仪器仪表、中西药、食品、农畜水产等几大类。

商品包装标准化的主要内容是使商品包装适用、牢固、美观,达到定型化、规格化和系列化。对同类或同种商品进行包装,须执行"七个统一":统一材料、统一规格、统一容量、统一标记、统一结构、统一封装方法和统一捆扎方法等。

我国应逐步提高包装标准化水平,使出口商品包装标准与国际标准逐步一致。

3.对包装方式、材料要作出明确的规定

在约定包装方式时应明确具体,不宜笼统规定。例如,不宜采用"适合海运包装"(seaworthy packing)、"习惯包装"(customary packing)和"卖方惯用包装"(seller's usual packing)之类的术语。此类术语无统一解释,易引起纠纷,因此,除非是长期合作的贸易伙伴,对此已经取得一致认知,否则不宜采用。

4.对包装费用的要求

包装费用一般包括在货价中,不另计收。如果买方要求特殊包装,除非事先明确包装费用包括在货价内,否则超出的包装费用应由买方负责,并应在合同中具体规定包装费用的分摊方式以及支付方式。

5.要明确运输标志由谁决定

根据国际贸易习惯,运输标志一般由卖方决定,可不订入合同,或只注明"卖方标志",由卖方设计后通知买方。如果买方要求在合同订立后由其指定,则应具体规定指定的最后时限,并订明若到时未收到有关运输标志的通知,卖方可自行解决。

另外,要注意对方国家(地区)有关部门对商品销售包装及标签的具体规定和要求,慎重考虑定牌中性包装问题,考虑货物特点和不同运输方式的要求。

◎ 复习巩固

一、习题链接

第二章测试题

二、思考题

1.在贸易当中,溢短装选择权应当由哪一方决定?为什么?

2.在凭样品买卖时,应注意哪些问题?

3.中性包装和定牌包装一般适用于什么类型企业的对外贸易?

三、计算题

我国某出口公司出口蚕丝20公吨,买卖双方约定标准回潮率为11%,其实际回潮率则从20公吨货物中抽取部分样品进行测算。假设抽取1千克,用科学方法去掉货物中的水分,若净剩0.8千克蚕丝,则实际回潮率为25%[(0.2÷0.8)×100%]。计算该批蚕丝的公量。

四、案例分析

合同规定水果罐头装入箱内,每箱30听。卖方按照合同规定如数交付了货物,但其中有一部分是装24听的小箱,而交货的总听数并不短缺。可是,买方以包装不符合合同规定为由拒收整批货物,卖方则坚持买方应接受全部货物,因此引起诉讼。对此,如果你是法官,应如何判决?依据何在?

⤴ 综合能力提升

请同学以小组形式,登录阿里巴巴网站,以出口商身份向进口商报出准备出口的商品的品名、品质、数量和包装条款,相关信息可根据阿里巴巴网站要求提供内容或自行拟定。

☞ 学习导航

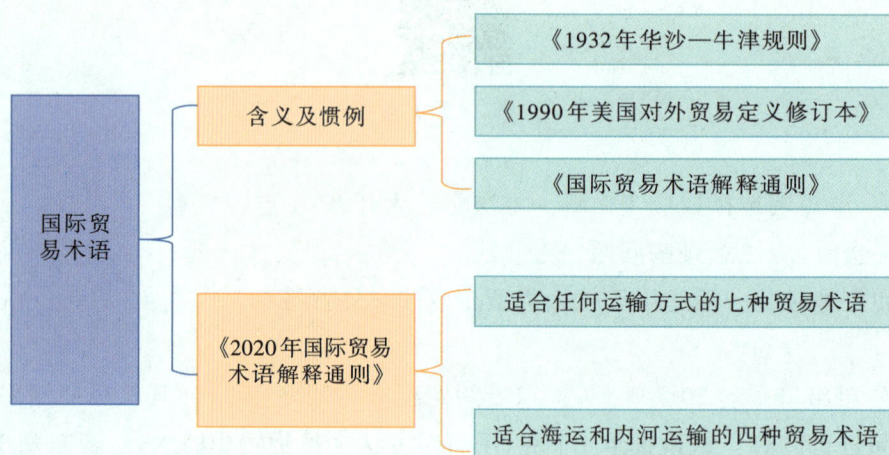

☞ 学习目标

1.知识目标:了解贸易术语的含义和作用;了解法律和国际惯例的区别;掌握《2020年国际贸易术语解释通则》的11种贸易术语的特征及应用。

2.能力目标:识别和防范国际贸易业务中的风险,妥当运用国际贸易术语,避免不必要的损失和纠纷,具备可以熟练地开展国际贸易业务及相关工作的能力。

3.素质目标:在贸易规则和术语背后支撑整个贸易流程的是诚信意识和契约精神,也就是要按规矩来办事。诚信是开展国际贸易的前提,而按规矩办事则能确保整个贸易流程顺利开展,最终达到共赢的目的。在讲述贸易术语及案例分析时,要培养学生遵纪守法、诚实守信的良好品质和职业道德素养。

第一节 贸易术语的含义及相关的国际惯例

一 贸易术语的含义与作用

在国际贸易中,买卖双方往往相距遥远,语言、文化和商业习惯也不同。同时,货物由卖方转移到买方的过程,涉及运输、保险、仓储等多个环节,这些都加大了交易谈判和履约难度。在长期的贸易实践中,人们逐步摸索出一些习惯做法,制定了使用特殊术语销售的货物交付方式,并经过归纳—整理—归纳,形成了一系列国际惯例,简化了货物的对外销售。

贸易术语又被称为贸易条件、价格术语,是指用一个简短的概念或三个英文字母来说明商品的价格构成、交货地点、买卖双方风险的划分以及费用和责任归属的专门用语。贸易术语在国际贸易实践中得到广泛应用,大大促进了国际贸易的发展。例如,简化交易流程,缩短谈判时间,促进交易达成,节约费用,有利于成本和价格计算,明确双方的权利和义务,有利于解决履行过程中的纠纷等。当买卖双方当事人在合同中确定采用某种贸易术语时,就要求合同中的其他条款都与其适应。因此,在国际贸易中,合同的性质通常由合同中使用的贸易条款决定。换句话说,如果合同使用CIF条款,则该合同称为CIF合同。

二　有关贸易术语的国际贸易惯例

贸易术语的使用本来是为了简化交易手续、缩短洽商时间、促进贸易发展的,但在相当长的时间内,在国际上没有形成对各种贸易术语的统一解释。在20世纪20年代,国际商会对一些重要的贸易术语的解释做了一项调查,发现不同的国家(地区)有不同的解释。合同当事人之间互不了解对方国家(地区)的贸易习惯的情况时常出现,这就会引起当事人之间的误解、争议和诉讼,从而浪费时间和金钱,也影响了国际贸易的发展。为了解决这一问题,国际组织以及美国一些著名商业团体经过长期努力,分别制定了解释国际贸易术语的规则,这些规则在国际上被广泛采用,因而形成了一般的国际贸易惯例。有关贸易术语的国际贸易惯例主要有三种:《1932年华沙—牛津规则》《1990年美国对外贸易定义修订本》《国际贸易术语解释通则》。

(一)《1932年华沙—牛津规则》

《1932年华沙—牛津规则》是国际法协会规定的对成本加保险费及运费(CIF)条件的详细解释。1928年华沙会议上制定了CIF买卖合同的统一规则《1928年华沙规则》,共22条;后经1930年牛津—纽约会议、1931年巴黎会议和1932年牛津会议修订,为21条,定名为《1932年华沙—牛津规则》,一直沿用。其中对卖方在船舶装运、保险、制备单据、提交证件及保证货物的品质等方面的责任,买方在偿付贷款、接受货物与检查货物等方面的权利与义务,以及货物风险及所有权的转移时间等,都有详细规定。该规则对任何进出口交易都没有法律上的约束力,仅供买卖双方自愿采用,只有当双方在买卖合同中注明采用此项规则时才适用。但由于其制定的年代久远,其中的一些规定已经很难符合现代交易的需要,因而使用的频率很低。

(二)《1990年美国对外贸易定义修订本》

1919年,美国多个企业集团共同制定了统一的对外贸易定义解释,供外贸工作者参考。原名为《美国出口报价及其缩写条例》,随后,鉴于贸易惯例的变化,1940年美国第27届全国外贸会议要求修订原定义,由国家外贸协会公布。1941年至1990年,美国商业集团对该文本进行了修订,并重新命名为《1990年美国对外贸易定义修订本》。该规则把FOB又细分为六种类型。其中只有第五种,即指定的装运港船上交货(FOB vessel)才同《2020年国际贸易术语解释通则》(简称《2020通则》)中FOB的含义大体相同,而其余五种FOB的含义则完全不同。

因此,我国外贸企业在同美国、加拿大以及其他美洲地区的企业商谈时,不能笼统地规定采用某种术语,还要明确所适用的国际贸易惯例及版本,否则极易引起误解,从而产生不必要的贸易纠纷。

(三)《国际贸易术语解释通则》

《国际贸易术语解释通则》(International Rules for the Interpretation of Trade Terms,缩写为INCOTERMS,简称《通则》)是国际商会为了统一对各种贸易术语的解释而制定的,也是目前在国际贸易中最流行的有关贸易术语的国际惯例。最早的版本于1936年颁布,随后为了适应新的贸易形势和国际货物运输方式,国际商会又分别于1953年、1967年、1976年、1980年、1990年、2000年和2010年、2020年进行了八次修订。

为了适应国际贸易的快速发展和国际贸易实践领域发生的新变化,也为了进一步与《联合国国际货物销售合同公约》(CISG)关联,国际商会于2016年发起对《2010年国际贸易术语解释通则》(简称《2010通则》)进行修改的动议,并历时三年,最终版本《2020通则》于2019年9月10日公开对外发布,并于2020年1月1日起正式生效。

第二节 《2020年国际贸易术语解释通则》

《2020通则》在《2010通则》的基础上进一步明确了国际贸易体系下买卖双方的责任,对贸易实务、国际结算和贸易融资实务等方面都将产生重要的影响。

与《2010通则》相比,《2020通则》进一步明晰地向用户展示各条术语所规定的买卖双方的权利与义务,包括产品运输、进出口清关责任、谁支付费用、谁对运输过程中不同地点的产品状况承担风险等方面,从而更便于买卖双方在签订合同时选择合适的术语。同时,《2020通则》引言中指出,当将特定的术语纳入买卖合同时,无须加注其中的商标符号。

值得注意的是,《2020通则》实施之后,《2010通则》并非自动作废。国际贸易惯例在适用的时间效力上并不存在"新法取代旧法"的说法,因此,当事人在订立贸易合同时仍然可以选择适用《2010通则》甚至《2000通则》,关键是要标注所使用的通则版本。此外,《2020通则》不涉及产品责任、违反销售合同的救济方式、不可抗力、知识产权、解决争议的方法等相关内容。

《2020通则》是在《2010通则》的基础上修正和补充而成的,其主要变化如下。

一 引言内容的变化

《2020通则》对引言进行了重新编排,将其分为10部分内容,即《2020通则》规定什么和不规定什么,如何将《2020通则》最佳地并入合同,术语中的交货、风险与费用,术语与承运人的关系,术语的正确选用,术语的排序以及术语的变形提示等,每一部分项下包括若干条具体说明。

总之,引言为《2020通则》的使用者提供了原则性指南。这种做法提高了引言内容的针对性,既避免了使用者在查用具体术语时忽略与使用术语相关的重要内容,也便于使用者更准确地选择合适的术语。

二 买卖双方义务的表述方式的变化

每个术语对于买卖双方义务的规定方法在《2020通则》中得到进一步的明确与条理化。由过去的在同一标题下的罗列式变成了两个标题的镜像对照式,即将各个术语当事人的相关义务编列为10个标题,卖方义务的每个标题下对应着有关同一事项的买方义务,一目了然,便于比较和对照。

三　贸易术语数量与分类的变化

《2020通则》维持了《2010通则》中按照适用的运输方式不同进行分类的做法,分为两类11种贸易术语,并对DAT和DAP进行了两处修订。首先,将两者的顺序颠倒过来,将卖方无须卸货交付的DAP排在卖方需要卸货交付的DAT之前;其次,将DAT术语修改为DPU,强调目的地可以是任何地方,而不仅仅是"运输终端"。值得注意的是,DPU是《2020通则》中唯一要求卖方在目的地卸货的术语,因此,卖方应确保能在指定地点组织卸货。

第一类包括那些适用于任何或者多种运输方式的七种术语,即EXW、FCA、CPT、CIP、DAP、DPU和DDP。

第二类实际上包含了比较传统的只适用于海运或内河水运的四种术语。在这类术语条件下,卖方交货点和货物运至买方的地点均是港口,FAS、FOB、CFR和CIF均属于此类术语。

四　贸易术语中可以使用自有运输工具安排运输

按照《2010通则》规定,货物从卖方运输到买方,通常由第三方承运人负责运输。但在当今的实际业务中,货物可以在完全不需要任何第三方承运人参与的情况下进行运输。因此,《2020通则》规定,在FCA、DAP、DPU、DDP四个术语下进行进出口业务时,买卖双方不仅可以自行订立运输合同,而且允许自行安排必要的运输。例如,在使用FCA术语时,不再推定使用第三方承运人进行运输,买方可以使用自有运输工具,而在使用DAP、DPU、DDP术语时,卖方则可以使用自有运输工具运送货物。

第三节　适合任何运输方式的贸易术语

一　EXW术语

(一)EXW术语的含义

EXW全称为Ex Works(…named place of delivery),意为工厂交货(……指定地点)。该术语是指当卖方在其所在地或其他指定地点(如工厂、矿山或仓库等)将货物交由买方处置时,即完成交货,卖方不办理出口清关手续,也无须将货物装上前来接货的任何运输工具。EXW术语适合所有运输方式。采用EXW条件成交时,卖方承担的风险、责任以及费用都是最小的,因而货物价格是最低的。

(二)买卖双方的基本义务

1.卖方的基本义务

(1)在合同规定的时间、地点,将合同要求的货物置于买方的处置之下。

(2)承担将货物交给买方处置之前的一切风险和费用。

(3)提交商业发票或有同等作用的电子信息。

2.买方的基本义务

(1)在合同规定的时间、地点,受领货物,并支付货款。

(2)承担受领货物后的一切费用和风险。

（3）自负费用和风险，取得出口许可证和进口许可证或其他官方许可，并负责办理货物的出口和进口所需的一切海关手续。

EXW案例分析

出口商B与进口商A签订出口女式上衣的合同。合同规定EXW汕头，纸箱包装，6月15日前交货。6月10日，B通知A，货物已经备妥，并单独存放于某仓库，随时可供提取。11日，A派代表前来验收，该批货物全部验收合格。该代表向B提出将货物暂存该仓库，等办妥有关事宜后再来提货。B表示同意。但该代表12日表示：要到14日上午才能安排车来提货。不料，在14日凌晨，该仓库突遭火灾，全部厂房及物资均化为乌有。A拒付货款，理由是他并未提货，货物被焚应由B负责。

分析：卖方B在11日已经完成了交货义务，是在合同规定日期内，在指定的交货地点，而且货物符合买方A的要求。买方A自工厂点收货物后即应承担货物灭失和损坏的一切风险，而不是等到其将货物提走之后。

（三）采用EXW术语时应注意的问题

1.装运的规定

尽管在EXW术语项下，卖方无须承担货物的运输工作，但有时会帮助买方将货物装上买方指定的运输工具，如果需要卖方负责装载货物并承担有关的风险及费用，必须在合同中加以明确。例如，"在EXW下，卖方承担将货物装上买方的运输工具的额外义务"。

2.进出口通关的规定

在EXW术语项下，进出口通关的工作均由买方负责，且买方承担办理货物出口通关所需的费用。如果卖方参与出口清关，也仅限于协助买方获取出口货物可能需要的文件和信息，并不承担相关的风险与费用。因此，如果买方不能直接或间接完成出口通关的工作，则不应采用该术语，最好选择FCA术语。

3.交货地点的规定

以EXW术语报价或订约时，交货地点非常重要。根据《2020通则》的规定，EXW的交货地点一般在商品的产地或所在地，包括工厂、农场、矿山、其他生产地点或仓库等。因此，双方最好明确指定交货地点内的准确地点。如果双方没有指明交货地点，则通常将选择"最适合的交货地点"的权利留给了卖方，并在此点完成交货义务。

4.在国内贸易中的应用

根据EXW术语的规定，卖方在出口地境内指定地点交货，风险和相应的责任也随之转移给买方，最重要的是由买方负责办理货物的一切进出口通关手续并缴纳有关税费。因此，EXW术语是11种贸易术语中卖方责任最小、买方责任最大的术语。目前，我国境内的一些生产企业由于不熟悉货物出口的有关手续，经常采用EXW术语将货物卖给国内出口商，再由国内出口商以其他贸易术语将该批货物转卖给境外的进口商。因此，就卖方来说，业务流程与一般的内销并无多大区别，EXW实际上是一种在出口地境内的贸易术语，通常由卖方所在地的法律来规范交易中所产生的各种关系。但从货物位移的角度来说，货物最终的目的地是境外，运输过程跨越了国境，因此从这个意义上来说EXW又属于国际贸易术语的范畴。

二 FCA 术语

(一)FCA术语的含义

FCA 全称为 Free Carrier(...named place),意为货交承运人(⋯⋯指定交货地点),其后应注明《2020通则》。该术语是指卖方将合同约定的货物在指定的地点交给买方指定的承运人,并办理出口清关手续,即完成交货。该术语适用于各种运输方式,特别是内陆城市采用集装箱运输或多式联运。FCA 的交货地点既可以在卖方所在地,也可以在卖方所在地之外的另一个地点。但无论选择上述哪一个交货地点,该地点就是确定卖方转移风险和费用到买方的地点。若买方请求卖方按通常条件代为订立运输合同,则由此而产生的费用和风险仍由买方承担。

(二)买卖双方的基本义务

1.卖方的基本义务

(1)办理出口清关手续,在指定地点按约定日期将货物交给买方指定的承运人,并给予买方货物已交付的充分通知。

(2)承担货物交给承运人以前的一切费用和风险。

(3)向买方提供约定的单据或具有同等效力的电子信息。

2.买方的基本义务

(1)签订从指定地点承运货物的合同,支付有关的运费,并将承运人名称及有关情况及时通知卖方。

(2)根据买卖合同的规定受领货物并支付货款。

(3)承担受领货物之后所发生的一切费用和风险。

(4)自负风险和费用,取得进口许可证或其他官方证件,并且办理货物进口所需的海关手续。

(三)采用FCA术语时应注意的问题

1.关于承运人接货地点的问题

在FCA条件下,通常是由买方安排承运人,与其订立运输合同,并将承运人的情况通知给卖方。该承运人可以是拥有运输工具的实际承运人,也可以是运输代理人或其他人。如果双方约定的交货地点在卖方所在地,卖方负责把货物装上买方安排的承运人所提供的运输工具即可;如果交货地点是在卖方所在地以外的其他地方,当货物在卖方的运输工具上,尚未卸货交给买方处置时,即完成了交货义务。如果在约定地点没有明确具体的交货点,或者有几个交货点可供选择,卖方可以从中选择最适宜的交货点。

2.责任和费用问题

FCA贸易术语适用于包括多式联运在内的各种运输方式。卖方的交货地点因采用的运输方式的不同而不同。有时须在出口地的内陆办理交货,如车站、机场或内河港口。不论在何处交货,根据《2020通则》的解释,出口方都要自负风险和费用,取得出口许可证或其他官方批准证件,并办理货物出口所需的一切海关手续。

3.FCA条件下风险转移的问题

当采用FCA术语成交时,买卖双方的风险划分是以货交承运人为界的。但由于FCA与F组其他术语一样,通常情况下是由买方负责订立运输合同,并将承运人名称及有关事项及时通知给卖方,卖方才能如约完成交货义务,并实现风险的转移。而如果买方未能及时给予卖方上述通知,或者他所指定的承运人在约定的时间未能接受货物,根据《2020通则》的解释,自规定的交付货物的约定日期或期限届满之日起,由买方承担货物灭失或损坏的一切风险,但以货物被划归在本合同项下为前提条件,即必须经过特定化,可辨认其为买卖合同项下的标的物时,风险才能转移。

> **FCA案例分析**
>
> 　　新加坡A公司与马来西亚B公司订立FCA合同,购买500吨白糖,合同约定提货地为B公司所在地。2023年7月3日,A公司派代理人到B公司提货,B公司已将白糖装箱完毕并放置在临时敞篷中,A公司代理人由于人手不够,要求B公司帮助装货,B公司认为已履行完应尽义务,故拒绝帮助装货。A公司代理人无奈返回,3日后A公司再次到B公司所在地提走货物。但是,在货物堆放的3天里,因遇湿热台风天气,货物部分受损,造成10%的脏包。试问:该损失应由哪一方承担?
>
> 　　分析:《2020通则》中规定了FCA术语下装货和卸货的义务:交货地在卖方所在地时,卖方负责装货;交货地在卖方所在地之外时,卖方不负责卸货。可见,在本案中,B公司将货物装箱并存放后,并未履行完交货义务,B公司应负责装货。A公司在3日后自行派人将货物装车并提走,可以视为放弃了要求B公司装货的权利,但在此之前的货物灭失或损坏的一切风险仍应由B公司承担。

三　CPT术语

(一)CPT术语的含义

CPT是Carriage Paid to(...named place of destination)的缩写,即运费付至(……指定目的地)。CPT是指卖方向其指定的承运人交货,并需支付将货物运至目的地的运费,而买方承担交货之后的一切风险和其他费用。CPT术语适用于各种运输方式,特别是内陆城市采用集装箱运输或多式联运。

(二)买卖双方的基本义务

1.卖方的基本义务

(1)必须订立将货物运往指定目的地的运输合同,并支付通常运费,按期将货物交给承运人,并向买方发出货物已交付的充分通知。

(2)自负风险和费用,取得出口许可证或其他官方文件,并办理货物出口所需的一切海关手续。

(3)承担货物交付承运人以前的一切费用和货物丢失与损坏的一切风险。

(4)向买方提交约定的单据或具有同等效力的电子信息。

2.买方的基本义务

(1)支付除通常运费之外的有关货物在运输途中产生的各种费用和卸货费。

(2)办理保险并支付保险费。自负风险和费用,取得进口许可证或其他官方文件,办理货物进口所需的一切手续。

(3)自卖方交付货物时起,承担货物丢失和损坏的一切风险。

(4)在目的地从承运人那里受领货物,并按合同规定受领单据和支付货款。

(三)采用CPT术语时应注意的问题

1.风险划分的界限问题

按照CPT术语成交,虽然卖方要负责订立从起运地到指定目的地的运输合同,并支付运费,但是卖方承担的风险并没有延伸至目的地。按照《2020通则》的解释,货物自交货地点至目的地的运输途中的风险由买方承担,卖方只承担货物交给承运人控制之前的风险。在多式联运情况下,卖方承担的风险自货物交给第一承运人控制时即转移给买方。

2.责任和费用的划分问题

采用CPT术语时,买卖双方要在合同中规定装运期和目的地,以便于卖方选定承运人,自费订立运输合同,将货物运往指定的目的地。卖方将货物交给承运人之后,应向买方发出货已交付的通知,以便于买方在目的地受领货物。如果双方未能确定目的地买方受领货物的具体地点,卖方可以在目的地选择最适合其要求的地点。按CPT术语成交,卖方只承担从交货地点到指定目的地的通常运费。通常运费之外的其他有关费用,如超重超长附加费、转船附加费、绕航附加费等,一般由买方负担。货物的装卸费可以包括在运费中,统一由卖方负担,也可以由双方在合同中另行规定。

> **CPT案例分析**
>
> A公司以CPT条件出口一批冬装,A公司按期将货物交给指定承运人,但运输途中由于天气原因延期一个月,错过了销售季节,买方由此向A公司提出索赔。试问:此项损失应由谁承担?
>
> **分析**:以CPT术语成交时,风险转移以货交承运人为界,即卖方将货物交给指定承运人,风险即由卖方转移至买方,买方可投货物保险以确保损失最小。就本案例而言,A公司将货物交给承运人,运输途中及后期风险均由买方自己承担,因此,A公司可拒绝买方的索赔要求。

四　CIP术语

(一)CIP术语的含义

CIP是Carriage and Insurance Paid to(...named place of destination)的缩写,即运费、保险费付至(……指定目的地)。该术语是指卖方向其指定的承运人交货,并需支付将货物运至目的地的运费,办理买方货物在运输途中丢失或损坏风险的保险和支付保险费;而买方承担卖方交货之后的一切风险和额外费用。该术语适用于各种运输方式,特别是内陆城市采用集装箱运输或多式联运。

(二)买卖双方的基本义务

1.卖方的基本义务

(1)订立将货物运往指定目的地的运输合同,并支付有关运费。

(2)在合同规定的时间、地点,将合同规定的货物置于承运人的控制之下,并及时通知买方。

(3)承担将货物交给承运人控制之前的风险。

(4)按照买卖合同的约定,自负费用投保货物运输险。

(5)自负风险和费用,取得出口许可证或其他官方批准证件,并办理货物出口所需的一切海关手续,支付关税及其他有关费用。

(6)提交商业发票和在约定目的地提货所需的通常的运输单据或具有同等作用的电子信息,并且自费向买方提供保险单据。

2.买方的基本义务

(1)自卖方交付货物时起,承担货物灭失和损坏的一切风险。

(2)支付除通常运费之外的有关货物在运输途中所产生的各项费用和卸货费。

(3)在目的地从承运人那里受领货物,并按合同规定受领单据和支付货款。

(三)采用CIP术语时应注意的事项

1.风险和费用的划分问题

与CPT术语一样,卖方要负责订立从起运地到指定目的地的运输合同,并支付相关的基本运费,但是风险的转移点并没有延伸到目的地,所以风险和费用在不同的地方发生转移。买卖双方在买卖合同中也要确定两个地点:风险转移至买方的交货点(即风险的转移点)和指定目的地(即费用的划分点)。

2.责任和费用的划分问题

在CIP术语项下,卖方承担将货物运输至具体交货地点的费用,因此双方应尽可能明确具体交货地点,卖方应签订与买卖合同相匹配的运输合同。如果卖方按照运输合同在指定目的地卸货并且支付相关费用,除非双方另有约定,卖方无权向买方追讨费用。

3.关于保险的问题

《2020通则》对CIP中的保险条款进行了新的规定。在《2010通则》中,CIP术语规定如未约定险别,卖方则按惯例投保最低限度的险别,但在《2020通则》中规定,如果没有特别约定,卖方需要承担最高险(一切险减除外责任),相应的保费也会更高。其背后的原因是,CIF(成本加保险费、运费)通常用于大宗商品,而CIP(运费和保险费付至)则更常用于制成品。也就是说,在《2020通则》中,使用CIP术语,卖方承担的保险义务变大,而买方的利益会得到更多保障。

另外,按CIP条件成交,是否加保战争、罢工、暴乱及民变险,由买方决定,卖方并无加保此险的义务。但若买方要求加保,卖方应予以办理。不过,加保此险的费用,如事先未约定,应由买方另行负担。

📖 CIP案例分析

我方按CIP条件进口10吨化肥,先经海上运输,抵达目的港后转为铁路运输,我方受领货物后,卖方要求我方支付货款和铁路运输费。试问:卖方行为是否合理?

分析:按照CIP条件成交,卖方要承担保险费和运费。因为CIP条件适合于各种运输方式,风险是在承运人控制货物时转移,所以卖方要负责办理从交货地点到指定目的地的全程运输,而不仅仅是水上运输,因此卖方应支付全程运费。就本案例而言,卖方支付了海上运输的费用,但并没将货物送往指定目的地,因此还需支付铁路运输的费用。由此,我方应支付货款,但不需支付铁路运费,卖方行为不尽合理。

五 DAP 术语

(一)DAP术语的含义

DAP是Delivered at Place(...named place of destination)的缩写,意指目的地交货(……指定目的地)。当卖方在指定目的地将还在运抵运输工具上可供卸载的货物交由买方处置时,即为交货。术语中所指的运抵运输工具不仅指卡车和火车,还包括船舶;目的地还包括港口。按照该术语,卖方应承担将货物运至指定目的地的一切风险和费用(进口费用除外),无须卸货,即完成交货义务。该术语适用于任何运输方式以及多式联运方式。

(二)买卖双方的义务

1.卖方的基本义务

(1)提供符合合同约定的货物和商业发票,以及合同可能要求的其他与合同相符的证据。

(2)自负费用和风险,办理出口通关手续。

(3)自负费用签订运输合同,将货物运至指定目的地或指定目的地的约定地点。

(4)在约定的日期,将货物放在已抵达的运输工具上,准备好在约定目的地的约定地点卸货,听由买方处置。

(5)承担交货之前的货物灭失和损坏的风险。

(6)发出通知,以便买方采取收取货物通常所需要的措施。

2.买方的基本义务

(1)接受卖方提供的单据,在指定目的地的约定地点接收货物,并支付货款。

(2)自负费用和风险,办理进口通关手续。

(3)承担自交货后货物灭失和损坏的一切风险。

(4)当有权决定收取货物时,向卖方发出充分通知。

(5)承担卸货费用。

(三)采用DAP术语时应注意的问题

1.交货地点问题

根据《2020通则》,DAP术语的交货地和到货地是相同的,因此,买卖双方应尽可能清楚地说明目的地的交货点。

2.卖方的风险控制问题

DAP术语对于卖方来说,存在着相对风险责任大、业务环节多、贸易情况较为复杂、交货时间难以掌控的特点。因此,选用这一术语要求卖方必须对可能产生的风险有明确的认识,并采取相应的措施进行完备的风险管理。卖方应当充分调查买方的资信、经营状况和支付能力,掌握承运人的信誉情况,从事前控制、事中跟踪、事后反馈的角度建立健全风险控制系统,将可控风险降低到最低,最大限度地避免可能的损失。

> **📖 DAP案例分析**
>
> 我国出口商A与墨西哥进口商B于某年9月签订出售核桃仁的合同,规定DAP墨西哥城,12月10日以前交货。卖方于10月中旬将货物装上运往中美洲的货轮,并及时给予买方通知。货物于11月下旬到目的港马萨特兰,买方根据该国海关的规定,及时备齐了所有的文件,向海关报关。但由于当时进出口数量大,海关放行速度较慢,货物直到12月11日才被放行,12月18日才到达墨西哥城。买方以卖方未能按时交货为由要求损害赔偿,而卖方拒绝赔偿。卖方认为,未按时交货的原因是买方没有履行好自己进口清关的义务、海关放行速度慢。
>
> **分析**:DAP的买方有义务自担风险和费用,取得任何进口许可证或其他官方许可文件,并在需

要办理海关手续时办理货物进口所需的一切海关手续。本案例中，买方及时递交了所有文件，办理了货物进口所需的一切海关手续，而且海关也放行了货物。所以，买方已经按照规定履行了自己的进口清关义务，海关放行速度慢不是由于买方造成的。由于使用DAP术语时，卖方必须在进口国内约定地点交货，所以，卖方在签订合同、规定交货期时，不仅应该考虑到运输所需花费的时间，而且要考虑到通关所需要的时间。

六 DPU 术语

(一)DPU术语的含义

DPU 全称为 Delivered at Place Unloaded(…named place of destination)，意为目的地卸货后交货(……指定目的地)，该术语是指卖方负责将合同规定的货物按照通常航线和惯常方式，在规定期限内运至目的地指定的交货点，从到达的运输工具上将货物卸载，并承担卸货费用。DPU要求卖方承担将货物运至指定地点并在指定地点卸货所涉及的一切风险，此后风险和费用转移至买方。

该术语是《2020通则》中唯一增加的术语，并由其取代了《2010通则》中的DAT。该术语的交付和到货地点是一致的，它是《2020通则》中唯一要求卖方在目的地卸货的术语。因此，卖方应确保能在指定交货地点卸载货物。该术语适合于任何运输方式，包括多式联运。

(二)买卖双方的基本义务

1.卖方的基本义务

(1)签订将货物运往指定目的地具体交货点的运输合同，并支付运费。如果交货点未予明确或者无法确定，卖方可以在指定目的地选择最适合交货的目的地作为交货点。

(2)自负风险和费用，取得出口许可证或其他官方批准证件，并办理货物出口和交货前运输过程中所需的一切海关手续，包括装船前检验，支付关税、税款和其他出口费用等海关出口手续费用。

(3)在合同规定的期间内，将货物运至指定目的地的交货点，并承担卸货的责任和费用，将货物置于买方的处置之下。

(4)给予买方收货以充分的通知，提交商业发票，并自负费用向买方提供提取货物所需的运输单证，或者合同约定的具有同等作用的电子信息。

2.买方的基本义务

(1)在卖方按照合同规定交货时受领货物，按合同规定支付价款；承担自收货后的一切关于货物损坏和灭失的风险及支付交货后的一切费用。

(2)自负风险和费用，取得进口许可证和其他官方批准证件，并办理一切进口清关手续，包括进口过境安检，缴纳进口所需的关税、税款和其他进口费用。

(3)应卖方请求并在卖方承担风险和费用的前提下，及时向卖方提供货物运输和出口或通过任何国家所需的文件和信息，并给予协助。

(三)采用DPU术语时应注意的问题

1.根据卖方义务选用合适的术语

卖方要负责将货物运至指定目的地具体的交货点并卸载下来、交由买方处置之前的风险和费用，其后产生的一切风险、费用均由买方承担。由于卸货的地点可以是任何地点，而这一地点又能保障卖方卸货安全与便利,因此,买卖双方应当事先达成一致,对这一地点进行尽可能详细的具体描述,谨慎地确定该交货点的具体位置。如果买卖双方约定卖方不承担货物卸载的风险和费用,则应当选择使用DAP或者DDP术语。

2.订立保险合同的问题

在DPU术语下,买卖双方均没有为对方订立保险合同的义务。但是,当一方提出请求,并承诺自担风险和费用的前提下,另一方则应向其提供订立保险合同所需的必要信息。

3.卸货地点以及卸货费用的问题

《2010通则》中,DAT由卖方在指定港口或目的地运输终端(如火车站、航站楼、码头)将货物卸下完成交货;《2020通则》中,DPU由卖方将货物交付至买方所在地可以卸货的任何地方,而不必须是在运输终端,但要负责卸货,承担卸货费。

> **DPU案例分析**
>
> 我国外贸出口商A公司与日本进口商B公司签订出口大豆合同,双方约定使用DPU贸易术语。货物装运后到达日本横滨港口,卸货过程中遭遇暴风雨袭击使得部分货物受损,为此B公司要求A公司赔偿该损失。A公司认为货物已经按照合同要求抵达目的港并卸货,风险已转移至进口商,因此不应承担责任。试问:A公司的做法是否合理?
>
> **分析:**按照《2020通则》对DPU的解释,卖方承担将货物送至指定目的地约定交货点并且负责从运输工具上卸下。货物虽然到达横滨港口并卸船,但并没有运至指定交货点完成交货。所以A公司应承担货损的责任。

七　DDP术语

(一)DDP术语的含义

DDP是 Delivered Duty Paid(...named place of destination)的缩写,即完税后交货(……指定目的地)。它是指卖方在指定的目的地,将在运输工具上尚未卸下的货物交给买方,承担将货物运至目的地的一切风险和费用,办理进口清关手续,交纳进口"税费",即完成交货义务。办理进口清关手续时,卖方也可要求买方予以协助,但费用和风险仍由卖方负担。如果买卖双方希望将进口时所要支付的一些费用(如增值税VAT)从卖方的义务中排除,应在合同中订明。DDP术语适用于所有运输方式。DDP术语是11种贸易术语中,卖方承担责任、费用和风险最大的一种术语。

(二)买卖双方的基本义务

1.卖方的基本义务

(1)订立将货物按惯常路线和习惯方式运往指定目的地的运输合同,并支付有关运费。

(2)在合同规定的时间、地点,将合同规定的货物置于买方的处置之下。

(3)承担在指定目的地的约定地点将货物置于买方的处置下之前的风险和费用。

(4)自负风险和费用,取得出口和进口许可证及其他官方批准证件,并且办理货物出口和进口所需的海关手续,支付关税及其他有关费用。

(5)提交商业发票,自负费用提交提货单或买方为提取货物所需的通常的运输单证,或具有同等作用的电子信息。

2.买方的基本义务

(1)接受卖方提供的有关单据,在目的地约定地点受领货物,并按合同规定支付货款。

(2)承担在目的地约定地点受领货物之后的风险和费用。

(3)根据卖方的请求,并在由卖方负担风险和费用的情况下,给予卖方一切协助,使其取得货物进口所需的进口许可证或其他官方批准证件。该术语为卖方承担责任、费用和风险最大的一种术语,属于实际交货。如果卖方不能直接或间接地取得进口许可证,则不应使用DDP术语。

(三)采用DDP术语时应注意的问题

1.关于保险问题

在DDP术语项下,卖方要承担很大的交货风险。虽然卖方没有订立保险合同的义务,但是由于DDP的合同是到达合同,其承担在货物到达指定目的地之前的所有风险,因此,卖方为了自身利益还是有必要订立保险合同,以避免货物在运输途中发生意外而带来损失。

2.关于进口清关问题

DDP术语是唯一由卖方负责办理进口清关手续的术语。以该术语成交,卖方服务到家,最具竞争力,但若卖方不能直接或间接地取得进口许可证或办理进口通关手续,或卖方希望买方承担进口的风险和费用,则不宜使用该术语,而应选择使用DAP或DPU术语。

> **📖 DDP案例分析**
>
> 出口商A公司向沙特买方B公司出口一批塑胶制品,买方要求该批货物采用DDP术语。买方属于沙特的大型连锁卖场且订单金额较大,市场占有率非常高,因此A公司在接到订单后抓紧备货,经历了一个多月加班加点的生产,A公司顺利出口发货。然而,货物抵达目的港后,由于相关操作人员对当地的进口清关流程并不熟悉,再加上语言交流上的障碍,进口清关流程弄了一个多月才走完,产生了较大金额的滞港费用,并且买方以A公司交付延迟为由,触发违约条款,要求赔偿或合同折扣。试问:买方的要求是否合理?

第四节　适合海运和内河运输的贸易术语

一 FAS术语

(一)FAS术语的含义

FAS是Free Alongside Ship(……named port of shipment)的缩写,意为船边交货(……指定装运港)。它是指卖方在指定的装运港将货物交到船边,就算完成了交货义务。买方必须承担自那时起货物灭失或损坏的一切风险和费用。FAS术语仅适用于海运和内河运输。在大宗货物的贸易中,特别是小麦、棉花、大豆、矿石等初级产品的贸易中,出口商通常采用该术语。

(二)买卖双方的基本义务

1.卖方的基本义务

(1)必须在买方指定的装运港、装运地点,在约定的日期,按照该港习惯方式将货物交到买方指定的船边。

（2）承担将货物交至船边的一切风险和费用。

（3）自负风险和费用，取得任何出口许可证或其他官方许可，并办理货物的出口清关手续。

（4）提交商品发票，以及证明完成交货义务的单据或有同等作用的电子信息。

2.买方的基本义务

（1）自负费用订立运输合同并支付运费，并将船名、装货地点和要求交货时间及时通知卖方。

（2）在船边按照合同规定的时间、地点受领货物，并按合同规定支付货款。

（3）承担受领货物之后的一切风险和费用。

（4）自负风险和费用，取得任何进口许可证或其他官方许可，办理货物的进口和从第三方过境所需的一切海关手续。

（三）采用FAS术语时应注意的问题

1.在《1990年美国对外贸易定义修订本》中的特殊含义

使用该术语与美国贸易时应注意：美国认为FAS是free alongside的代表，意为将货物交到各种运输工具旁边，故而含义较广。为此，只有在FAS后面加上"vessel"字样，例如"FAS（vessel）Seattle"，才能表示西雅图港船边交货，对此应多加注意。

2.船边的含义

在FAS术语项下，船边通常是指船舶装卸设备的吊货机或岸上装卸工具可触及的范围。但由于各个国家（地区）的港口做法可能会有所不同，因此建议双方尽可能清楚地说明在指定的装运港的交货点。此外，当装货港口拥挤或大船无法靠近时，卖方征得买方同意后可将交货条件改为"驳船上交货"（delivery on barge），此时，卖方的责任仅在货物越过驳船的船舷时为止，驳船费用及其风险可由买方承担。

3.装运通知的重要性

在FAS术语项下，当买方没有及时向卖方发出关于装运船舶、装运地以及交货时间等通知，或所指定的船舶没有按时抵达装运港，或船舶按时抵达却无法完成装货工作或提前停止装货时，买方承担自卖方按规定交货时起货物灭失或损坏的一切风险。

> 知识扩展：
> 驳船

FAS案例分析

我国某公司按照FAS条件进口一批木材，在装运完成后，国外卖方来电要求我方支付货款，并要求支付装船时的驳船费。试问：面对卖方的要求我方应如何处理？

二 FOB 术语

（一）FOB术语的含义

FOB是Free on Board（...named port of shipment）的缩写，意即船上交货（……指定装运港），习惯称为装运港船上交货。该术语是国际贸易中常用的贸易术语之一。按此术语成交，由买方负责派船接运货物，卖方应在合同规定的装运港和规定的期限内，将货物装上买方指派的船只，并及时通知买方。

货物在装船完毕后,风险即由卖方转移至买方。该术语只适用于海运和内河运输。值得注意的是,该术语不适合货物在上船前已经交给承运人的情况,如集装箱运输;在此类情况下,应改用FCA贸易术语。

(二)买卖双方的基本义务

1.卖方的基本义务

(1)在合同规定的时间和装运港口,将合同规定的货物交到买方指派的船上,并及时通知买方。

(2)承担货物至装运港装上船为止的一切费用和风险。

(3)自负风险和费用,取得出口许可证或其他官方批准证件,并且办理货物出口所需的一切海关手续。

(4)提交商业发票和自费提供证明卖方已按规定交货的清洁单据,或具有同等作用的电子信息。

2.买方的基本义务

(1)订立从指定装运港口运输货物的合同,支付运费,并将船名、装货地点和要求交货的时间及时通知卖方。

(2)根据买卖合同的规定受领货物并支付货款。

(3)承担货物在指定装运港装上船之后所发生的一切费用和风险。

(4)自负风险和费用,取得进口许可证或其他官方批准证件,并办理货物进口所需的海关手续。

(三)采用FOB术语时应注意的问题

1.关于船货衔接问题

按照FOB术语成交的合同属于装运合同,这类合同中卖方的一项基本义务是按照规定的时间和地点完成装运。然而由于在FOB条件下是由买方负责安排运输工具,即租船订舱,所以,这就存在一个船货衔接的问题。如果处理不当,自然会影响到合同的顺利执行。根据有关法律和惯例,如果买方未能按时派船,包括未经对方同意提前将船派到

> **知识扩展:**
> 装运合同与到达合同

或延迟派到装运港,卖方都有权拒绝交货,而且由此产生的各种损失由买方负担。如果买方指派的船只按时到达装运港,而卖方却未能备妥货物,那么,由此产生的上述费用则由卖方承担。有时双方按FOB价格成交,而后来买方又委托卖方办理租船订舱,卖方也可酌情接受。但这属于代办性质,其风险和费用仍由买方承担,就是说运费和手续费由买方支付,而且如果卖方租不到船,也不会承担责任,买方无权撤销合同或索赔。总之,按FOB术语成交,对于装运期和装运港要慎重规定,签约之后,有关备货和派船事宜,也要加强联系,密切配合,以保证船货衔接。

2.不同惯例对FOB的不同解释

以上有关FOB的解释都是根据国际商会的《2020通则》作出的,然而,不同的国家(地区)和不同的惯例对FOB的解释并不完全统一。比如,《1990年美国对外贸易定义修订本》根据交货地点、费用和风险的不同将FOB分为六种,而其中只有第五种的FOB术语与《2020通则》中的FOB条件大体相同。根据《1990年美国对外贸易定义修订本》的解释,FOB如要表示将货物装到船上,必须在其后面加注"vessel"字样,如"FOB vessel New York";如果不加"vessel",则意味着卖方可以把货物放在纽约城的任何一个地方。因此,在同美国、加拿大等美洲国家的交易中要尤其注意,以免发生不必要的争议和损失。

3.关于装船费用的承担问题

按照FOB的字面意思"船上交货"来看,卖方要负责支付货物装上船之前的一切费用。但由于该术语历史悠久,各个国家(地区)在使用时对于"装船"的概念没有统一明确的解释,在装船作业的过程中涉及的各项具体费用,如将驳船费用、吊装上船的费用、理舱和平舱的费用等,究竟由谁来负担,各国(地区)的惯例或习惯做法也不完全一致。因此,为了说明装船费用的负担问题,买卖双方往往在FOB术语后加列附加条件,形成了FOB的变形:

(1)FOB liner terms(FOB班轮条件)。这一变形是指装船费用按照班轮的做法处理,即由船方或买方承担。所以,采用这一变形,卖方不负担装船的有关费用。

(2)FOB under tackle(FOB吊钩下交货)。这一变形是指卖方负担将货物交到买方指定船只的吊钩所及之处的费用,而吊装入舱的费用及其他费用,概由买方负担。

(3)FOB stowed(FOB理舱费)。这一变形是指卖方负责将货物装入船舱并承担包括理舱费在内的装船费用。理舱费是指货物入舱后进行安置和整理的费用。

(4)FOB trimmed(FOB平舱费)。这一变形是指卖方负责将货物装入船舱并承担包括平舱费在内的装船费用。平舱费是指对装入船舱的散装货物进行平整所需的费用。

(5)FOB stowed and trimmed(FOB平舱费、理舱费)。在许多标准合同中,为表明由卖方承担包括理舱费和平舱费在内的各项装船费用,常采用FOBST术语来表示。

> **📖 FOB案例分析**
>
> 　　我国某公司从美国一公司进口特制钢材100公吨,价格条件为FOB vessel San Francisco每公吨860美元,采用信用证方式支付。按照规定,我方通过国内某银行开立了金额为10万美元的不可撤销即期信用证。然而,对方收到信用证后回电称,"贵方信用证金额不足以保证合同的履行,还应增加1万美元以办理出口相关手续及费用。"我方感到十分不解,认为该术语下出口手续及费用按照《2020通则》的规定应由卖方(美方)办理,对此,美方回复称,按其习惯做法及《1990年美国对外贸易定义修订本》有关规定,该术语下卖方无义务办理出口清关及费用支付等,并且成交时合同并未注明受《2020通则》约束。而此时由于我方急需该批货物,最终只好通过银行将信用证金额增至11万美元。试问:本案例中,美方的要求是否合理? 我方应从中吸取什么教训?
>
> 　　**分析:**本案涉及相关国际贸易惯例问题,该案例中我方正是因为没有充分认识到不同国家(地区)适用不同惯例这一点而遭受了损失。

三　CFR 术语

(一)CFR术语的含义

CFR是Cost and Freight(...named port of destination)的缩写,意为成本加运费(……指定目的港)。此贸易术语是常用贸易术语之一。采用这种贸易术语成交,卖方要在合同规定的装运港和规定的期限内,将货物装上船,并及时通知买方,即完成了交货义务。货物在完成装船后,风险即由卖方转移至买方。以上与FOB条件下卖方承担的义务是相同的。不同的是,在CFR条件下,卖方需要承担与船方订立运输合同的责任和费用,并要负责租船订舱,支付到指定目的港的基本运费。该术语仅适用于海运和内河运输。

(二)买卖双方的基本义务

1.卖方的基本义务

(1)提供合同规定的货物,负责租船订舱和支付运费,按时在装运港装船,并于装船后向买方发出已装船的充分通知。

(2)办理出口清关手续以及自负在装运港将货物交至船上的费用和风险。

(3)按合同规定提供有关单证或具有同等作用的电子信息。

2.买方的基本义务

(1)承担货物在装船后灭失或损坏的风险,以及货物装船后发生事故所引起的额外费用。

(2)在合同规定的目的港受领货物,并办理进口清关手续。

(3)受领卖方提供的各项单证,并按合同规定支付货款。

(三)采用CFR术语时应注意的问题

1.关于卖方的装运义务

采用CFR术语成交时,卖方要承担将货物由装运港运往目的港的义务。为了保证能按时完成在装运港交货的义务,卖方应根据货源和船源的实际情况合理地规定装运期。装运期一经确定,卖方就应及时租船订舱和备货,并按规定的期限发运货物。按照《联合国国际货物销售合同公约》的规定,卖方延迟装运或者提前装运都是违反合同的行为,需要承担违约的责任。买方有权根据具体情况拒收货物或提出索赔。

2.装船通知的重要作用

按照CFR条件达成的交易,卖方对于装船通知的履行应特别注意。卖方在货物装船后必须及时向买方发出装船通知,以便买方办理投保手续。如果货物在运输途中遭受损坏或灭失,由于卖方未发出装船通知而使买方漏保,那么卖方要承担由此而产生的责任。由此可见,尽管在FOB术语条件下,卖方装船后也应向买方发出通知,但CFR术语条件下的装船通知,具有更为重要的意义。

3.关于卸货费用的负担问题

在CFR术语中,通常装船费用由卖方承担,卸货费用由买方承担,但买卖双方可以在合同中对卸货费用负担问题作出各种不同的规定,由此衍生出CFR的各种变形,它们主要有:

(1)CFR liner terms(CFR班轮条件)。这一变形是指卸货费用按照班轮的做法来计量,就是说,买方不负担卸货费,而由卖方或船方负担。

(2)CFR landed(CFR卸至码头)。这一变形是指由卖方承担将货物卸到码头上的各项有关费用,包括驳船费和码头费。

(3)CFR ex tackle(CFR吊钩下交接)。这一变形是指卖方负责将货物从船舱吊起卸到船舶吊钩所及之处(码头上或驳船上)的费用。在船舶不能靠岸的情况下,租用驳船的费用和货物从驳船卸至岸上的费用,概由买方负担。

(4)CFR ex ship's hold(舱底交接)。这一变形是指货物运达目的港后,自船舱底起吊直至卸到码头的费用,均由买方负担。

CFR的变形只是为了说明卸货费用的负担问题,其本身并不改变CFR的交货地点和风险划分的界限。

四、CIF术语

(一)CIF术语的含义

CIF是Cost, Insurance and Freight(…named port of destination)的缩写,即成本加保险费、运费(……指定目的港)。它是指在装运港将货物装到船上时卖方即完成交货,卖方须支付将货物运至目的港所需的运费和保险费,但交货后货物灭失或损坏的风险及由各种事件造成的额外费用由买方承担。CIF、CFR和FOB同为装运港交货的贸易术语,也是国际贸易中常用的三种贸易术语。它们均适用于海运和内河运输方式。在业务上,过去常称CIF为"到岸价",此提法非常容易令人误解。按CIF条件成交时,卖方仍是在装运港完成交货,卖方承担的风险,是指在装运港货物装船结束以前的风险,而装船以后的风险由买方承担;货物装船后产生的除运费、保险费以外的费用,也要由买方承担。CIF条件下的卖方,只要提交了约定的单据,就算完成了交货义务,并不保证把货物按时送到对方港口。

(二)买卖双方的基本义务

1.卖方的基本义务

(1)签订从指定装运港承运货物的合同;在合同规定的时间和港口,将合同要求的货物装上船并支付至目的港的运费;装船后须及时通知买方。

(2)承担货物在装运港结束装船之前的一切费用和风险。

(3)按照买卖合同的约定,自负费用办理水上运输保险。

(4)自负风险和费用,取得出口许可证或其他官方批准证件,并办理货物出口所需的一切海关手续。

(5)提交商业发票和在目的港提货所用的通常的运输单据或具有同等作用的电子信息,并且自费向买方提供保险单据。

2.买方的基本义务

(1)接受卖方提供的有关单据,受领货物,并按合同规定支付货款。

(2)承担货物在装运港装船之后的一切风险,以及除运费和保费以外的费用。

(3)自负风险和费用,取得进口许可证或其他官方批准证件,并且办理货物进口所需的海关手续。

(三)采用CIF术语时应注意的问题

1.关于险别的问题

若按CIF术语成交,一般在签订买卖合同时,在合同的保险条款中,明确规定险别、保险金额等内容,这样,卖方就应按照合同的规定办理投保。但如果合同中未能就险别等问题作出具体规定,按照《2020通则》对CIF的解释,卖方只需投保最低的险别,但在买方要求,并由买方承担费用的情况下,可加保战争险、罢工险、暴乱和民变险等。

2.关于租船订舱问题

采用CIF术语成交,卖方的基本义务之一是租船订舱,办理从装运港至目的港的运输事宜。《2020通则》的解释是,卖方按照通常条件自行负担费用订立运输合同,将货物按惯常路线用通常类型可供装载该合同货物的海上航行船只(或适当的内河运输船只)装运至指定目的港。如果没有相反的约定,卖方只负责按通常条件和惯驶航线,租用适当船舶将货物运往目的港。因此,对于在业务中有时买方提出的关于限制船舶的国籍、船型、船龄、船级以及指定装载某班轮公司的船只等要求,卖方均有权拒绝接受。但卖方也可放弃这一权利,可根据具体情况给予通融。就是说,对于买方提出的上述要求,如果卖方能办到又不会增加额外开支,也可以接受。一旦在合同中作出明确规定,就必须严格照办。

3.关于象征性交货问题

从交货方式来看,CIF是一种典型的象征性交货方式(symbolic delivery)。所谓象征性交货,是针对实际交货(physical delivery)而言的,前者指卖方只要按期在约定地点完成装运,并向买方提交合同规定的包括物权凭证在内的有关单证,就算完成了交货义务,而无须保证到货;后者则是指卖方要在规定的时间和地点,将符合合同规定的货物提交给买方或其指定人,而不能以交单代替交货。可见,在象征性交货方式下,卖方是凭单交货,买方是凭单付款。只要卖方如期向买方提交了合同规定的全套合格单据(名称、内容和份数相符的单据),即使货物在运输途中损坏或灭失,买方也必须履行付款义务。反之,如果卖方提交的单据不符合要求,即使货物完好无损地运达目的地,买方仍有权拒绝付款。但是,必须指出,按CIF术语成交,卖方履行其交单义务,只是得到买方付款的前提条件,除此之外,他还必须履行交货义务。如果卖方提交的货物不符合要求,买方即使已经付款,仍然可以根据合同的规定向卖方提出索赔。

4.关于卸货费用的负担问题

采用CIF价格术语时,为了明确目的港的卸货费用承担问题,通常采用CIF的变形加以明确。

(1)CIF liner terms(CIF班轮条件)。这一变形是指卸货费用按照班轮的做法来计算,即买方不负担卸货费,而由卖方或船方负担。

(2)CIF landed(CIF卸至码头)。这一变形是指由卖方承担将货物卸至码头上的各项有关费用,包括驳船费和码头费。

(3)CIF ex tackle(CIF吊钩下交接)。这一变形是指卖方负责将货物从船舱吊起卸到船舶吊钩所及之处(码头上或驳船上)的费用。在船舶不能靠岸的情况下,租用驳船的费用和货物从驳船卸至岸上的费用,概由买方负担。

(4)CIF ex ship's hold(CIF舱底交接)。按此条件成交,货物运达目的港在船上办理交接后,自船舱底起吊直至卸到码头的卸货费用,均由买方负担。

值得注意的是,贸易术语的变形是为了解决装卸费用的负担问题而产生的,这些变形通常不会影响到风险划分。

CIF案例分析

某口岸出口公司按CIF London向英国某进口商出售一批核桃仁,由于该商品季节性较强,双方在合同中规定:买方须于9月底前将信用证开到,卖方保证运货船只不得迟于12月2日驶抵目的港。如货轮迟于12月2日抵达目的港,买方有权取消合同。如货款已收,卖方须将货款退还买方。试问:这一合同的性质是否还属于CIF合同?

分析:CIF术语是典型的象征性交货,在象征性交货的情况下,卖方凭单交货,买方凭单付款,本案的合同性质已不属于CIF合同。

现将《2020通则》中的11种贸易术语列表进行归纳对比,如表3-1所示。

表3-1　《2020通则》中11种贸易术语比较

贸易术语	交货地点	风险转移点	出口报关费用	进口报关费用	适用的运输方式
EXW	商品产地、所在地	买方处置货物后	买方	买方	任何方式
FCA	出口方所在地（内陆、港口）	货交承运人	卖方	买方	任何方式
CPT	出口方所在地（内陆、港口）	货交承运人	卖方	买方	任何方式
CIP	出口方所在地（内陆、港口）	货交承运人	卖方	买方	任何方式
DAP	指定目的地	买方收货后	卖方	买方	任何方式
DPU	指定目的地（卸货）	买方收货后	卖方	买方	任何方式
DDP	进口方所在地	买方收货后	卖方	卖方	任何方式
FAS	装运港	货交船边	卖方	买方	水上运输
FOB	装运港	货交船上	卖方	买方	水上运输
CFR	装运港	货交船上	卖方	买方	水上运输
CIF	装运港	货交船上	卖方	买方	水上运输

五　国际贸易术语的选用

在国际贸易中，贸易条件是决定合同性质和交货条件的重要因素。贸易条件的选择关系到买卖双方的切身利益。合理选择贸易条件，对于促进交易、提高经济效益、成功履行合同都具有重要意义。在国际贸易中，在选择贸易条件时需要考虑以下因素：

（1）运输方式与货源情况。

（2）运费变动因素。

（3）运输过程中的风险。

（4）办理进出口货物清关手续有无困难。

复习巩固

一、习题链接

第三章测试题

二、思考题

1.当买方要求卖方将货物交到进口国（地区）的内陆地点时，应选用哪个贸易术语成交？

2.作为出口商和进口商，选择贸易术语时分别需要考虑哪些因素？

综合能力提升

某年5月,美国某贸易公司（以下简称进口方）与我国江西某进出口公司（以下简称出口方）签订合同购买一批日用瓷具,价格条件为 CIF Los Angeles,支付条件为不可撤销的跟单信用证,出口方需要提供已装船提单等有效单证。出口方随后与宁波某运输公司(以下简称承运人)签订运输合同。同年 8 月初,出口方将货物备妥,装上承运人派来的货车。

途中由于驾驶员的过失发生了车祸,耽误了时间,错过了信用证规定的装船日期。得到发生车祸的通知后,出口方即刻与进口方洽商,要求将信用证的有效期和装船期延长半个月,并本着诚信原则告知进口方两箱瓷具可能受损。进口方回电称同意延期,但要求货价下降 5%。

出口方回电据理力争,同意受震荡的两箱瓷具降价 1%,但认为其余货物并未损坏不能降价。但进口方坚持要求全部降价。最终出口方还是作出让步,受震荡的两箱瓷具降价 2.5%,其余降价 1.5%,为此受到货价、利息等有关损失共计 15 万美元。试问:

(1)在 CIF 术语条件下,货物的交货条件是什么?

(2)在该案例中,我们应吸取哪些教训?

第四章 | 国际商品的价格

☞ **学习导航**

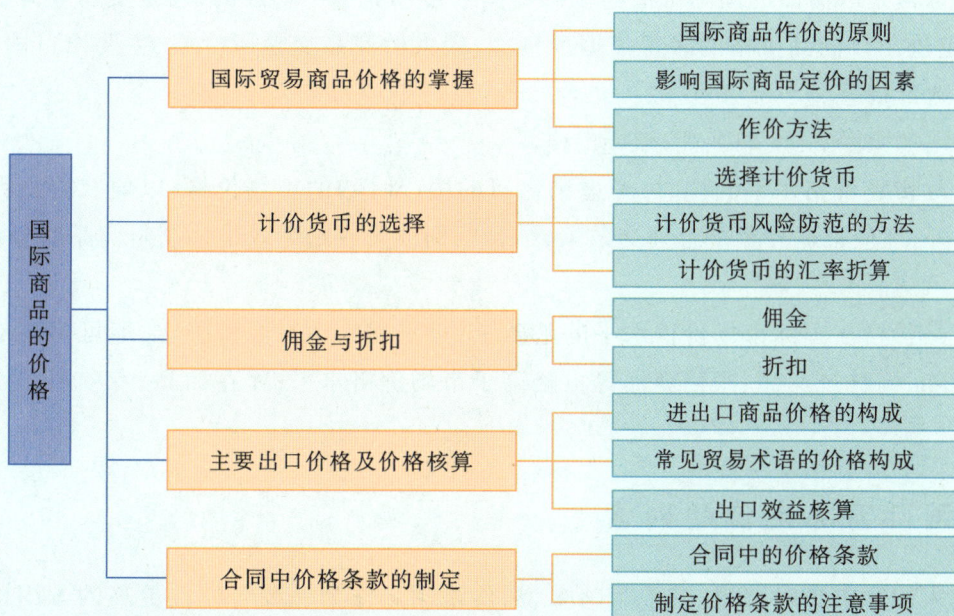

☞ **学习目标**

1.知识目标:了解影响国际商品价格的因素,理解进出口商品价格制定的原则和方法;熟悉佣金和折扣的含义;根据不同贸易条件进行对外报价并掌握有关指标的核算。

2.能力目标:在对外报价时,能根据不同贸易术语熟练进行各种术语价格之间的换算;能准确地核算对外报价,具备对外报价、还价的基本能力;掌握多种外汇风险规避手段,能根据国际金融市场汇率的波动趋势,在合同中合理制定价格条款。

3.思政目标:培养学生细致、认真、负责的职业素养;在合同价格制定过程中,培养国际视野,提高风险防范意识,并提升学生对振兴我国外贸事业的信心、责任感和使命感。

商品价格包括单价和总值两项基本内容,其中单价条款是本章的重点。在外贸合同中,商品单价通常由计量单位、单位金额、计价货币和贸易术语四部分组成,根据贸易需要还可能包括佣金和折扣。在规定合同价格时要注意商品价格的作价原则、计价货币的选择、价格的换算方法以及出口价格的核算,对做好进出口贸易、提高经济效益,具有十分重要的意义。

第一节　国际贸易商品价格的掌握

商品的价格直接关系到买卖双方的切身利益,关系到买卖双方能否成交。在当前国际化大背景下,企业在制定产品价格时要依据自身的全球化战略目标,并结合客观实际情况合理作价,从而达到双赢的效果。

一　国际商品作价的原则

在遵循平等互利的总原则下,掌握正确的报价原则,可以更好地维护自身利益。

(一)参考国际市场价格水平作价

国际市场价格是以商品的国际价值为基础在国际市场竞争中形成的,它是交易双方都能接受的价格,是我们确定进出口商品价格的客观依据。例如,较大的商品交易所价格、主要出口国(地区)价格、大型货物集散地价格等。

(二)要结合销售目的国(地区)的市场价格作价

在参照国际市场价格水平的同时,考虑销售目的国(地区)的市场价格,以便获得最大的利润和价格竞争性。另外,还应根据外贸配合外交政策,结合国别政策或地区政策来制定商品的价格。

(三)要结合购销意图作价

进出口商品价格在国际市场价格水平的基础上,可根据购销意图来确定,即可略高或略低于国际市场价格。例如,高科技产品、紧俏商品等可略高于市场价格水平;库存商品、专项商品或新商品等可低于市场价格。

二　影响国际商品定价的因素

企业在进入国际市场时,相比其他策略来说,价格制定作为一种可控性更高的方面也受到很多因素的影响,因此,在确定进出口商品价格时,应当充分考虑这些影响因素。

(一)企业层面的因素

在全球一体化时代,企业产品的对外定价应重视它的战略作用,服务于企业的长期目标。近年来,定价在许多行业的结构转型中起了非常重要的作用,导致一些企业的增长和另外一些企业的衰落。值得一提的是,日本的公司在进入新市场时,会通过在一定时间内降低价格来抢占市场份额,并且树立品牌,建立有效的分销和服务网络。比起西方的一些同行,日本国际公司通常对利润有长远的思考,他们通常愿意在投资回报方面等待更长的时间。

(二)产品因素

从产品本身来讲,买卖双方最关心的是产品的质量,在国际市场上一般都遵循按质论价的原则,即好货好价、次货次价。公司对产品或服务作出的调整,以及公司围绕核心产品提供的服务水平都会影响成本,进而对价格产生影响。另外,产品的独特性、创新性、可替代性以及所处产品生命周期的阶段也是影响国际商品价格的重要因素。

(三)环境因素

环境因素对企业来讲是外部因素,因而是不可控的变量。但企业可以基于环境因素进行风险规避。国家(地区)政府会出于政治和战略上的考虑,对进出口贸易施加影响,如采用关税、进口限制、配额和各种非关税壁垒的形式。许多政府倾向于对有关健康、教育、食品和其他必需物品的特定产品实行价格管制。汇率波动对企业来讲也是影响产品定价的非常重要的因素,货币相对价值的增加(升值)或减少(贬值)会影响企业的盈利能力。

(四)市场因素

市场供求关系是对国际商品定价影响最大的因素之一。企业根据市场的供求变化、企业的市场份额以及业务范围,可以在一定的价格区间内,对产品实行自由定价,或者是降低价格以吸引更多的国际买家,或者是提高价格来树立企业形象。竞争对手的压力也可能会影响国际定价,如果市场上有其他卖方,则该企业则不得不提供一个更有竞争力的价格。

三　作价方法

在国际贸易中,商品的作价方法多种多样,如何定价由合同双方当事人酌情商定。归纳起来主要有固定价格和非固定价格两类。

(一)固定价格

在国际货物买卖合同中规定固定价格是一种常规做法,即双方在交易磋商中把价格确定下来,事后不论发生什么情况,均按照确定的价格结算应付货款。这种作价方法具有明确、具体、简单和便于核算的特点。在进出口货物买卖合同中规定固定价格,就意味着买卖双方要承担从订约到交货付款与转售时价格变动的风险,因此适合于交易量不大、近期交货或国际市场行情比较稳定的货物贸易。

首先,必须对影响商品供需的各种因素进行细致的研究,并在此基础上对价格的前景作出判断,以此作为决定合同价格的依据。

其次,必须对客户的资信进行了解和研究,慎重选择对象,以免在市场价格剧涨暴跌时,出现外商违约或毁约的情况。

最后,对于远期交货成交量大或市场价格起伏不定的商品,建议不要采用固定价格的做法,以减少价格变动的风险。

(二)非固定价格

非固定价格,又称"活价",即在交易磋商时不具体确定合同成交价格,而就将来定价的基础或方法作出规定。这种作价方法有助于缓解双方对价格风险的顾虑。在实际业务中,该方法又可分为:

1.暂定价格

在订约时先订立一个初步价格,作为开立信用证或初步付款的依据,等到交货期前某一段时间,双方再按当时的行情确定最终价格,多退少补。

2.具体价格待定

具体价格待定又称为"暂不固定价格",适合于国际市场价格波动频繁且幅度较大,或交货期较长,买卖双方对价格走势难以确定,而已经签订意向书的货物买卖。此时双方可不确定商品价格,只需规定好作价的方法即可。具体做法包括:

(1)按交货或装运时的国际市场行情再行确定价格;

(2)以某年某月某地的有关商品交易的收盘价格为基准加(或减)若干美元。

3.滑动价格

随着某些国家(地区)通货膨胀的加剧,有些商品合同特别是加工周期较长的机器设备合同和一些初级产品交易,普遍采用滑动价格即所谓"价格调整条款",即先在合同中规定一个基础价格,交货时或交货前一段时间,再由交易双方按工资、原材料价格变动的指数作相应调整,以确定最后价格的作价方法。常用于滑动价格的公式是:

$$P=P_0\times F(x)$$

式中:P为交货价格;P_0为合同确定的基本价格;$F(x)$为合同确定的交货价格计算函数。

(三)部分固定价格,部分非固定价格

这种方法适合于分期交货的货物,交易双方可以在订约时确定交货期较近的货物价格,交货期远的货物价格暂不确定,而规定在交货前一定时期内作价。这种方法可以兼顾交易双方的利益,解决双方在作价方面的分歧,解除客户对价格风险的顾虑,不但有利于巩固和扩大出口市场,也有利于生产、收购和出口规划的安排。

第二节 计价货币的选择

一 选择计价货币

国际商品的价格,是用一种双方当事人约定的货币(如美元)来表示的。这种买卖双方约定用来计算价格的货币,称为**计价货币**。合同履行过程中实际支付给对方的货币,称为**支付货币**。如果合同中没有规定支付货币,则计价货币就是支付货币。通常计价货币与支付货币是一致的,但双方也可约定使用不同的货币计价和支付。

对于计价货币和支付货币的选择,既可以使用出口方的货币,也可以使用进口方的货币,还可以使用第三方的货币,一般由双方协商确定。但一般都选用可自由兑换的货币,作为计价或支付货币。目前国际上可自由兑换的货币主要有美元、英镑、欧元、港元、日元等(见表4-1)。

表4-1 国际上主要可自由兑换的货币

货币名称	货币符号	简写
美元	USA$	USD
英镑	£	GBP
欧元	€	EURO
日元	J¥	JPY
港元	HK$	HKD

随着我国经济和贸易地位的提高,中国提出了"一带一路"倡议,人民币作为计价和支付货币的做法越来越多,人民币国际化取得了显著成就。2015年10月8日,中国正式启动建立人民币跨境支付系统(CIPS),该项目的启动实现了全球金融市场所有时区的全覆盖,支持全球支付和金融市场业务,满足了全球用户的人民币业务需求。CIPS的建成运行有利于提高人

知识扩展:
CIPS的金融机构

民币跨境结算的效率,促进人民币在全球范围内使用,对于更好地支撑实体经济发展和"走出去"战略实施,必将产生深远影响。

在选择计价货币时,货币的稳定性也是应该考虑的因素。相比于国内贸易,国际贸易更容易受到汇率的影响。由于世界各国的货币价值并不是一成不变的,而且在世界许多国家普遍实行浮动汇率的条件下,通常被用来计价的各种主要货币的币值更是严重不稳定。而国际货物买卖的交货期一般又比较长,从订约到履行合同往往需要一段时间,在此期间计价货币的币值变化必然直接影响进出口双方的经济效益。因此在选择计价货币时,应充分考虑汇率波动所带来的风险,尽量选择对己方有利的货币,一般原则是:在出口业务中,一般应尽可能争取使用"硬币",即从成交至收汇这段时期内汇价比较稳定且趋势上浮的货币;相反,在进口业务中,则应争取多使用"软币",即从成交至收汇这段时期内汇价比较疲软且币值有下浮趋势的货币。总结来说,就是在可能的情况下,尽量坚持"软进硬出"的原则。

二 计价货币风险防范的方法

在贸易实践中,货币的选择不是由一方决定的,有时为了达成交易而不得不采用于己不利的货币成交。另外,在外汇市场上,货币的"软""硬"也处在随时变化之中,有时很难把握和选择。因此,我们要掌握一些货币风险的防范措施。在此假设计价货币与支付货币属于同一币种。

(一)调整对外报价

根据货币变动幅度,可以相应地调整对外报价。若出口时使用了"软币",应相应提高报价;相反,若进口时使用"硬币",则应相应压价。

(二)订立外汇保值条款

常采取的方法如下。

1.硬货币保值

硬货币保值即锁定计价货币与某种坚挺货币在某一时期的汇率,从而达到保值的目的。在执行合同过程中,如果支付货币的汇率下浮,则合同中的金额要等比例调整,按照支付日的支付货币的汇率计算。这样,实收的计价货币金额和签订合同时相同,支付货币下浮的损失可以得到补偿。

例如,我方企业对香港地区出口的某种商品,设该出口商品合同单价为10港元,折合2美元(当时汇率为1美元=5港元)。港元疲软,我方企业在合同中要求以美元保值,即相当于单价2美元支付货款。待港商支付货款时,汇率变为1美元=6港元,由于汇率变动,故单价应改为12港元。这样卖方就可以在签约时规避港元可能继续疲软而造成的损失。

2.一揽子货币保值

一揽子货币是指多种货币的组合。具体做法是:先确定一揽子货币的构成,然后在保值条款中将计价货币与一揽子货币的平均汇率之间的汇率固定下来,结算时若该汇率发生变动,则按变动幅度调整价格。一揽子货币的平均汇率可采用简单平均法或加权平均法计算,在合同订立时,须由双方协商决定。

(三)利用外汇交易保值

利用外汇交易保值即利用一定的外汇交易方式来消除或避免外汇风险。传统的外汇交易方式(如即期外汇交易、远期外汇交易、掉期交易)以及衍生的外汇交易方式(如外汇期货、外汇期权、货币互换等),都可用来规避外汇风险。

(四)通过业务分散化来降低风险

在国际金融市场上,货币间的"软""硬"往往是相对的,经营者可根据业务分散化,在不同的进出口合同中,分别选用"硬币"和"软币",在一定程度上也可起到减少外汇风险的作用。

三 计价货币的汇率折算

汇率又称外汇利率或外汇汇率,指的是两种货币之间兑换的比率,亦可视为一种货币对另一种货币的价值。汇率的表示方法有直接标价法和间接标价法两种形式。**直接标价法**又称应付标价法,是以一定单位(如 1、100、1000、10000 个单位)的外国货币为标准来计算应付出多少单位本国货币。就相当于计算购买一定单位外币所应付多少本币,所以叫应付标价法。包括中国在内的世界上绝大多数国家目前都采用直接标价法。**间接标价法**又称应收标价法,它是以一定单位(如 1 个单位)的本国货币为标准,来计算应收若干单位的外国货币。国家外汇管理局对外公布的外汇牌价,一般列有买入价和卖出价。买入价、卖出价是从银行的角度来看的。买入价是银行买入基准货币的报价。卖出价是银行卖出基准货币的报价。在进出口业务中,有时需要进行本币和外币的相互折算。出口结汇是银行付出本国货币用买入价。进口付汇是银行买入本国货币用卖出价。

第三节 佣金与折扣

佣金和折扣是目前国际贸易中外商加强竞争、扩大销售的重要手段之一,也是商洽中经常涉及的再普通不过的事。为了调动中间商和客户的销售积极性,可以根据不同商品、目标市场、成交数量和销售时期等采用佣金和折扣的方法。价格条款中所规定的价格,可分为包含佣金或折扣的价格和不包含这些因素的净价(net price)。包含佣金的价格,在业务中通常称为**含佣价**。

一 佣 金

佣金(commission)是指买方或卖方付给中间代理商为其促成交易或代买代卖,提供中介服务的报酬。在进出口贸易中,进出口商因为在信息来源、销售技巧以及销售渠道等方面存在一定的局限性,需要依靠中间商达成交易,所以卖方或买方就要付给中间商一定的酬金作为酬劳。

(一)佣金的表示方法

佣金与成交商品的价格密切相关,但在合同价格条款中明确规定佣金的叫作**明佣**。凡在价格中未标明,暗中付给中间商的非明示的佣金则称为**暗佣**。暗佣一般由双方当事人依据付佣协议、备忘录等另行约定佣金数额。有时中间商利用暗佣,在同一笔交易中从买卖双方处索取两份佣金的做法称为**双头佣**。

佣金可以用文字表示,例如,USD 100 per case CIF London including 2% commission;也可在贸易术语上加注佣金的缩写英文字母"C"和佣金率来表示,佣金率通常为价款的 1%~5%,例如,USD 100 per case CIFC 2% London;还可以用绝对数来表示,例如,每件两美元佣金,即 commission USD 2 per case。

(二)佣金的计算

在国际贸易中,计算佣金的基数既可按成交数量来计算,也可按成交金额来计算。按成交金额计算时,多以发票总金额作为计算佣金的基数,比如以 CIF 成交,则以 CIF 的发票金额作为计佣基数;如果以 FOB 成交,则以 FOB 的发票额为计佣基数。从理论上讲,以 FOB 值作为计佣的基数比较合理,因为运费和保险费不需要付佣金。但因为在实践中没有一个统一的规定,所以为了避免争议,应在合同中明确计算佣金基数的方法。

关于计算佣金的公式如下:

含佣价=净价+佣金

佣金=含佣价×佣金率

由此可知:

净价=含佣价×(1-佣金率)

含佣价=净价/(1-佣金率)

计　算

在某一交易过程中,我方对某产品报价为 USD 10000 per M/T CIF 3% Hamburger。试计算应支付给外商的佣金。

解:由公式可知:

佣金=含佣价×佣金率=10000×3%=300(美元)

(三)佣金的支付方法

佣金的支付可以采用以下方法:一是出口商收到货款后另行支付佣金;二是中间商在买方付款时直接从货款中扣除佣金。

知识扩展:
佣金支付

二　折　扣

折扣(discount,allowance)是指卖方在商品交易中给予对方的价格优惠。凡在价格条款中明确表示折扣的,称为**明扣**;没有在合同中明确表示折扣,而双方已就折扣达成协议的,称为**暗扣**。应运用折扣的积极作用,增强出口货物在国际市场上的竞争力,从而扩大产品销路。

(一)折扣的表示方法

1.规定折扣的比例

折扣,一般可用文字表示,规定折扣的比例。

例如,USD 300 per metric ton FOB Shanghai less 2% discount。

2.规定折扣的绝对数

例如,USD 20.00 discount per metric ton。

(二)折扣的计算

折扣一般按发票的实际金额乘以约定的折扣比例。公式如下:

折扣=含折扣价格(或原价)×折扣率

折扣价=原价-折扣

▦ 计　算

若报价为 USD 300 per metric ton FOB Shanghai less 2% discount，其折扣价为多少？

解：折扣价＝原价－折扣＝原价－原价×折扣率

=300－300×2%=294（美元）

（三）折扣的支付方法

折扣部分支付时，减扣的办法主要有两种：

一是进口商支付货款时预先扣除；

二是若采用暗扣，则按双方达成的协议，由出口商另行向进口商支付。

第四节　主要出口价格及价格核算

一　进出口商品价格的构成

（一）出口商品价格的构成

出口报价核算的步骤如图4-1所示。

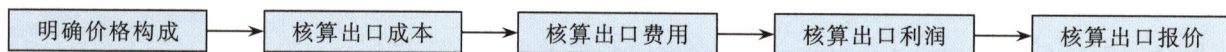

| 明确价格构成 | → | 核算出口成本 | → | 核算出口费用 | → | 核算出口利润 | → | 核算出口报价 |

图4-1　出口报价核算的步骤

出口商品价格通常由三大部分构成，包括货物成本、费用和预期利润。

1.货物成本

许多国家为降低出口商品的成本，增强其在国际市场上的竞争力，往往对出口商品采取增值税款全额或按一定比例退还的做法。因此，出口商在核算成本时应将出口退税收入予以扣除。

（1）出口商为贸易商：

实际采购成本（退税后成本）＝出口商品购货成本（含增值税）－出口退税收入

式中：出口退税收入＝出口商品购货成本（含增值税）/[（1+增值税率）×退税率]。

（2）出口商为生产厂商：

实际成本（退税后成本）＝生产成本－出口退税收入

式中：出口退税收入＝FOB价×银行外汇买入价×退税率。

2.费　用

费用可分为国内费用和国外费用。

（1）国内费用：包括包装费、仓储费、国内运输费、认证费、港口费、检验或证明费用、捐税、装载费用、通关费用、垫款利息、经营管理费、银行费用等。

（2）国外费用：包括出口运费、出口保险费、佣金等。

出口业务通常涉及货物的买卖、运输、保险、国际结算和海关及检验检疫等多个环节，每个环节都将形成必要的费用。在出口报价中，出口费用所占的比重虽然不大，但其内容极其繁杂，且计算方法又不尽相同,因而成为价格核算中较为复杂的一个方面。出口费用有两种核算方法:一是经验核算法,即根据企业经营状况和管理规定,按采购成本的一定比例(出口费用率)计算出口费用;二是明细核算法,即把可能产生的费用相加算出出口费用。下面着重介绍明细核算法。出口业务中通常发生的主要费用参见表4-2。

表4-2　主要出口费用构成及经济含义

中文名称	英文名称	经济含义
包装费	packing charge	通常包括在采购成本之中,如果客户对货物另有特殊的包装要求,由此产生的费用要作为包装费另加
仓储费	warehousing charge	需提前采购或另外存仓的货物往往会发生仓储费用
国内运输费	inland transport charge	货物在出运前所发生的国内运输费用,通常有卡车运输费、内河运输费、路桥费和装卸费等
港区港杂费	port charge	出运前在港区码头所需支付的各种费用
认证费	certification charge	出口商办理出口许可、配额、产地证明以及其他证明所支付的费用。也可作为货运代理或服务营运商提供出口清关服务的包干费的一部分
商检费	inspection charge	出口商品检验机构根据国家的有关规定或出口商的请求,对货物进行检验所发生的费用。也可作为服务营运商提供出口清关服务的包干费的一部分
捐税	duties and taxes	指国家对出口商品征收、代收或退还的有关税费,通常有出口关税和增值税等
垫款利息	interest	出口企业从支付供应商货款到收到出口货款期间,对采购成本所垫付的银行利息
业务定额费或经营管理费	operating charge	出口企业在经营中发生的有关费用,如通话费、差旅费、交际费、广告费和参展费等
银行手续费	banking charge	银行向客户提供汇兑、结算等相关服务时所收取的费用
国外运输费	freight charge	货物出口时支付的海运、陆运或空运费用
保险费	insurance premium	出口商向保险公司购买货运保险或信用保险所支付的费用
佣金	commission	买方或卖方向中间商支付的报酬

注:此表根据实际部门出口业务流程整理而成。

3.预期利润

预期利润主要依据出口货物的种类、市场行情、交易数量、进口商的信用、付款条件及其复杂程度而定。预期利润是出口商的收入,是经营好坏的主要指标。

(二)进口商品价格的构成

进口价格通常由商品成本、进口费用、进口杂费和预期利润构成。

(1)商品成本。商品成本又称购货成本或基本价格,是指国外商品的购货价格,即供应商、厂商或出口商的报价。最常见的就是FOB价格。

(2)进口费用。进口费用通常包括国际运费、国际运输保险费、上岸费用、检验检疫费用、清关费用、码头租仓和搬运费用、国内运费和保险费等。

(3)进口杂费。进口杂费是指向银行买汇清偿贷款之外所产生的相关费用,包括银行手续费及利息、通信费用、各种税费和预计损失、港口建设费、营销费等其他杂费。

（4）预期利润。由于影响因素不同、利润多少也不同,预期利润率一般在3%~20%之间不等,或依具体情况而定。

二 常见贸易术语的价格构成

以下是国际贸易中最常见的几种贸易术语的价格构成和换算方法。

（一）FOB、CFR、CIF贸易术语

FOB价＝实际成本＋国内费用＋预期利润

CFR价＝实际成本＋国内费用＋国外运费＋预期利润

　　　＝FOB价＋国外运费

CIF价＝实际成本＋国内费用＋国外运费＋国外保险费＋预期利润

　　　＝FOB价＋国外运费＋国外保险费

　　　＝（FOB价＋国外运费）/（1－保险加成×保险费率）

FOB价＝CIF价×（1－保险加成×保险费率）－国外运费

CFR价＝CIF价×（1－保险加成×保险费率）

（二）FCA、CPT、CIP贸易术语

FCA、CPT和CIP这三种贸易术语适用于任何运输方式,包括国际多式联运。计算公式如下:

FCA价＝实际成本＋国内费用＋预期利润

CPT价＝实际成本＋国内费用＋国外运费＋预期利润

　　　＝FCA价＋国外运费

CIP价＝实际成本＋国内费用＋国外运费＋国外保险费＋预期利润

　　　＝FCA价＋国外运费＋国外保险费

　　　＝CPT价/（1－保险加成×保险费率）

三 出口效益核算

外贸企业应在对外磋商和报价前,做好出口效益核算,并比较各种商品或出口地区的盈亏状况,这对于出口企业的经营具有现实指导意义。

（一）出口商品盈亏率

出口商品盈亏率是指出口商品盈亏额与出口总成本的比率,出口商品盈亏额是指出口销售人民币净收入与出口总成本的差额。其计算公式为:

$$出口商品盈亏率 = \frac{出口销售人民币净收入 - 出口总成本}{出口总成本} \times 100\%$$

式中:出口销售人民币净收入是指按FOB价出售所得的外汇净收入折算成的人民币净收入。出口总成本是指出口企业为出口商品所支付的国内总成本,主要包括两个基本因素,即实际成本和国内费用。

出口商品盈亏率的计算结果如果为正值,则表明出口盈利;反之,则表明出口亏损。

（二）出口商品换汇成本

出口商品换汇成本又称出口商品换汇率,是指某种商品的出口总成本与出口所得的外汇净收入之比。其计算公式为:

$$出口商品换汇成本 = \frac{出口总成本(人民币)}{出口销售外汇净收入(外币)} \times 100\%$$

其计算结果如果高于银行的外汇牌价,则出口为亏损;反之,则说明出口盈利。它是出口商品换汇能力的反映,也是衡量外贸企业经营水平的重要指标。

(三)出口创汇率

出口创汇率是指加工后成品出口的外汇净收入与原料外汇成本的比率。该指标主要用于计算用国外原材料或国产原材料加工再出口的业务。其计算公式为:

$$出口创汇率 = \frac{成品出口外汇净收入 - 原料外汇成本}{原料外汇成本} \times 100\%$$

在计算原料外汇成本时,如果原料是进口的,则不论当时是以哪个贸易术语进口的都应按该原料的 CIF 价计算;如果原料是国产的,其外汇成本应按原料的 FOB 价计算。

该公式计算结果如果为正值,则表明出口成品有利;若结果为负值,则说明出口成品亏损。在同一进料加工为不同成品时,可以通过出口创汇率的计算,选择更有利的成品出口。

第五节　合同中价格条款的制定

一　合同中的价格条款

合同中的价格条款,一般包括商品单价和总值两项基本内容。**单价**(unit price)是指单位商品的价格,在国际贸易中单价包括四项必不可少的内容,即计价货币名称、单价金额、计量单位、贸易术语。**总值**(amount)是单价与成交商品数量的乘积,即成交总金额或合同总金额。进出口合同价格条款中的总值与单价所使用的货币应当是一致的。

二　制定价格条款的注意事项

价格条款是进出口合同中的核心条款,它与其他相关条款有着密切的联系,要正确订立好价格条款,必须做好一系列前期准备工作,包括确定价格水平、选择有利的计价货币和贸易术语、采用适当的作价方法等。

(1)密切关注市场价格动态。在定价时,必须考虑国际市场价格动态,了解价格走向,结合产品质量水平、企业外贸发展目标等多方面因素确定合理价格和成交数量。

(2)条款中涉及的计量单位、计价货币等应书写规范、正确。这样可避免争议,方便合同顺利履行。如不同国家(地区)选用的计量单位公吨、长吨或短吨之间存在很大差异。

(3)恰当选用贸易术语,明确买卖双方权利义务。贸易术语能反映价格组成部分,由于不同贸易术语下,双方所承担的风险和责任各不相同,所以商品成交的价格也存在很大差异。贸易术语的选择可直接关系到买卖双方的经济利益。

(4)选择有利的计价货币,根据汇率浮动情况制定保值条款。结合汇率变动趋势,争取选择有利的计价货币,可以避免遭受由于币值变动带来的风险。如果采用了不利的计价货币,应当签订保值条款或采取必要的措施来规避风险。

（5）灵活运用不同的作价方法。在价格条款中,还要结合商品价格的变动情况以及合同履行时间的长短,灵活运用不同的作价方法,减少价格变动带来的风险。

（6）注意佣金和折扣的合理运用。正确运用佣金和折扣,可以调动中间商和进口商的积极性,起到扩大交易、增强市场竞争力的作用。

（7）根据品质、数量机动幅度制定相应机动部分条款。商品品质有机动幅度的,还要体现按质论价的原则;交货数量有机动幅度的,成交金额也要有相应机动部分。

复习巩固

一、习题链接

第四章测试题

二、思考题

1.合同上所列的价格,正确的写法由哪几部分组成?

2.国际贸易中的作价方法有哪些?

3.浮动汇率制对国际贸易业务有哪些影响?

4.什么是佣金和折扣? 在国际贸易中,应该如何正确使用佣金与折扣?

三、计算题

1.我方出口某商品,原报价为330美元/桶 CIF纽约,现外商要求将价格改报CFRC 5%。已知保险费率为0.6%,试求我方应将价格改报为多少?

2.某外贸公司出口一批商品,国内进货价共10000元人民币,加工费支出为1500元人民币,商品流通费为1000元人民币,税金支出为100元人民币,该批商品出口销售净收入为2000美元。试计算:

（1）该批商品的出口总成本是多少?

（2）该批商品的出口销售换汇成本是多少?

（3）该批商品的出口销售盈亏率是多少?

综合能力提升

2023年12月6日,武汉天发进出口有限公司（Wuhan Tianfa Im. & Ex. Co.,Ltd.）外贸业务员汪涛收到来自日本客户Star Co.,Ltd.的电子邮件,内容如下:

Dear Sir,

We are very interested in your Ladies' Jackets, Style No. TG008, whose shell fabric would be 100% cotton. Please quote us the price based on CFR TOKYO and L/C at sight.

Meanwhile, please mail a sample of Ladies' Jackets by DHL as soon as possible. We will pay the express charge via DHL Account No. 997 998 555.

Looking forward to hearing from you.

Yours sincerely,

Harly

汪涛立即通知夹克供应商天宝服装有限公司寄3件女式夹克样品并报价,当日收到其报价如下:女式夹克,全棉,人民币56元/件(含税价),增值税率为13%,12件装1个出口纸箱,纸箱尺寸为78CM×57CM×24CM,每箱毛重为15KG,净重为14KG,月生产能力为5000件,最低起订量为2000件,交货时付款,工厂交货。

次日,汪涛收到天宝服装有限公司寄来的3件女式夹克样品之后,马上寄给日本客户1件女式夹克样品。试问:

(1)汪涛应以什么方式寄出样品？由谁承担寄样费？

(2)若2023年12月6日的美元牌价为1美元=7.1140元人民币;业务定额费为采购成本的5%;国内运费为RMB 1000;国内其他费用为RMB 1000;预计垫付时间为1个月,银行贷款年利率为6.84%;出口退税率为11%,退税款利息忽略不计;银行手续费预计为出口报价的0.5%;国外运费按W/M计费,运费每吨为USD 10;预期利润率为15%。请核算出口报价(计算过程中数值保留到小数点后4位,最后的报价保留到小数点后2位)。

☞ 学习导航

国际货物运输
- 海洋运输方式
  - 运输特点
  - 船舶营运方式
  - 海运提单
- 铁路运输方式
  - 铁路货物联运规则
  - 铁路运输单据
  - 铁路货物联运的优越性
  - 铁路货物联运的运输费用
- 航空运输方式
  - 运输特点
  - 运输方式
  - 运输承运人
  - 航空运单
- 公路、内河、邮政和管道运输
  - 公路运输
  - 内河运输
  - 邮政运输
  - 管道运输
- 集装箱运输方式
  - 含义及其分类
  - 集装箱优点
  - 集装箱海运运费
- 合同中的装运条款
  - 装运时间
  - 装运港（地）和目的港（地）
  - 分批装运条款和转运条款
  - 装运通知
  - 滞期、速遣条款

1. 知识目标：通过本章学习，了解国际贸易中常用的海洋运输、铁路运输、航空运输、集装箱运输、国际多式联运、邮包运输以及公路、内河、大陆桥、邮政和管道运输等。其中，特别需要熟悉海洋运输和集装箱运输方式的相关知识。同时，需要掌握运输单据的性质和实践性，能够判断不同类型的提单。熟练掌握海运提单的种类以及提单的填写和签发流程。

2. 能力目标：能够灵活掌握集装箱运输的实际操作，而且熟悉整个进出口货物的集合和分散运输；掌握国际货物运输合同中装运条款的内容，特别是分批装运和转运条款；能够计算班轮运费，而且能够熟练填写国际贸易中的海运提单和航空提单。

3. 思政目标：2021年印发的《国家综合立体交通网规划纲要》指出，要"加快建设交通强国，构建现代化高质量国家综合立体交通网"，"发展多元化国际运输通道"，"强化国际航运中心辐射能力"。通过学习习近平总书记关于"航运强国"的重要论述，在讲"海洋运输"知识点时让学生深刻认识到"强国"的基础是经济，经济的增长离不开贸易，而国际贸易的最重要载体就是航运。

第一节　海洋运输方式

海洋运输是指使用船舶（或其他水上运输工具）通过海上航道运送货物或旅客的一种运输方式。国际贸易和国际货物运输是在世界范围内展开的，地理位置和地理条件决定了海洋运输方式是国际货物运输最主要的手段。海洋运输历史悠久，发展也极为迅速，尤其是在第二次世界大战以后，国际海洋货运量迅速增加。从总体上看，无论是现在还是将来，海洋货物运输在对外贸易中都将占据绝对的主导地位。目前，世界外贸海运量在国际货物运输总量中占80%以上。

一　海洋运输的特点

海洋运输之所以被如此广泛地采用，是因为与其他国际货物运输方式相比，它主要有下列明显的优点。

(一)运输量大

海洋货物运输的运输能力最大，这主要是由于船舶向大型化方向发展。大型船舶（如50万~70万吨的巨型油轮、16万~17万吨的散装船）的运载能力远远大于火车、汽车和飞机，是运输能力最大的运输工具。

(二)通过能力大

海洋运输利用天然航道四通八达的优势，不像火车、汽车受到轨道和道路的限制，因而其通过能力要超过火车和汽车。若政治、经济、军事等条件发生变化，海洋运输还可以随时改变航线驶往有利于货物装卸的目的港。

(三)运费低

船舶的航道为天然构成的，港口设备一般为政府修建，船舶经久耐用且节省燃料，再加上船舶运量大、航程远，所以货物的单位运输成本相对低廉。据统计，海运运费一般约为铁路运费的1/5、公路汽车运费的 1/10、航空运费的 1/30,这就为低值大宗货物的运输提供了有利的竞争条件。

(四)对货物的适应性强

上述特点使得海洋货物运输基本上适应各种货物的运输。尤其是其他运输方式无法装运的货物,如石油井台、机车等,船舶一般都可以装运。

(五)海洋货运的运输速度慢

由于商船的体积大、水流的阻力大,加之装卸时间长等其他各种因素的影响,所以货物的运输速度比其他运输方式慢。较快的班轮航行速度也仅 30 海里/小时左右。

(六)海洋货运风险大

海洋运输会受到气候和自然条件的影响,遇险的可能性较大,船舶航行日期也不易准确预计,因而风险系数较高。

知识扩展:
常见海上运输航线

尽管海洋运输存在速度慢、风险大等不利因素,但由于其运输量大、运费低等优越性,在国际贸易中所占的地位和所起的作用,以及由此而形成的重要性仍然大大超过其他几种运输方式。

在全球进出口货物贸易运输中,最近发生了哪些海洋运输事件?

二 海运船舶营运方式

国际海洋货物运输,按照船舶的营运方式分为班轮运输和租船运输两种。

(一)班轮运输

班轮运输(liner transport)又称定期船运输,是指船舶在特定航线上和固定港口之间,按事先公布的船期表(sailing schedule)航行,以从事货物运输业务并按事先公布的费率收取运费的一种运输方式。

1.班轮运输的特点

(1)具有"四固定"的特点。即固定航线、固定停靠港口、固定的航行时间表(sailing schedule)航行以及按相对固定的运费率计收运费。

(2)具有"一负责"的特点。承运人负责货物的配载装卸,并负担装卸费用。简言之,即承运人管装管卸,装卸费用包括在运费内,转嫁给运费的承担方。

(3)承运人和托运人双方的权利义务和责任豁免以班轮公司签发的提单条款为依据。不计算装卸时间与滞期费和速遣费。

其中,"四固定"和"一负责"是班轮运输的基本特点。此外,班轮运输船舶通常具有良好的技术质量,配备合格的船长、船员及船舶航运所需的供给品,且各班船公司有着严格的管理制度,保证了货物运输的质量;班轮运输的"四固定""一负责",为进出口商订立买卖合同中的交货条款、掌握交接货时间安排货物的运输提供了便利;班轮船舶承运货物的品种、数量比较灵活,一般不作限制,因此,适用于零星成交、批次较多、到港分散的货物运输;班轮船舶负责办理货物的装卸及中途转运,且定期公布船期表,为货主提供了极大的便利。因而班轮运输深受货主的欢迎,成为国际海洋货物运输中的主要运输方式。

2.班轮运费的计算

班轮运输是指班轮公司为运输货物向货主收取的费用。

1)班轮运费的计算标准

在实际业务中,班轮运费的征收标准大致有8种。

(1)按货物的毛重计收。在运价表中以"W"字母表示,一般以1公吨为计算单位,也有按长吨或短吨计算的。

(2)按货物的体积计收。在运价表中以"M"字母表示,一般以1立方米为计算单位,也有以立方英尺计算的。

(3)按货物的毛重或体积计收运费。在运价表中以"W/M"字母表示,计收时取其数量较高者。

(4)按货物的价格计收运费。在运价表中以"ad val"表示,又称从价运费。一般按货物FOB价的一定百分比计算,一般适用于价值较高的货物。

(5)按货物重量或体积或价格三者中最高的一种计收。在运价表中用"W/M or ad val"表示。也有先按货物的重量或体积计收,然后再加收一定百分比的从价运费,在运价表中用"W/M plus ad val"表示。

(6)按货物的件数计收。以"per unit,head,piece etc."表示,如机车车辆、活牲畜等。

(7)按议价运费计收。大宗低值货物如粮食、矿砂等,一般在班轮费率表中未被规定具体费率,订舱时由托运人和承运人临时洽商议定。

(8)起码运费率,是指按每一提单上所列的重量或体积所计算出的运费。没有达到运价表中规定的最低运费额时,则按最低运费计收。

2)班轮运费的构成

班轮运费通常由基本运费和各种附加运费构成。基本运费是对任何一种货物都要计收的运费。班轮运输航线上船舶定期或经常挂靠的港口称为基本港口,综合这些港口的基本情况,为在航线上基本港口间的运输而制定的运价称为基本运价或基本费率。基本费率是根据普通货物在航线上各基本港口间进行运输的平均水平制定的,是班轮运费的主要部分,但不是全部。

在实际运输中由于船舶、货物、港口等各种原因,承运人在运输中会增加一定的营运支出或损失。附加运费就是针对一些需要特殊处理的货物或由于客观情况的变化等使运输费用大幅增加的情形,班轮公司为弥补损失而额外加收的费用。

附加运费的种类很多,常见的附加运费有:超重附加费、超长附加费、燃油附加费、港口附加费、港口拥挤附加费、货币贬值附加费、绕航附加费、转船附加费、直航附加费、选卸港附加费、变更卸货港附加费等。

附加费的表示方法主要有两种:一种是以百分比来表示,即在基本费率的基础上增加的百分比;另一种是以绝对数来表示,即每运费吨增加若干金额,可以与基本费率直接相加计算。

3)班轮运费的计算方法

班轮运费的计算公式为:

运费总额=单位运费×货运数量(计费重量吨或尺码吨)

如果附加费用绝对值表示,则单位运费的计算公式为:

单位运费=基本费率+各项附加费

如果附加费用百分比表示,则单位运费的计算公式为:

单位运费=基本费率×(1+各项附加费率)

📟 **算一算**

出口箱装货物共400箱,基本费率为每运费吨30美元,以W/M计算,每箱体积为1.8米×1.6米×1.5米,毛重为每箱4公吨,并加收燃油附加费15%,直航附加费每吨运费为3美元。问:总运费是多少?

解:总重量=4×400=1600(公吨)

总体积=1.8×1.6×1.5×400=1728(立方米)

由于总体积大于总重量,所以按总体积来计算运费,则有:

总运费=[30×(1+15%)+3]×1728=64800(美元)

(二)租船运输

租船运输又称不定期船运输(tramp shipping),它是相对于班轮运输的另一种海运方式。根据国际租船市场的行情和租船人的实际需要,租船(charter)有租赁整船和租赁部分舱位两种形式,一般以租赁整船为多。租船运输与班轮运输有很大差别。在租船运输业务中,船舶的航运时间、行驶航线、停靠港口和船方收取的运费或租金以及装卸费用等均由出租人(船东)与租船人双方临时议定。完成特定的货物运输任务后,租船人按约定的运价或租金支付运费。

1.租船方式

1)定程租船

定程租船(voyage charter;trip charter)或航次租船,又称"程租船",是指按照租赁合同,由船舶所有人负责提供船舶,在指定的港口之间进行一个或数个航次,承运指定货物的租船运输。定程租船按照租赁航程不同又分为单程航次租船、来回航次租船、连续航次租船和包运合同等。定程租船的船方直接负责船舶的经营管理,它除了负责船舶航行、驾驶的管理外,还应对货物运输负责。定程租船的租金或运费,按货物的数量计算或按包租总金额计算。采用定程租船时,要规定装卸期限和装卸率,并计算滞期费和速遣费。

2)定期租船

定期租船(time charter),又称"期租船",是指由船舶所有人将船舶出租给承运人,供其使用一定时期的租船运输。租期可长可短,短的仅几个月,长的可达几年或十几年。定期租船的船方仅对船舶的维护、修理、机器的正常运转和船员的工资与给养负责,而船舶的调

知识扩展:
国际标准租船合同格式

度、货物的运输、船舶在租期内的经营管理和日常开支,均由租船方负责。定期租船的租金按每月每吨若干金额计算。船租双方不计算滞期费和速遣费。除租船合同另有规定外,租船人可将租赁的船舶作为班轮经营,或作为程租船经营,一般可装任何货物驶往任何港口,甚至也可以将其转租给第三者,自己充当二船东。

3)光船租船

光船租船(bare boat charter),指船舶所有人将船舶出租给承租人使用一个时期,但船舶所有人提供的是一艘空船,既无船长,也未配备船员,租船人自己任命船长、船员,负责船员的给养和船舶营运管理所需的一切费用。这种租船方式实际上是一种财产租赁,在国际贸易中较少使用。

在国际货物运输中,租船运输最适宜大宗货物,如粮食、油料、矿产品等。我国进出口的大宗货物,

都采用租船运输,而且主要采用的是定程租船。

2.租船运费的计算

租船运费主要包括程租船的运输费用和期租船的租金,这里主要介绍一下程租船的运输费用。程租船的运输费用主要包括程租船运费和装卸费,此外还有速遣费和滞期费等。

1)程租船运费

程租船运费是指货物从装运港至目的港的海上运费。在程租船合同中会明确规定运费的计算方式和支付时间。其计算方式主要有两种:一种是按运费率(rate of freight),即每单位重量或单位体积的运费额来计算,同时规定是按装船时的货物数量(intaken quantity)还是按卸船时的货物数量(delivered quantity)来计算总运费;另一种是整船包价(lump sum freight),即规定一笔整船运费,船东保证船舶能提供的载货重量和容积,不管租方实际装货多少,一律按整船包价支付。程租船运费率的高低取决于诸多因素,如租船市场运费水平、货物的价值、运费的支付时间、装卸费的负担方法、港口费用高低等。

2)程租船的装卸费

程租船所涉及的货物装卸责任及其费用由谁承担的问题,由双方当事人在合同中加以具体规定。常见的规定方法有以下几种:

(1)船方负责装卸费用(liner terms or gross terms)。在这种条件下,装卸费由船方负责支付。租船人把货物交到船边吊钩所能到达的地方,船方负责把货物装进舱内并整理好货物;卸货时,船方负责把货物从舱内卸到船边,由租方或收货人提货。装卸费用划分的界限为船边,多用于木材和包装货物的运输。

(2)船方管装不管卸(free out,FO)。即船方负担装货费,但不负担卸货费。

(3)船方管卸不管装(free in,FI)。即船方负担卸货费,但不负担装货费。

(4)船方不负担装卸费(free in and out,FIO)。即船方既不负担装货费,也不负担卸货费。这种条件一般适用于散装货。采用FIO条件,还必须明确货物进舱后的离舱、平舱的责任和费用由谁负担。一般在FIO条件下,都规定这些费用由租船人负担,即FIOST(free in and out,stowed and trimmed)。

3)程租船的装卸时间

就程租船而言,一次货运航程需要多少时间,直接关系到船东的利益。装卸时间是整个航程时间的重要组成部分,而在由租船人负责装卸的情况下,船东无法控制装卸时间。为了及时装卸货物,船方在合同中都规定了在一定时间内必须完成装卸作业,这个时间称为**许可装卸时间**。许可装卸时间可用若干日表示,也可用装卸率表示。此外,还要规定哪些时间应算为工作日,哪些时间除外。许可装卸时间中的"日"如何计算,应在合同中明确、具体地规定,常见的规定方法有下列几种:

(1)连续日。连续日即按自然日计算。按时针连续走过24小时为一天,其中没有任何扣除,一般用于运输矿石、石油等少数不受天气影响的货物的租船合同中。

(2)工作日。工作日是指没有被租船合同明确地排除在装卸时间外,且不属于节假日的日数或部分时间。即不包括周末和法定节假日在内的、港口可以进行装卸工作的日数。

(3)晴天工作日。晴天工作日是指在工作日或部分工作日中,不受天气影响,可以进行装卸作业的时间。

(4)累计24小时晴天工作日。这时不考虑港口规定的工作时间是多少小时,也不论工作小时数跨及几天,以累计晴天工作24小时作为一个晴天工作日。

(5)连续24小时晴天工作日。指除去周末、节假日和天气不良影响作业的工作日或工作小时后,连续作业,时针走过24小时才算一天。

4)滞期费和速遣费

在程租船运输中规定许可装卸时间,主要是对租船人的限制。如果租船人所使用的实际装卸时间超过了合同规定的允许使用的时间,则超过的时间称为滞期时间。为补偿船方因船舶延期所产生的损失,由租船人向船方支付超时罚金,此项罚金称为**滞期费**。滞期费一般按照船舶大小、经营成本和当时的租船市场价格由买卖双方商定。

速遣是指在合同规定的许可装卸期限终止前,租船人提前完成货物装卸作业,节省了船期。船方为了鼓励这种行为而付给租船人一定金额作为报酬,称为**速遣费**。速遣费通常被规定为滞期费的一半。速遣费有两种计算方法:一是按节约的全部时间计算;二是按节约的工作时间计算。

滞期费和速遣费通常被约定为每天若干金额,不足一天者,按比例计算。

📖 **航次租船合同案例分析**

某外运公司A与某国际运输公司M就从日本承运50辆中巴车和12辆大客车到天津新港的业务签订了航次租船合同。合同约定由M公司负责将共计62辆汽车,由日本横滨港运至天津新港,受载期为6月18—25日。6月24日,由于日方备货出现问题,A公司提出增加名古屋港。双方经协商后决定由A公司支付M公司9000美元作为货轮靠泊名古屋港的港口使用费和船期损失费。6月30日,该货轮抵达横滨港锚地,7月1日靠横滨港装12辆大客车,7月2日靠名古屋港开始装运其余50辆中巴车。该货轮费尽力气虽已达到最佳积载,但仅装下50辆中巴车中的14辆,其余36辆中巴车因货轮舱高及舱容不够未能装下。该货轮载12辆大客车和14辆中巴车于7月11日靠天津新港,后将上述26辆车安全卸下。A公司就滞留在名古屋港的其余36辆未运车辆多次与M公司协商未果后,于7月11日向当地海事法院起诉。

分析:该案例涉及航次租船合同纠纷。在该合同下,托运人是A公司,承运人为M公司。由于M公司提供的承运船舶舱高及舱容不够,未能全部装载约定的货物,导致该租船合同未能完全履行。因此,M公司应赔偿A公司相关损失及利息。

三 海运提单

海运提单(bill of lading,B/L),简称提单,是国际货物海上运输中的重要单证之一,也是信用证交易形式下银行结汇、买方提取货物的关键票据,在国际贸易中起着不可替代的作用。《1978年联合国海上运输公约》以及《中华人民共和国海商法》都对提单下了定义:**提单**是指用以证明海上货物运输合同和货物已经由承运人接管或装船,以及承运人保证据以交付货物的单证。

(一)海运提单的性质和作用

海运提单的性质与作用,可以概括为三个方面。

(1)它是货物收据(receipt for the goods)。提单是承运人签发给托运人的收据,证明已收到或接管提单所列货物。已装船提单是承运人出具的、证明货物已经收到并装上船付运的收据。

(2)它是物权凭证(document of title)。提单是承运人保证凭之交付货物和可以转让(记名提单除外)的物权凭证。谁占有提单谁就占有了该提单上所记载的货物,他有向承运人要求交付货物的请求权。提单作为一种商业单据,经背书后可以转让,从而转让货物的所有权。

(3)它是承运人与托运人之间订立的运输合同的证明(evidence of the contract of carriage)。提单内规定了承运人与托运人双方之间的权利义务和责任豁免,一旦发生纠纷,提单便是确定当事各方责任的重要依据。这里我们把班轮提单看作运输契约的证明而不是契约本身,有两个原因:第一,提单的签发是在承运人接收货物,甚至是货物装船之后,而此时运输契约早已在履行的过程中。第二,提单是由承运人或其代理人签发的包含印就条款的一种商业票据。提单的签署只是承运人单方面的行为,提单内容并不是承运人与托运人双方合意的结果。所以提单只能说是运输契约的证明,而不是运输契约本身。

(二)海运提单的基本内容

为保护自身利益,各大航运公司都定有自己的提单格式,目前尚未统一。虽然提单格式不同,但内容大体相似,一般分为正面条款和背面条款两部分。

1.提单正面的内容

提单的正面大多记载与货物和货物运输有关的事项,这些项目有的是法定必须记载的,有的是承运人出于自身业务需要而记载的。提单正面的内容主要包括以下几部分:

(1)托运人提供并填写的部分,如托运人名称、收货人名称、通知方名称、货物名称、标志和号码、件数、毛重、尺码等。要求托运人应该对所填写资料的正确性负责,如有错误,由此给承运人造成的损失由托运人赔偿。

(2)承运人需要填写的部分,如船名、装货港、卸货港、签发提单的时间和地点等。承运人要对这部分内容的正确性负责。

(3)提单的文字条款。提单正面除上述必须记载的内容之外,还有一些属于承运人声明性质的文字说明,如"外表状况良好条款""内容不知条款""承认接受条款"等。

2.提单背面的内容

在正本提单的背面印有许多条款,它是处理承运人与托运人之间的有关运输过程中发生争议的依据。提单背面条款起初是由船舶公司自行规定的,因而内容很不一致。为了统一提单背面条款的内容,国际上先后签署了以下四个国际公约:

(1)《统一提单的若干法律规定的国际公约》,简称《海牙规则》,于1924年8月在比利时布鲁塞尔由26个国家(地区)代表在其共同出席的外交会议上签署。

(2)《修改统一提单若干法律规定的国际公约议定书》,简称《维斯比规则》,于1968年6月在布鲁塞尔外交会议上通过。

(3)《1978年联合国海上货物运输公约》,简称《汉堡规则》,于1978年3月在德国汉堡由78个国家(地区)代表参加的海上货物运输大会上讨论通过。

(4)《联合国全程或部分海上国际货物运输合同公约》,简称《鹿特丹规则》,于2008年12月在纽约举行的联合国大会上正式通过,于2009年9月在荷兰鹿特丹正式签署。联合国贸易与发展会议制定该公约的目的主要是进一步明确三个国际海上货物运输公约的内容,以实现海上货物运输和包括海运区段的国际货物多式联运法律制度的国际统一。

由于参加公约的国家(地区)不一,因此各船舶公司签发的提单背面条款的内容也就有差异,其中以《海牙规则》为依据制定提单的居多,如中远提单、外运提单均是如此。虽然它的文字表述不完全相同,但主要条款内容基本相同。主要条款包括:定义条款、首要条款、承运人的责任条款、承运人责任期间条款、免责条款、索赔条款、包装与唛头标志条款、运费条款、留置权条款、转运或转船条款、卸货和交货条款、动植物和舱面货条款、危险品条款等。海运提单样本见附件5-1。

(三)海运提单的签发与流转提单的签发

1.提单的签发人

有权签发提单的只有承运人本人、船长和经承运人授权的代理人。承运人作为海上运输合同的一方当事人承担货物运输责任,当然有权签发提单。船长是承运人的法定代理人,因此不必经过承运人的授权就有权签发提单。在当今国际货物运输中,特别是班轮运输中,常由承运人的代理人签发提单。但代理人必须经过承运人的委托授权才能签发提单,否则无权签发提单。

2.提单的签发日期

提单的签发日期应与提单上所列货物实际装船完毕的日期,即收货单的签发日期一致。在国际贸易中通常把签发提单的日期看作货物装船的日期,也就是卖方向买方交货的日期。如果提单签发的日期提前于或晚于货物装船完毕的日期,就有可能构成对第三者的欺诈行为,从而引起收货人拒绝提货,进而提出索赔。

3.提单的份数

提单有正本和副本之分。正本提单允许签发数份,并且各份正本提单具有相同的法律效力,但若以其中一份提货后,则其余各份自动失效。副本提单用于承运人的日常业务,不具有法律效力,签发数量根据实际业务需要而定。为了防止因为提单流失在外引起纠纷,损害提单善意持有人的利益,在实际业务中,许多银行在开立信用证时都规定,贸易商在办理结汇或其他事项时必须同时使用全套正本提单。

4.提单的转让

提单是货物所有权的证明,提单的转让就意味着货物所有权由原提单持有人转移到提单的受让人手中,这一过程通常通过背书实现。**背书**是指转让人在提单背面写明受让人或不写明受让人,并签名的转让手续。按照背书内容的不同,分为记名背书和不记名背书(空白背书)。记名背书时,提单背面不仅有背书人自己的名称、签章,而且要写明被背书人的名称。空白背书时,背书人只签署自己的名称,而不写明谁是受让人。

(四)海运提单的种类

从不同角度来看,提单主要可以分为以下几类。

1.根据货物是否装船,可分为已装提单和备运提单

已装提单(on board B/L or shipping B/L),是指承运人将货物装上指定的船只后签发的提单。这种提单的特点是提单上面有载货船舶名称和装货日期。

备运提单(received for shipment B/L),是指承运人在收到托运人的货物后的待装船期间,签发给托运人的提单。这种提单上面没有装船日期,也无载货的具体船名。

在国际贸易中,一般要求是已装船提单。《跟单信用证统一惯例》规定,在信用证无特殊规定的情况下,要求卖方必须提供已装船提单,银行一般不接受备运提单。

2.根据货物表面状况有无不良批注,可分为清洁提单和不清洁提单

清洁提单(clean B/L),是指货物装船时,表面状况良好,承运人在签发提单时未加上任何货损、包装不良或其他有碍结汇批注的提单。

不清洁提单(unclean B/L or foul B/L),是指承运人收到货物之后,在提单上加注了货物外表状况不良或货物存在缺陷或包装破损的提单。例如,在提单上批注"铁条松散""包装不固""×件损坏"等。但需要说明的是,并不是所有经批注的提单都为不清洁提单。国际航运公会于1951年规定下列三种内容的批注不能视为不清洁:第一,没有说明货物或包装不能令人满意,只是批注"旧包装""旧箱""旧桶"等;第二,强调承运人对于由货物或包装性质所引起的风险不负责任;第三,否认承运人知悉货物内容、重量、容积、质量或技术规格等。这三项内容已被大多数国家(地区)和船运组织所接受。

在使用信用证支付方式时,银行通常不接受不清洁提单。当装船时发生货损或出现包装不良现象时,托运人经常要求承运人不在提单上加批注,而由托运人向承运人出具保函,也称"赔偿保证书",向承运人保证因货物残破、短损,以及承运人因签发清洁提单而引起的一切损失,由托运人负责。承运人则给予签发提单,以便卖方在信用证下顺利结汇。对于这种保函,有些国家(地区)法律和判例并未承认,如美国法律认为这是一种欺骗行为,所以使用保函时要视具体情况而定。

3.根据收货人抬头不同,可分为记名提单、不记名提单和指示提单

记名提单(straight B/L),又称收货人抬头提单,是指在提单收货人栏内,具体写明收货人名称的提单。这种提单只能由提单内指定的收货人提货,不能转让。记名提单虽然避免了提单转让过程中可能出现的风险,使货物始终控制在货主手中,但也失去其代表货物转让流通的便利性。同时,银行也不愿意接受记名提单作为议付的证件。由于这些原因,记名提单在国际贸易业务中很少使用,一般只有在运送价值较高的货物、展览品及援外物资时方才使用。

不记名提单(open B/L),又称空白提单,是指在提单收货人栏内不填明具体的收货人或指示人的名称,只填写"持有人"(bearer)或收货人一栏空白的提单。不记名提单的转让不需经任何背书手续,提单持有人仅凭提单即可提货。这种提单的转让或提货手续比较简便,但一旦遗失或被盗,货物也容易被人提走,即使货物未被提走,提单被转让到了第三者手里,也会引起纠纷。因此,这种提单在国际贸易中很少应用。

指示提单(order B/L),是指提单上收货人栏中填"凭指示"(to order)或"凭×指示"(to the order of ×)字样的提单。指示提单可以是不记名指示(不标明指示人),也可以是记名指示(标明指示人)。指示人可以是托运人、收货人或者银行。指示提单是一种可转让的票据,提单持有人通过背书的方式将指示提单转让给第三者。

无论是指示提单或是不记名提单,转让时都无须经过原提单签发人(即承运人)的同意。交付货物时,对承运人来讲只要提单真实、背书连续、指示提单持有人的身份符合提单上所记载的指示,就可以交付货物,完成自己的交付义务。由此可见,指示提单既转让方便,又有一定的流通性,而且较不记名提单安全性强,所以它是国际贸易中使用最为广泛的一种提单。

4.根据运输过程中是否转船,可分为直达提单、转船提单和联运提单

直达提单(direct B/L),又称直运提单,是指货物自装运港装船后,中途不经换船而直接驶达目的港卸货的提单。直达提单内仅列有装运港和目的港之名,而无"中途转船""在某港转船"等批语。在国际贸易中,信用证如规定货物不准转船,卖方就必须取得承运人签发的直达提单,银行才接受办理议付货款。

转船提单(transshipment B/L),是指船舶从装运港装货后,不直接驶往目的港而在中途港口换船把货物转往目的港的,包括运输全程的提单。转船提单内一般注有"在某港转船"字样。由于货物在中途港转船,对买方来讲,不仅会增加货物受损或其他风险,而且还会因为等候换装船而延误到货时间。所以买方通常争取直达运输,并在信用证内明确规定不许转船。但碍于运输条件的限制,有时转船也许会使货物更快驶达目的港。在这种情况下,买卖双方约定也可以使用转船提单。

联运提单(through B/L),是指对于需经两种或两种以上的运输方式(如海陆、海河、海空等)联合运输的货物,托运人在办理托运手续并交纳全程运费之后,由第一程承运人所签发的,包括运输全程并能凭之在目的港提取货物的提单。采用这种提单时,如同采用转船提单一样,货物在运输途中转换交通工具和交换工作,均由第一程承运人或其代理人负责向下段航程承运人办理,托运人无须自己办理。

联运提单和转船提单虽然均包括全程运输,但签发提单的承运人或其代理人,一般会在提单条款中规定:只担负货物在他负责运输的一段航程内所发生的损失责任,货物从他所有的运输工具卸下后,他的责任即告终止。

5.根据提单内容的繁简,可分为全式提单和略式提单

全式提单(long form B/L),亦称繁式提单,是指通常应用的,既有正面内容又在提单背面列有承运人和托运人的权利、义务等详细条款的提单。**略式提单**(short form B/L),亦称简式提单,它是指仅保留全式提单正面的必要项目,如船名、货名、标志、件数、重量或体积、装运港、目的港、托运人名称等的记载,而略去提单背面全部条款的提单。

略式提单又可分为租船项下的略式提单及班轮项下的略式提单。租船项下的略式提单,提单内注有"根据某年某月某日签订的租船合同开立"等字样。由于这种提单受到租船合同的约束,本身不构成一个完整的独立文件,因此银行一般不愿意凭这种提单办理议付。班轮项下的略式提单,一般印有"本提单货物的收受、保管、运输和运费等事项,均按本公司全式提单的正面、背面的铅印,手写印章和打字等书面的条款和例外条款办理"等字样。根据国际惯例,可凭这种略式提单向银行办理议付。

第二节　铁路运输方式

铁路运输(rail transport)在国际贸易中是仅次于海洋运输的一种主要运输方式。它具有运量大、安全可靠、绿色环保、运输准确及连续性强等优点。我国对外贸易铁路运输包括对香港、澳门特别行政区铁路运输和国际铁路货物联运两部分。对香港、澳门特别行政区铁路运输目前的做法与内地一般货物铁路运输基本相同。本节主要介绍国际铁路货物联运。

国际铁路货物联运是指在两个或两个以上的国家和地区铁路运送中,使用一份运送单据,并以连带责任办理货物的全程运送,在一国(地区)铁路向另一国(地区)铁路移交货物时,不需发、收方参加。铁路当局对全程运输负连带责任。

一　国际铁路货物联运规则

目前,国际公约主要有两个:一个是由奥地利、法国、联邦德国、比利时等西欧国家签订的《国际铁路货物运输公约》;另一个是由苏联、波兰、捷克、斯洛伐克、匈牙利、罗马尼亚等国家签订的《国际铁路货物联运协定》。

(一)《国际铁路货物运输公约》

《国际铁路货物运输公约》(简称《国际货约》)是在1890年制定的《国际铁路货物运送规则》(简称《伯尔尼公约》)基础上发展起来的。1961年2月25日,由奥地利、法国、联邦德国、比利时等国在瑞士伯尔尼签订,又于1970年2月7日修订,修订后的《国际货约》于1975年1月1日生效,1980年对该公约又进行了修订。目前参加该公约的国家主要有德国、奥地利、瑞士、法国、意大利、比利时、荷兰、西班牙、葡萄牙、土耳其、芬兰、瑞典、挪威、丹麦、匈牙利、波兰、保加利亚、罗马尼亚、捷克、斯洛伐克等。

(二)《国际铁路货物联运协定》

《国际铁路货物联运协定》(简称《国际货协》)该协定是在1951年由苏联、罗马尼亚、匈牙利、波兰等8个东欧国家签订的。中国、朝鲜、蒙古国于1953年7月加入该协定。后来,越南和古巴也加入该协定。《国际货协》自签订以后至1971年先后经过多次修改和补充。现行的是1971年4月经铁路合作组织核准并从1974年7月1日起生效的文本。目前,《国际货协》签约国有阿塞拜疆、阿尔巴尼亚、白俄罗斯、保加利亚、越南、格鲁吉亚、伊朗、哈萨克斯坦、中国、朝鲜、吉尔吉斯斯坦、拉脱维亚、立陶宛、摩尔多瓦、蒙古国、俄罗斯、塔吉克斯坦、土库曼斯坦、乌兹别克斯坦、乌克兰和爱沙尼亚等。此外,波兰、捷克、斯洛伐克、匈牙利、德国等国虽已退出《国际货协》,但仍采用《国际货协》的规定。

国际铁路货物联运为参加国开辟了一条对外联系和经济贸易的重要渠道。它的开办,不仅免除了货物在国境站重新办理托运的手续,而且在直接通过轨道运输时,还可以减少因换装所耗费的人力、物力和时间,从而加速了货物运输,减少了货损、货差,降低了运输费用,为发展国际贸易创造了有利条件。

二　铁路运输单据

(一)国际铁路联运提单

国际铁路联运提单是国际铁路联运的主要运输单据,它是发货人与铁路之间缔结的运输契约,规定了铁路与发货人、收货人在货物运送中的权利、义务和责任,对铁路和发货人、收货人都具有法律效力。该提单一式五联,其中提单正本从始发站随同货物附送至终点站并交给收货人,它不仅是铁路承运货物出具的凭证,也是铁路同货主交接货物、核收运杂费用和处理索赔与理赔事项的依据。该提单副本,在铁路加盖承运日期戳记后发还给发货人,它是卖方向银行结算货款的主要证件之一。

(二)承运货物收据

承运货物收据既是承运人出具的货物收据,也是承运人与托运人签订的运输契约的证明。中国内地通过铁路运往港澳地区的出口货物,不能一票直达,银行不同意用内地铁路运单作为对外结汇的凭证。因此,对港澳地区的铁路货物运输一般委托中国对外贸易运输公司承办。当出口货物装车发运后,对外贸易运输公司即签发承运货物收据给托运人,作为对外办理结汇的凭证。承运货物收据只有第一联为正本,反面印有"承运简章",载明承运人的责任范围。

三　国际铁路货物联运的优越性

国际铁路货物联运,促进了我国边境贸易的发展,加强了我国与《国际货协》缔约成员之间的贸易往来。同时,借助于《国际货协》与《国际货约》的双重参加国,诸如保加利亚、罗马尼亚、波兰,它又将欧洲大陆连成一片,方便了我国同西北欧贸易的货物运输。国际铁路货物联运具有手续简便、节省运输时间、降低运输中风险、加速资金周转、减少运输费用等优点。

四 国际铁路货物联运的运输费用

联运货物的运输费用有如下规定:发送国铁路的运送费用,按发送国铁路的国内运价计算;到达国铁路的运送费用,按到达国铁路的国内运价计算;过境国铁路的运送费用,按国际铁路联运协定统一过境运价规程(统一货价)的规定计算。

知识扩展:
临沂中欧班列的发展现状

第三节　航空运输方式

航空运输(air transport)是一种现代化的运输方式,是采用商业飞机运输货物的一种商业活动。它与海洋运输、铁路运输相比较,具有交货迅速、准确方便、节省包装、减少保险和储存费用、保证运输质量且不受地面条件限制等优点。在国际贸易中,航空运输特别适用于易腐商品、鲜活商品和季节性强的商品等。

一 航空运输的特点

(一)航空运输的优越性

航空运输虽然起步较晚,但发展异常迅速,与其他运输方式相比,具有如下的优越性。

1.运送速度快

到目前为止,飞机仍然是最快捷的交通工具,常见的喷气式飞机的经济巡航速度大多在每小时850~900公里。快捷的交通工具大大缩短了货物的在途时间,对于那些易腐烂、易变质的鲜活商品,时效性和季节性强的报刊类商品,以及抢险和救急品的运输,这一特点显得尤为突出。

2.不受地面条件影响,深入内陆地区

航空运输利用天空这一自然通道,不受地理条件的限制。对于地面条件恶劣、交通不便的内陆地区非常合适,有利于当地资源的出口,能促进当地经济的发展。

3.安全、准确

与其他运输方式相比,航空运输的安全性较高,风险发生的概率较低。另外,航空公司的运输管理制度也比较完善,货物的破损率较低。

4.节约包装、保险、利息等费用

采用航空运输方式,货物周转速度快,企业存货可以相应地减少。一方面有利于资金的回收,减少利息支出,另一方面企业仓储费用也可以降低。又由于航空货物运输安全、准确,货损、货差少,所以保险费用较低。与其他运输方式相比,航空运输的包装简单,包装成本较低。这些都有利于企业隐性成本的下降、收益的增加。

(二)航空运输的局限性

当然,航空运输也有自己的局限性,主要表现为:航空货运的运输费用较其他运输方式更高,不适合低价值货物;航空运载工具——飞机的舱容有限,对大件货物或大批量货物的运输有一定的限制;飞机飞行安全容易受恶劣气候影响等。但总体来讲,随着现代产品更趋于薄、轻、短、小及高价值,管理者更重视运输的及时性和可靠性,航空运输的作用日益重要。

二 国际航空运输的方式

(一)班机运输

班机运输(airline transport)是指定期开航、指定目的港、指定途经站的飞机运输。一般航空公司都使用客货混合型飞机,一方面可搭载旅客,一方面又可运送少量货物。但一些较大的航空公司在一些航线上开辟定期的货运航班,使用全货机运输。班机由于航线固定、停靠港固定和定期开航,便于收货人、发货人确切掌握货物起运和到达的时间,这对市场上急需的商品、鲜活易腐货物,以及贵重商品的运送是非常有利的。班机运输一般是客货混载,因此舱位有限,不能使大批量的货物及时出运,往往需要分期分批运输。这是班机运输的不足之处。

(二)包机运输

包机运输(chartered carrier transport)是指航空公司按照约定的条件和费率,将整架飞机租给一个或若干个包机人(包机人指发货人或航空货运代理公司),从一个或几个航空站装运货物至指定目的地。包机运输适合于大宗货物运输,费率低于班机,但运送时间则比班机要长些。包机运输方式可分为整架包机和部分包机两种。

1.整架包机

整架包机即包租整架飞机,指航空公司按照与租机人事先约定的条件及费用,将整架飞机租给包机人,从一个或几个航空港装运货物至目的地。它适用于运输大批量货物,运费一次一议。整架包机具有舱位充足、节省时间、可办理多次发货的手续、不用中转、减少货损货差、在空运旺季缓解航班紧张状况等方面的优点。

2.部分包机

部分包机是指由几家航空货运公司或发货人联合包租一架飞机或者由航空公司把一架飞机的舱位分别卖给几家航空货运公司装载货物。它适用于托运量不足一整架飞机舱容,但货量又较重的货物运输。

(三)集中托运

集中托运(consolidation transport)是指集中托运人将若干批单独发运的货物组成一整批,向航空公司办理托运,采用一份航空总运单集中发运到同一目的站,由集中托运人在目的地指定的代理收货,再根据集中托运人签发的航空分运单分拨给各实际收货人的运输方式。它也是航空货物运输中开展最为普遍的一种运输方式,是航空货运代理的主要业务之一。

与货运代理人不同,集中托运人的地位类似于多式联运中的多式联运经营人。集中托运人承担的责任不仅仅是在始发地将货物交给航空公司,在目的地提取货物并转交给不同的收货人,他承担的是货物的全程运输责任,且在运输中具有双重角色。他对各个发货人负货物运输责任,地位相当于承运人;而在与航空公司的关系中,他又被视为集中托运的一整批货物的托运人。

(四)航空急件传送

航空急件传送(air express service),又称航空快递,是目前国际航空运输中最快捷的运输方式。它由一个专门经营快递业务的机构与航空公司密切合作,设专人以最快的速度在货主、机场、收件人之间传送急件,特别适用于急需的药品、医疗器械、贵重物品、

知识扩展:
鄂州:加快打造国际一流航空货运枢纽

图纸资料、货样及单证等的传送,被称为"桌到桌运输"(desk to desk service)。

三 航空运输承运人

(一)航空运输公司

航空运输公司是航空货物运输业务中的实际承运人,负责办理从起运机场至到达机场的运输,并对全程运输负责。

(二)航空货运代理公司

航空货运代理公司可以是货主的代理,负责办理航空货物运输的订舱,在始发机场和到达机场的交、接货与进出口报关等事宜;也可以是航空公司的代理,办理接货并以航空承运人的身份签发航空运单,对运输全程负责;亦可两者兼而有之。

四 航空运单

(一)航空运单的性质和作用

航空运单(airway bill)是承运人与托运人之间签订的运输契约,也是承运人或其代理人签发的货物收据。航空运单与海运提单有很大的不同,却与国际铁路运单相似。它是由承运人或其代理人签发的重要的货物运输单据,是承托双方的运输合同,其内容对双方均具有约束力。航空运单还可作为核收运费的依据和海关查验放行的基本单据。但航空运单不是货物所有权的证明,不得转让,是一种不可议付的单据。在航空运单的收货人栏内,必须详细填写收货人的全称和地址,而不能做成指示性抬头。货物到达目的地后,收货人凭承运人的到货通知单提取货物。

航空运单的性质和作用主要有:

(1)航空运单是发货人与航空承运人之间的运输合同。与海运提单不同,航空运单不仅证明航空运输合同的存在,而且航空运单本身就是发货人与航空运输承运人之间缔结的货物运输合同,在双方共同签署后产生效力,并在货物到达目的地交付给运单上所记载的收货人后失效。

(2)航空运单是承运人签发的已接收货物的证明。航空运单也是货物收据,在发货人将货物发运后,承运人或其代理人就会将其中一份交给发货人(即发货人联),作为已经接收货物的证明。除非另外注明,它是承运人收到货物并在良好条件下装运的证明。

(3)航空运单是承运人据以核收运费的账单。航空运单分别记载着属于收货人负担的费用,属于应支付给承运人的费用和应支付给代理人的费用,并详细列明费用的种类、金额,因此可作为运费账单和发票。承运人往往也将其中的承运人联作为记账凭证。

(4)航空运单是报关单证之一。出口时,航空运单是报关单证之一;在货物到达目的地机场进行进口报关时,航空运单通常也是海关查验放行的基本单证。

(5)航空运单同时可作为保险证书。如果承运人承办保险或发货人要求承运人代办保险,则航空运单也可作为保险证书。

(6)航空运单是承运人办理内部业务的依据。航空运单随货同行,证明了货物的身份。运单上载有有关该票货物发送、转运、交付的事项,承运人会据此对货物的运输作出相应安排。

航空运单的正本一式三份,每份都印有背面条款:一份交给发货人,是承运人或其代理人接收货物的依据;一份由承运人留存,作为记账凭证;一份随货同行,在货物到达目的地、交付给收货人时作为核收货物的依据。航空运单样本见附件 5-2。

(二)航空运单的种类

航空运单主要分为两大类:航空主运单、航空分运单。

1.航空主运单

凡由航空运输公司签发的航空运单就称为**航空主运单**(master air waybill,MAWB)。它是航空运输公司据以办理货物运输和交付的依据,是航空公司和托运人订立的运输合同,每一批航空运输的货物都有相对应的航空主运单。

2.航空分运单

集中托运人在办理集中托运业务时签发的航空运单,被称作**航空分运单**(house air waybill,HAWB)。

在集中托运的情况下,除了航空运输公司签发主运单外,集中托运人还要签发航空分运单。在这中间,航空分运单作为集中托运人与托运人之间的货物运输合同,合同双方分别为各个货主和集中托运人;而航空主运单作为航空运输公司与集中托运人之间的货物运输合同,当事人则为集中托运人和航空运输公司。货主与航空运输公司之间没有直接的契约关系。

不仅如此,由于在起运地货物由集中托运人交付给航空运输公司,在目的地由集中托运人或其代理从航空运输公司处提取货物,再转交给收货人,因而货主与航空运输公司之间也没有直接的货物交接关系。

五　航空运价

航空运价是承运人为货物的航空运输所收取的报酬,也只是从始发机场至到达机场的运价,不包括提货、报关、仓储等其他费用,航空运价仅适用于单一方向。航空运价一般以货物的实际重量(千克)和体积重量(6000立方厘米或366立方英寸体积折合1千克)两者中较高者为准。针对航空货物运输的不同性质和种类,航空公司规定了特种货物运价、货物的等级运价、一般货物运价和集装设备运价等不同的计收方法。

六　我国航空货运业市场现状

随着全球贸易的增加和跨境电商的发展,航空货运业在全球范围内迅速发展。作为世界第二大经济体,中国的航空货运业也在不断壮大,成为全球航空货运业的重要一员。

(1)产业规模不断扩大。我国航空货运业的产业规模不断扩大,国际航空货运市场和国内航空货运市场都在不断壮大。

(2)航空货运网络日趋完善。我国航空货运网络日趋完善,目前已经形成了以北京、上海、广州、深圳为中心的航空货运枢纽,覆盖了全国范围内的航空货运需求。各大航空公司纷纷增加国际航线和航班频次,提高了我国航空货运网络的密度和效率。

(3)技术设备不断更新。我国航空货运业的技术设备不断更新,大型货运机型已经广泛应用于航空货运业务中,提高了货运效率和运力。航空货运业还在不断探索无人机技术在货运领域的应用,为未来的发展注入了新的动力。

(4)相关政策不断完善。我国政府对航空货运业的支持力度不断加大,通过出台一系列相关政策和措施,促进航空货运业的健康发展。鼓励航空公司开展国际货运航线业务,支持航空货运企业加强与铁路、公路等多式联运合作等。

（5）服务质量逐步提升。我国航空货运业的服务质量逐步提升，航空货运企业致力于提高客户满意度和货运安全性，并不断改善货运流程、提高服务标准，提升了整个行业的竞争力和影响力。

第四节　公路、内河、邮政和管道运输

在国际贸易中，除了使用海洋、铁路和航空等运输方式外，还有使用公路、内河、邮政、管道等方式运输货物的。

一　公路运输

公路运输（road transport）亦为外贸货物运输的方式之一，它与铁路运输同为陆上运输的基本运输方式。

公路运输机动灵活、简捷方便，可以深入可通公路的各个角落，它不仅可以直接运进或运出对外贸易货物，而且也是港口、车站、机场集散进出口货物的重要手段。尤其在实现"门到门"（door to door）运输业务中，更离不开公路运输。但公路运输载货有限、运输成本高，运输风险也较大。

公路运输在我国对外贸易运输中占有一定的地位。它是我国边疆地区与邻国物资交流的主要手段，不但能缩短运输距离、节省运输费用，而且对加强我国与邻国的经济合作、促进与邻国的贸易往来具有重要意义。此外，我国内地对香港、澳门两个特别行政区的部分进出口货物，也是通过公路运输来完成的。

二　内河运输

内河运输（inland waterway transport）是水上运输的一个组成部分。它是连接内陆腹地和沿海地区的纽带，也是边疆地区与邻国边境河流的连接线，在进出口货物的运输和集散中起着重要的作用。

内河运输具有投资少、运量大、成本低的优点。

我国有着广阔的内河运输网，长江、珠江等一些主要河流的内河港口已对外开放，我国同一些邻国还有国际河流相通连，这就为发展我国对外贸易内河运输提供了十分有利的条件。

三　邮政运输

邮政运输（parcel post transport）是一种较简便的运输方式。国际邮件可分为函件和包裹两大类。国际上邮政部门之间签订有协定和《万国邮政公约》，通过这些协定和公约，邮件的递送可互相以最快的方式传递，从而形成一个全球性的邮政运输网。

国际邮政运输具有国际多式联运和"门到门"运输的特点。托运人只需按邮局章程办理一次托运、一次付清足额邮资，取得邮政包裹收据（parcel post receipt），交货手续即告完成。邮件的国际传递由各国（地区）的邮政部门负责办理，邮件到达目的地后，收件人可凭邮局到件通知向邮局提取。该方式手续简便、费用不高，适用于重量轻、体积小的货物的传递。

我国与很多国家（地区）签订有邮政包裹协议和邮电协议，对这些国家（地区）的邮运，可按照协议

规定办理。我国也参加了万国邮政联盟(Universal Postal Union,简称"万国邮联"或"邮联")。

按万国邮联的要求,为方便运输和递送,各国(地区)邮政部门对包裹的重量和体积均有严格限制,以我国为例,每件重量不得超过20千克、长度不得超过150厘米,长度和长度以外最大横周合计不得超过300厘米。所以该方式通常只适宜运送仪器、机器零件、金银首饰、贸易样品,工程图纸等量轻体小的零星贵重物品。

📖 **知识拓展**

万国邮政联盟

万国邮政联盟是商定国际邮政事务的政府间国际组织,其前身是1874年10月9日成立的"邮政总联盟",1878年改为现名。

万国邮联自1978年7月1日起成为联合国关于国际邮政事务的一个专门机构,总部设在瑞士首都伯尔尼。其宗旨是组织和改善国际邮政业务,发展邮政方面的国际合作,以及在力所能及的范围内给予会员所要求的邮政技术援助。

（四）管道运输

管道运输(pipeline transport)是用管道作为运输工具的一种长距离输送液体和气体物资的运输方式,是一种专门由生产地向市场输送石油、煤和化学产品的运输方式,是统一运输网中干线运输的特殊组成部分。管道运输业是继铁路、公路、水运、航空运输之后的第五大运输业,它在国民经济和社会发展中起着十分重要的作用。管道运输利用地下管道将原油、天然气、成品油、矿浆、煤浆等介质送到目的地。

管道运输在美国、欧洲的许多国家以及石油输出国组织(OPEC)的石油运输方面起到了积极的作用。例如,中东和北非输往欧洲的石油有很大部分是通过管道运输的,俄罗斯输出原油的管道输油能力也很强。

我国管道运输起步较晚,但随着石油工业的发展,为石油运输服务的石油管道也迅速地发展起来。迄今为止,我国不少油田均有输油管道直通海港。为了配合石油工业发展和石油、天然气进口和输送的需要,我国正加速自行或与俄罗斯、中亚诸国以及缅甸等邻国合作兴建新的管道,有的已完工或即将完工。例如,中俄合作建设的从西伯利亚东部的斯科沃罗季诺一直延伸到我国东北大庆的输油管道,已于2010年8月全线开通。

以油类为例,管道运输费用是按油类的不同品种和规格规定不同费率,在计算时多数按传统做法,以桶为计费单位,但也有以公吨为单位来计算运费的。

第五节　集装箱运输

集装箱运输(container transport)是以集装箱作为运输单位进行货物运输的一种现代化运输方式。它可适用于海洋运输、铁路运输、公路运输、内河运输与国际多式联运等。航空运输也有使用集装箱的。

一 集装箱的含义及其种类

集装箱(container)又称"货柜",原意是一种容器,具有一定的强度和刚度,能反复使用并便于机械操作和运输的运输辅助设备。

国际标准化组织(ISO)对集装箱下的定义为,集装箱是一种运输设备,应满足以下要求:

(1)具有耐久性,其坚固强度足以反复使用。

(2)为便于商品运送而专门设计,在一种或多种运输方式中,运输工具转换时无须中途换装。

(3)设有便于装卸和搬运的装置,特别是便于从一种运输工具转移到另一种运输工具。

(4)设计时应注意到便于货物装满或卸空。

(5)内容积为1立方米或1立方米以上。

国际标准化组织为统一集装箱的规格,推荐了3个系列13种规格的集装箱,而在国际货运上使用的主要为20英尺和40英尺两种。随着集装箱运输的发展,为适应装载不同种类货物的需要,出现了不同种类的集装箱。这些集装箱不仅外观不同,而且结构、强度、尺寸等也不相同。除了通用的干货集装箱外,还有开顶集装箱、台架式及平台式集装箱、通风集装箱、冷冻集装箱、牲畜集装箱、散货集装箱等众多种类。

二 集装箱运输的优点

集装箱运输自产生以来,经历了40多年的快速发展期。这主要取决于它所具备的一系列传统运输不具备的优点:提高货运速度,加快运输工具、货物及资金的周转;减少运输过程中的货差、货损,提高货运质量;节省货物包装费用,减少货物运杂费支出;简化货运手续,便利货物运输。

集装箱运输不仅改变了传统的运输方式,而且对传统的国际惯例以及国际条约也都产生了深远影响。

三 集装箱海运运费

国际集装箱海运运费的计算办法与普通班轮运费的计算办法一样,也是根据费率本规定的费率和计费办法计算运费,同样也有基本运费和附加费之分。不过,由于集装箱货物既可以交集装箱货运站(CFS)装箱,也可以由货主自行装箱整箱托运,因而在运费计算方式上也有所不同。主要表现在当集装箱货物是整箱托运,并且使用的是承运人的集装箱时,集装箱海运运费计收有"最低计费吨"和"最高计费吨"的规定。此外,对于特种货物运费以及附加费的计算也有其规定。

(1)最低运费的计算。整箱货最低运费的标准不是金额,而是运费吨。凡以整箱托运的货物,为避免运费收入低于运输成本,对不同规格的集装箱规定最低应计收的运费吨或尺码吨。如果实际运费低于最低运费,则运费按最低运费标准计算。

(2)最高运费的计算。对最高运费的规定是集装箱运输所独有的特点。这是因为一个集装箱有时装有几种类型的货物,而其中部分种类货物缺少正确的衡量单位,且计费等级和费率又不相同,最高运费就是为计算这部分货物的运费而规定的。最高运费的标准是运费吨,主要是尺码吨。目前,国际上对最高运费吨的规定一般是20英尺集装箱为31立方米、40英尺集装箱为67立方米。如果所装货物超出上述尺码,则超过部分免计运费。

想一想：集装箱的国际标准尺寸以及种类有哪些？

第六节　合同中的装运条款

国际货物买卖合同中的装运条款通常包括装运时间、装运港（地）和目的港（地）、分批装运条款和转运条款、装运通知、滞期和速遣条款等内容。

一　装运时间

装运时间是买卖合同的主要交易条件，卖方必须严格按照规定时间装运货物，如果提前或延迟，均构成违约，买方有权拒收货物、解除合同，同时提出损害赔偿要求。

（一）装运时间的规定方法

关于装运时间，目前常用的有以下几种规定方法。

1.明确规定具体装运时间

明确规定具体的时间，如"shipment during March 2024"，或规定跨月、跨季度装运。这种规定方法使卖方有一定时间进行备货和安排运输，因此，在国际贸易中应用较广。

2.规定在收到信用证后一定时间内装运

如规定"shipment within 30 days after receipt of L/C"。对某些外汇管制较严的国家（地区），或专为买方制造的特定商品，为了防止买方不按时履行合同而造成损失，可采用这种规定方法。

3.笼统规定近期装运

这种规定方法不规定具体期限，只是用"立即装运""尽速装运"等词语表示。由于这类词语在国际上无统一解释，为了避免不必要的纠纷，应尽量避免使用。

（二）规定装运时间时应注意的事项

装运时间的规定应明确具体，应注意船货衔接的问题，以免造成有货无船或有船无货的局面。规定装运时间时必须根据需要和可能，结合下列情况考虑决定。

1.货源情况

货源是履行出口合同的基础，在出口业务中规定交货时间必须与库存货物的规格和数量相适应。对尚待生产的货物，要考虑生产安排的可能性和生产周期的长短。对于大宗交易的商品，如粮油、矿砂、煤炭等，因交货数量大，一般采取跨月交货条款为宜。

2.运输情况

当买卖合同规定由我方负责安排运输时，对交货时间的规定要考虑我国与有关国家（地区）间的运输能力、航线、港口条件等情况：对有直达船和航次较多的港口，装运期可规定得短一些；对无直达船或较偏僻的港口，以及虽有直达船但航次较少的港口，装运期要规定得长一些。对某些国家（地区），还要尽量避开冰冻期或雨季。必要时还应规定分批装运条款。

3.市场情况

规定装运期要与国外市场需求的季节性相适应，特别是对节日供应商品和临时特殊需要的商品，还要适当考虑航程远近等因素。对进口商品,应根据国内需求和国外市场供应情况规定装运期。

4.商品情况

规定装运期时,应考虑商品本身的性质和特点。例如有些商品易受潮发霉,不宜在雨季装运;有些商品易受热融化,应避开在夏季装运。此外,还应考虑商品的加工、包装、检验和国内运输等需要花费的时间。

二 装运港(地)和目的港(地)

装运港(port of shipping)是指货物起始装运的港口。装运港一般由出口方提出,经进口方同意后确定。目的港(port of destination)是指货物最后卸货的港口。目的港则由进口方提出,经出口方同意后确定。装运港和目的港可分别规定一个,也可分别规定两个或两个以上,还可以规定选择港。

在规定装运港和目的港时应注意:装运港或目的港的规定,应力求明确具体;不接受内陆城市作为装运港或目的港;应注意装卸港的具体条件;应注意国外港口有无重名问题;选择港口不宜过多,并在一条航线上等。

三 分批装运条款和转运条款

(一)分批装运条款

分批装运又称分期装运(partial shipment),是指一个合同项下的货物分若干期或若干次装运。凡数量较大,或受运输、市场销售、资金等条件限制的货物,都可在买卖合同中规定分批装运条款。根据《跟单信用证统一惯例》的规定,运输单据表面上已注明是使用同一运输工具装运并经同一路线运输,即使运输单据上注明的装运日期不同,以及(或)装货港、接受监管地或发运地点不同,只要运输单据注明是同一目的地,将不视为分批装运。该惯例还规定,如信用证规定在指定的时期内分期支款及(或)分期装运,任何一期未按信用证所规定的期限支款或装运时,信用证对该期及以后各期均告失效。对于这类条款,受益人应严格遵守,必须按信用证规定的时间装运货物。

(二)转运条款转运

转运(transshipment)包括运输过程中的转船、转机,以及从一种运输工具上卸下再装上另一种运输工具的行为。卖方在交货时,如果到目的港没有直达船、船期不定或航次间隔太长,为了便于装运,则需在合同中订明"允许转船"。根据《跟单信用证统一惯例》的规定,除信用证另有规定外,可准许转船。

四 装运通知

为了明确买卖双方责任,便于双方相互配合,搞好船货衔接工作和办理货运保险,不论采取什么贸易术语成交,买卖双方都承担相互告知的义务。因此装船通知也是装运条款的一项重要内容。

> 结合贸易术语中的风险和责任的分界点,明确装运通知在买卖合同中的重要性,并思考:装运通知上的具体内容有哪些?

五　滞期、速遣条款

在国际贸易中,大宗商品大多采用租船运输方式。由于装卸时间直接关系到船方的利益,如果装卸货物由租船人负责,船方通常要对装卸时间予以规定,并约定滞期费和速遣费(关于装卸时间、装卸率、滞期费和速遣费问题前面已经讲过,在此不再赘述)。

但是,在实际业务中,负责装卸货物的不一定是租船人,而是买卖合同的一方当事人。因此,负责租船的一方(如CIF合同下的卖方、FOB合同下的买方)为了促使对方及时完成装卸任务,也会在买卖合同中规定装卸时间、装卸率、滞期条款和速遣条款。

◎ 复习巩固

一、习题链接

第五章测试题

二、思考题

1. 海运提单的性质和作用是什么?

2. 倒签提单和预借提单有哪些区别?

3. 国际标准化组织规定的集装箱的五个基本条件是什么?

三、案例分析

1. 山东A公司向国外出口一批花生仁,国外客户开来不可撤销信用证,证中的装运条款规定"禁止分批装运"。A公司因货源不足,先于4月15日在青岛港将300公吨花生仁装"东风号"轮船,取得一套提单;后又在烟台联系到一批货源,在A公司承担相关费用的前提下,该轮船又驶往烟台港装了400公吨花生仁于同一轮船,4月20日取得有关提单。然后在信用证有效期内将两套单据交银行议付,银行以分批装运、单证不符为由拒付货款。试问:银行的拒付是否合理?为什么?

2. 我国某外贸公司与国外B公司达成一笔出口合同,信用证规定"数量9000公吨,1—9月份分批装运,每月装1000公吨"。买方在1—5月份每月装1000公吨,银行已分批凭单付款。第六批货物原定于6月15日装运出口,但由于台风登陆,第六批货物延迟至7月2日才装船运出。当受益人凭7月22日的装船提单向银行议付时,遭银行拒付。后来受益人又以"不可抗力"为由要求银行付款,亦遭银行拒绝。试问:在上述情况下,银行有无拒付的权利? 为什么?

⤴ 综合能力提升

航运是中国经济发展的重要支柱。在全球航运市场爆仓缺箱的经济形势下,试分析集装箱运输行业的发展方向。你认为中国的集装箱运输发展将会成为全球重心的基础吗? 为什么?

附件:

附件 5-1　海运提单样本

Shipper HUBEI METALLURGICAL EQUIPMENTS CO.,LTD.			B/L No. HSW098 中国远洋运输(集团)总公司 CHINA OCEAN SHIPPING(GROUP)CORP. Combined Transport BILL OF LADING		
Consignee TO THE ORDER OF KOOKMIN BANK(HEAD OFFICE),SEOUL.					
Notify Party SINHAN STEEL CO.,LTD. 511-14 GAMJUN-DONG,SASANG-GU,BUSAN,REPUBLIC OF KOREA.					
Pre-carriage by		Place of Receipt			
Ocean Vessel Voy No. HAILONG V-06		Port of Loading HUANGSHI			
Port of Discharge BUSAN PORT,REPUBLIC OF KOREA		Place of Delivery	Final Destination for the Goods		
Marks & Nos. Container/ Seal No.	No. of Containers or PKGs	Kind of Packages; Description of Goods		Gross Weight	Measurement
S H S C BUSAN GKR917 NO.1-2 COSU790873/ SH7586301	1×20/2 BOX	MOTORS FOR THINNER ALLOY BAR HOT ROLLING MILL FREIGHT PREPAID		KG 19,000	CUBIC METRE 20
TOTAL NUMBER OF CONTAINERS OR PACKAGES(IN WORDS)			SAY TOTALLY PACKED IN 2 WOODEN BOXES ONLY		
Freight & Charges	Revenue Tons	Rate	Per	Prepaid ×	Collect
Ex. Rate	Prepaid at HUANGSHI	Payable at		Place and Date of Issue HUANGSHI MAY 10,2024	
	Total Prepaid	No. of Original B(s)/L 3		Signed for the Carrier 沈 力 中国远洋运输(集团)黄石分公司 CHINA OCEAN SHIPPING (GROUP) CORP. HUANGSHI OFFICE	
LADEN ON BOARD THE VESSEL DATE　　　BY　　(TERMS PLEASE FIND ON BACK OF ORIGINAL B/L) (COSCO STANDARD FORM 1)					

注意:本提单不由发货人背书,而由"KOOKMIN BANK(HEAD OFFICE),SEOUL"背书。

附件 5-2　航空运单样本

	Shipper's Account Number	NOT NEGOTIABLE
Shipper's Name and Address		**AIR WAYBILL**　LOGWIN AIR+OCEAN
		ISSUED BY　　DEUTSCHLAND GMBH
VOITH TURBO H + L HYDRAULIC GMBH & CO., KG. SCHUCKERTSTR.15DE-7127, RUTESHEIM		70629 STUTTGART

	Consignee's Account Number	It is agreed that the goods described herein are accepted in apparent good order and condition (except as noted) for carriage. SUBJECT TO THE CONDITIONS OF CONTRACT ON THE REVERSE HEREOF. ALL GOODS MAY BE CARRIED BY ANY OTHER MEANS INCLUDING ROAD OR ANY OTHER CARRIER UNLESS SPECIFIC CONTRARY INSTRUCTIONS ARE GIVEN HEREON BY THE SHIPPER. THE SHIPPERS ATTENTION IS DRAWN TO THE NOTICE CONCERNING CARRIERS LIMITATION OF LIABILITY. Shipper may increase such limitation of liability by declaring a higher value of carriage and paying a supplemental charge if required.
Consignee's Name and Address		
HUAXING MACHINERY AND EQUIPMENTS CO., LTD. Tuan Cheng Shan 435000 Huangshi, P.R.China		
Airport of Departure IATA CODE AT STUTTGART		

To PVG	By First Carrier KL	Routing and Destination	To	By	Currency USD	CHGS CODE	WT/VAL		Other		Declared Value for Carriage NVD	Declared Value for Customs NCV
							PPD	COLL	PPD	COLL		

Airport of Destination SHANGHAI PUDONG AKL	FLIGHT/DATE 895/Apr.14, 2024	AMOUNT OF INSURANCE ×××	INSURANCE—If carrier offers insurance and such insurance is requested in accordance with the conditions thereof, indicate amount to be insured in figures in box marked Amount of Insurance

Handling Information

MARKS: VTHL/38125ED ENCL.; COMMERCIAL INVOICE(S).

No. of Pieces RCP	Gross Weight	Rate Class / Commodity Item No.	Chargeable Weight	Rate/ Charge	Total	Nature and Quantity of Goods (incl. Dimensions or Volume)
1	KG 396.0		KG 396.0		AS AGREED	PUNCHING UNIT 1/125CM×90CM×137CM 1.541CBM 257.0KG

续表

Prepaid	Weight Charge	Collect	Other Charges
	Valuation Charge		
	Tax		Shipper certifies that the particulars on face hereof are correct and that insofar as any part of the consignment contains restricted articles, such part is properly described by name and is in proper condition for carriage by air according to the International Air Transport Association's restricted articles regulations. VOITH TURBO H+L HYDRAULIC GMBH & CO.KG. SCHUCKERTSTR.15DE-7127,RUTESHEIM.
	Total Other Charges Due Agent		
	Total Other Charges Due Carrier		
Total Prepaid		Total Collect	Signature of Shipper or His Agent
Currency Conversion Rates		CC Charges in Dest. Currency	LOGWIN AIR+OCEAN DEUTSCHLAND GMBH 70629 STUTTGART 14,03,2024 Executed on(date)at(place) Signature of Issuing Carrier or Its Agent
For Carriers Use Only at Destination		Charges at Destination	

COPY 8   COS-0021 5836

☞ 学习导航

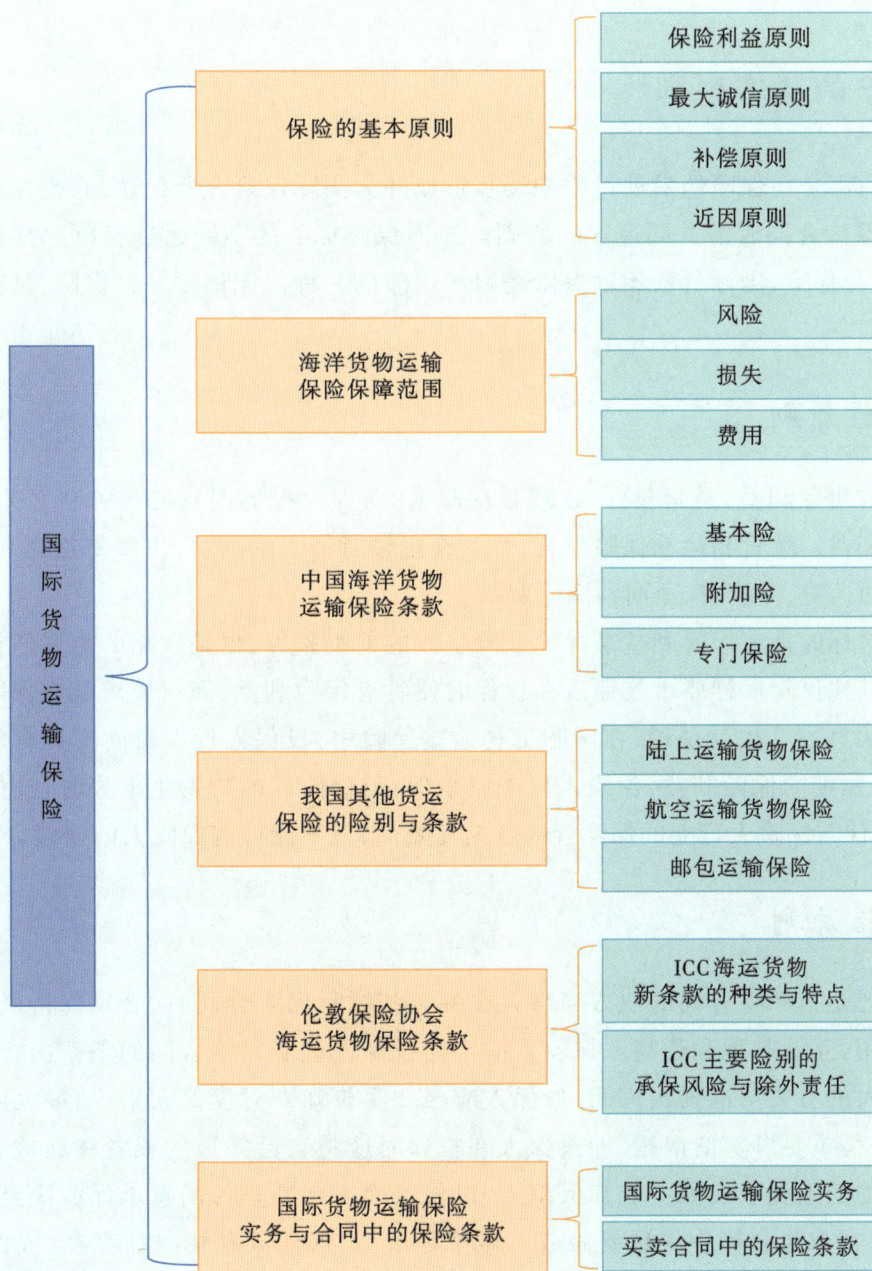

第一节　保险的基本原则

保险的基本原则是在保险的发展过程中逐步形成并为国际保险业所公认的，投保人（或被保险人）和保险人在订立保险合同时需共同遵守的原则。按照保险标的的不同，保险可分为财产保险、责任保险、信用保险和人身保险，国际货物运输保险是财产保险的一种。无论哪一种保险，其投保人和保险人都应遵守下列原则。

一　保险利益原则

保险利益又称可保利益，是指投保人（或被保险人）对保险标的因具有各种利害关系而享有的、法律上承认的经济利益。就货物运输保险而言，反映在运输货物上的利益，主要是货物本身的价值，但也包括与此相关联的运费、保险费、预期利润等费用。

投保人对保险标的具有保险利益是保险合同生效的前提条件，也是索赔的重要依据。但是国际货物运输保险不像其他保险那样要求投保人在投保时便具有保险利益，而仅要求其在保险标的物发生损失时必须具有保险利益。也就是说，在国际货物运输保险中，投保人投保时尚不具有保险利益的情况下，可视为其具有预期的保险利益，保险人可予以承保；但保险标的物发生损失时，投保人必须对其具有保险利益，否则他与保险人订立的保险合同就是无效的，就不能得到保险人的赔偿。

二　最大诚信原则

最大诚信原则是指保险合同的双方当事人在签订和履行保险合同时，必须保持最大限度的诚意，双方都应遵守信用，互不欺骗和隐瞒。保险人应当向投保人说明保险合同的条款内容，并可以就保险标的物或被保险人的有关情况提出询问，投保人应当如实告知。对投保人来说，最大诚信原则主要有两方面的要求：一是重要事实的申报，即投保人在投保时应将自己知道的或者在通常业务中应当知道的有关保险标的物的重要事实如实告知保险人，以便保险人判断是否同意承保或决定承保的条件；二是保证，即投保人在保险合同中保证要做或不做某种事情，保证某种情况的存在，或保证履行某一条件。保险合同是以最大诚信原则为基础的，如果一方当事人不遵守最大诚信原则，另一方当事人可以声明该保险合同无效。如在国际货物运输保险中,投保人没有向保险人提供保险标的物、运输条件、航程、包装条件等方面的真实情况,或者违反了保险单中的保证条款,则保险人有权解除合同。

（三）补偿原则

补偿原则是保险合同最基本的原则之一。损失补偿原则是指保险合同生效后,如果发生保险合同责任范围内的损失,被保险人有权按照合同的约定,获得全面、充分的赔偿;保险赔偿弥补被保险人由于保险标的遭受损失而失去的经济利益,即保险人对被保险人的赔偿恰好使保险标的恢复到未出险前的状况,被保险人不能因保险赔偿而获得额外的经济利益。

知识扩展:

代位追偿原则与重复保险分摊原则

（四）近因原则

所谓**近因**是指引起保险标的损失的直接、有效、起决定作用的因素,而引起保险标的损失的间接的、不起决定作用的因素,称为**远因**。在保险理赔中,近因原则的运用具有普遍的意义。

近因原则是指在处理赔偿案件时,赔偿的条件是,造成保险标的损失的近因必须属于保险责任。若造成保险标的损失的近因属于保险责任范围内的事故,则保险人承担赔付责任。只有当保险事故的发生与损失的形成有直接因果关系时,才构成保险人赔付的条件。

损失与近因存在直接的因果关系,因而,要确定近因,首先要确定损失的因果关系。确定因果关系的基本方法有从原因推断结果和从结果推断原因两种。从近因认定和保险责任认定来看,可分为下述两种情况。

损失由单一原因所致。若保险标的损失由单一原因所致,该原因则为近因。若该原因属于保险责任事故,则保险人应负赔偿责任;反之,若该原因属于责任免除项目,则保险人不负赔偿责任。

损失由多种原因所致。致损原因为两个或以上的,一是均属保险责任范围内的,负责赔偿;二是不全部属于保险责任范围内的,则区别对待,如前因不是保险责任范围内的,后因是保险责任范围内的,也存在因果关系的,不负责赔偿。如前因是保险责任范围内的,后因不是,但存在因果关系的,负责赔偿。

想一想:包装食品投保水渍险,运输途中遭受海水浸湿,外包装受潮后导致食品发生霉变损失,保险人是否应该赔偿?

提示:霉变是海水打湿外包装水汽侵入造成的结果。

第二节　海洋货物运输保险保障范围

海洋货物运输保险保障的范围主要包括风险、损失和费用。国际保险市场对其保障的风险、损失和费用都有特定的解释,为了能够正确选择投保险别和正确处理保险索赔问题,首先必须对保险人所承保的风险、损失和费用有准确的理解。

一　风　险

风险是造成损失的原因。"风险"一词在保险单中的含义通常是指灾害事故发生的可能性和人们对灾害事故发生在认识上的不确定性。海洋货物运输保险保障的风险,并非泛指一切发生在海上的风险,而是有其特定的含义和范围。海洋货物运输保险保障的风险分为海上风险和外来风险两类。

(一)海上风险

海上风险(peril of the sea)又称海难,一般是指船舶或货物在海上运输过程中发生的或随附海上运输所发生的风险,包括自然灾害和意外事故。在保险业务中,海上风险有特定的内容。

自然灾害(natural calamity),是指不以人的意志为转移的自然界力量所引起的灾害。如恶劣气候、雷电、海啸、地震、洪水、火山爆发、浪击落海等,这些灾害在保险业务中都有其特定的含义。

意外事故(fortuitous accident),是指由于偶然的、难以预料的原因造成的事故,如船舶搁浅、触礁、沉没、焚毁、互撞、遇流冰或与其他固态物体碰撞,以及失火、爆炸等原因造成的事故。

需要指出的是,海上风险并不包括所有发生在海上的风险,也并不局限于海上发生的灾害和事故,凡是与海运相连的,发生在陆上、海陆、海河或与驳船相连接之处的灾害和事故也属于海上风险。

(二)外来风险

外来风险(extraneous risk)是指由于海上风险以外的其他外来原因引起的风险。外来风险又可分为一般外来风险和特殊外来风险两种。

一般外来风险是指一般外来原因造成的风险,如雨淋、短量、偷窃、玷污、渗漏、破碎、受潮、受热、串味、锈损和钩损等为一般外来风险。

特殊外来风险主要是由于军事、政治、国家政策法令以及行政措施等特殊外来原因导致的风险,如战争、罢工、交货不到、拒收等为特殊外来风险。

二　损　失

被保险货物在海上运输过程中遭遇各类灾害所造成的损失或灭失被称为**海上损失**,简称**海损**。按货物的损失程度,海损可以分为全部损失和部分损失。

(一)全部损失(total loss)

全部损失简称**全损**,是指整批被保险货物在运输途中全部遭受损失。全部损失按损失情况的不同又分为实际全损和推定全损。

1.实际全损(actual total loss)

实际全损是指该批被保险货物在运输途中完全灭失,或者完全变质而失去原有的使用价值,或者被保险人对被保险货物的所有权已无可挽回地被完全剥夺,或者载货船舶失踪达一定时间(例如两个月)仍没有获知其消息的。被保险货物在遭到实际全损时,被保险人可按其投保金额获得保险公司对全部损失的赔偿。例如:

(1)保险标的物完全灭失。

(2)保险标的物所有权丧失。

(3)保险标的物发生变质,失去原有使用价值。

(4)船舶失踪达到一定时期。

2.推定全损(constructive total loss)

推定全损是指被保险货物在运输途中受损后,虽未达到完全灭失的状态,但认为实际全损已经不可避免,或者为避免发生实际全损所需支付的恢复、修复受损货物的费用与继续将货物运抵目的地的费用之和超过保险价值。

> **📖 案例分析**
>
> 1.我公司出口稻谷一批,因保险事故被海水浸泡多时而丧失其原有价值,货到目的港后只能低价出售,这种损失属于(实际全损)。
>
> 2.有一批出口服装,在海上运输途中,因船体触礁导致服装严重受浸,若将这批服装漂洗后运至原定目的港所花费的费用已超过服装的保险价值,这种损失属于(推定全损)。
>
> 被保险货物发生推定全损时,被保险人可以要求保险人按部分损失补偿,也可以要求保险人按全部损失补偿。如果要求按全部损失补偿,被保险人必须向保险人发出委付通知(notice of abandonment)。所谓委付,就是被保险人表示愿意将保险标的物的一切权利和义务转移给保险人,并要求保险人按全部损失赔偿的一种行为。委付必须经保险人同意后方能生效,但是保险人应当在合理的时间内将接受委付或不接受委付的决定通知被保险人。委付一经保险人接受,不得撤回。

(二)部分损失(partial loss)

部分损失是指被保险货物的损失没有达到全部损失的程度。在保险业务中,按照造成损失的性质不同,部分损失又分为共同海损与单独海损两种。

1.共同海损(general average)

共同海损是指在同一海上航程中,船舶、货物和其他财产遭遇共同危险,为了解除共同危险,有意地、合理地采取救难措施所直接造成的特殊牺牲和支付的特殊费用。根据惯例,共同海损的牺牲和费用,应由受益方,即船主、货主和承运人三方根据最后获救价值按比例进行分摊。这种分摊被称为共同海损分摊。可见,共同海损涉及船、货各方的利害关系。

构成共同海损,必须具备以下条件:

第一,导致共同海损的危险必须是真实存在的或不可避免的;

第二,船方所采取的措施,必须是为了解除船、货的共同危险,有意识而且是合理的;

> **知识扩展:**
> **共同海损理算**

第三,所做的牺牲具有特殊性,支出的费用是额外的,是为了解除危险,而不是由危险直接造成的;

第四,牺牲和费用的支出最终必须是有效的,也就是说经过采取某种措施后,船舶和/或货物的全部或一部分最后安全抵达航程的终点港或目的港,从而避免了船、货同归于尽的局面。

2.单独海损(particular average)

单独海损是指被保险货物由于保险事故所造成的、不属于共同海损的一种部分损失。即被保险货物遭遇海上风险受损后,其损失未达到全损程度,而且该损失应由受损方单独承担。

3.共同海损与单独海损的区别

共同海损与单独海损的主要区别表现在:

（1）在造成损失的原因上，共同海损是为了解除或减轻承保风险人为造成的一种损失；而单独海损是由承保风险所直接造成的船、货损失。

（2）在损失的承担上，共同海损行为所作出的牺牲或引起的特殊费用，都是为使船主、货主和承运人三方不遭受损失而支出的，因此，不管其大小如何，都应由船主、货主和承运人各方按获救的价值，以一定的比例分摊。这种分摊叫共同海损的分摊。

> **案例分析**
>
> 某货轮从天津新港驶往新加坡，在航行途中船舶货舱起火，大火蔓延到机舱，船长为了船、货的共同安全，决定采取紧急措施，往舱中灌水灭火。火虽然被扑灭，但由于主机受损，无法继续航行。于是船长决定雇用拖轮将货船拖回天津新港进行修理，检修后重新驶往新加坡。事后调查，这次事件造成的损失有：（1）1500箱货物被火烧毁；（2）800箱货物由于灌水灭火受损；（3）主机和部分甲板被烧坏；（4）拖船费用；（5）额外增加的燃料和船长、船员工资。试问：以上损失中哪些属于共同海损？哪些属于单独海损？为什么？
>
> 分析：（1）和（3）是由意外事故造成的损失，显然属于单独海损；而其余三项是为了解除火灾引起的共同危险而造成的特殊牺牲和费用，所以属于共同海损。

（三）外来风险的损失

外来风险的损失是指海上风险以外的其他外来风险所造成的损失。按不同的原因，又可分为一般外来风险的损失和特殊外来风险的损失。前者是指在运输途中由于偷窃、短量、钩损、碰损、雨淋、沾污等一般外来风险所致的损失；后者是指由于军事、政治、国家政策法令以及行政措施等特殊外来风险所造成的损失，例如由于战争、罢工、交货不到、拒收等造成的损失。

三 费 用

当海洋运输货物发生海上危险事故时，为避免损失的发生和扩大，而采取适当措施所引起的费用，保险人按其性质和赔付原则给予赔偿。保险人负责赔偿的海上费用主要包括施救费用和救助费用两种。

（一）施救费用

施救费用是指保险标的物在遭遇保险责任范围内的灾害事故时，被保险人或其代理人、雇佣人员和保险单受让人对保险标的物所采取的各种抢救、防止或减少货损的措施而支出的合理费用。保险人对这种施救费用负责赔偿。

（二）救助费用

救助费用是指保险标的物遭遇保险责任范围内的灾害事故时，由保险人和被保险人以外的第三者采取了救助措施并获得成功而向其支付的报酬。保险人对这种费用也负责赔偿。

（三）施救费用与救助费用的区别

施救费用与救助费用的主要区别有：

（1）采取行为的主体不同。施救行为是由被保险人及其代理人等做出的；而救助是由保险人和被保险人之外的第三者采取的行为。

（2）给付报酬的原则不同。施救时无论有无效果，都给予赔偿；而救助行为通常采取"无效果，无报酬"原则。

（3）保险人的赔偿责任不同。施救费用可在保险标的物本身的保险金额以外，再赔一个保额；而救助费用的赔偿责任以不超过获救财产的价值为限。

（4）救助行为一般总是与共同海损联系在一起，而施救行为并非如此。

第三节　中国海洋货物运输保险条款

在海洋运输保险业务中，保险人的承保责任范围，都是通过各种不同的保险条款规定的。在我国，进出口货物运输保险最常用的保险条款是"中国保险条款"（China Insurance Clause，CIC）。中国保险条款按运输方式分为海洋、陆上、航空和邮包运输保险条款及其他各种专门条款。其中，1981年1月1日修订的《中国人民保险公司海洋运输货物保险条款》是我国进出口贸易中投保货物保险时的重要依据。

海运货物保险按照能否单独投保，分为基本险和附加险两类。其中，基本险又称主险，是可以单独投保的，而附加险必须在投保某种基本险之后才能加保。

一　基本险

中国人民保险公司所规定的基本险包括平安险、水渍险和一切险三种。

（一）基本险承保的责任范围

1.平安险（free from particular average，FPA）

平安险这一名称是我国的习惯叫法，其英文原意是指单独海损不负责赔偿，这里的单独海损指的是部分损失，也就是说平安险原来的保障范围只赔偿全部损失，但当前平安险的责任范围已经超出了只赔偿全损的限制。

平安险的责任范围主要包括以下几项：

（1）在运输途中由于恶劣气候、雷电、海啸、地震、洪水等自然灾害造成整批被保险货物的全部损失或推定全损。当被保险人要求赔付推定全损时，须将受损货物及其权利委付给保险公司。被保险货物用驳船运往或运离海轮的，每一驳船所装货物可视作一个整批。

（2）由于运输工具遭受搁浅、沉没、触礁、互撞、与流冰或其他物体碰撞，以及失火、爆炸等意外事故，造成货物的全部或部分损失。

（3）在运输工具已经发生搁浅、触礁、沉没、焚毁等意外事故的情况下，货物在此前后又在海上遭受恶劣气候、海啸等自然灾害所造成的部分损失。

（4）在装卸或转运时由于一件或数件整件货物落海造成的全部或部分损失。

（5）被保险人对遭受承保责任范围内危险的货物采取抢救措施、防止或减少货损的措施而支付的合理费用，但以不超过该批被救货物的保险金额为限。

（6）运输工具遇海难后，在避风港由于卸货所引起的损失，以及在中途港、避难港由于卸货、存仓以及运送货物所产生的特别费用。

（7）共同海损的牺牲、分摊和救助费用。

(8)运输契约订有"船舶互撞责任"条款,根据该条款规定应由货方偿还船方的损失。

上述平安险的责任范围表明,在投保平安险的情况下,保险公司主要是对自然灾害造成的全部损失和对意外事故造成的全部损失及部分损失予以赔偿。此外,对于海上意外事故发生前后,由于自然灾害造成的部分损失也予以赔偿。

2.水渍险(with average or with particular average,WA or WPA)

保险公司对水渍险所承保的责任范围,除包括平安险的各项责任外,还包括负责被保险货物由于恶劣气候、海啸、地震、洪水等自然灾害所造成的部分损失。可见,水渍险的责任范围比平安险大,投保水渍险时,保险公司对自然灾害和意外事故造成的全部损失或部分损失均负责赔偿。

3.一切险(all risks)

一切险的责任范围除包括平安险和水渍险的各项责任外,还负责货物在运输过程中由一般外来原因所造成的全部或部分损失。所以,一切险实际上是平安险、水渍险和一般附加险的总和。

(二)基本险的除外责任

基本险的除外责任是指保险人不负责赔偿的损失或费用。它包括以下几个方面:

(1)被保险人的故意行为或过失所造成的损失。

(2)属于发货人的责任所引起的损失。

(3)在开始承担保险责任前,被保险货物已存在由品质不良或数量短差造成的损失。

(4)被保险货物的自然损耗、本质缺陷、特性及市价跌落、运输延迟所引起的损失或费用。

(5)战争险条款和罢工险条款所规定的责任及除外责任。

案例分析

国内某地进出口公司以CIF价格出口欧洲某地鲜橘一批,投保一切险加战争险。由于载货轮船逾龄,机器设备陈旧,速度慢,以致在途时间长。抵目的港后,收货人发现这批鲜橘已腐烂35%。轮船超龄速度慢是客观存在,不能构成船方过失,而且该批货物已投保一切险。试问:这一损失是否由保险公司负责赔偿?

分析:根据免责条款,我国的海洋运输货物保险对被保险货物的自然损耗、本质缺陷、特性以及市价跌落、运输延迟所引起的损失或费用不负赔偿责任,因此,保险公司不对上述损失承担赔偿责任。至于由谁来承担责任,应结合贸易术语进行判定,如在CIF条件下,由于卖方负责租船订舱,因此,卖方应对此损失承担责任。

(三)承保责任的起讫期限

1981年1月1日修订的《中国人民保险公司海洋运输货物保险条款》规定的保险责任起讫期限,采用国际保险业中惯用的"仓至仓"条款(warehouse to warehouse clause,W/W clause),即在保险公司的保险期间,自货物从保险单载明的起运港(地)发货人的仓库或储存处开始运输时生效,到货物运达保险单载明目的港(地)收货人的最后仓库或被保险人用作分配、分派或非正常运输的其他储存处所为止;如未抵达上述仓库或储存处所,则以被保险货物在最后目的港(地)卸离海轮满60日为止;在货物未经运抵收货人仓库或储存处所并在卸离海轮60日内,需转运到非保险单载明的目的地时,以该项货物开始转运时终止。这里指的运输包括海上、陆上、内河和驳船运输的整个运输过程。

案例分析

国内某进出口贸易公司按FOB条件进口一批货物,目的地为厦门,向中国人民财产保险公司某分公司投保了海运"水渍险"。船到广州黄埔港后,换了用户单位,货卸广州,经铁路运往成都,途中适逢恶劣天气导致山洪暴发,货物部分受损。事后,该贸易公司向保险公司提出索赔而遭到拒绝。试问:保险公司拒赔是否合理?该如何处理?

分析:本案的分歧来源于被保险人是否尽到告知义务。根据保险惯例,在航程变更的情况下被保险人有义务在发现后立即通知保险人进行修改,并办理必要的续保手续,否则可能会使保险责任中断。在本案中,由于贸易公司在航程发生变化的情况下,并没有履行告知义务,从而导致保险责任在货到广州黄埔港后就终止了,因此,保险公司拒赔是有道理的。

(四)索赔期限

索赔期限又称索赔时效,是被保险货物因发生保险责任范围内的风险而遭受损失时,被保险人向保险人提出索赔的有效期限。我国保险条款规定,被保险人提出保险索赔的时效为两年,从货物在最后卸载港全部卸离海轮之日算起。如果逾期,被保险人就丧失了向保险人提出保险索赔的权利。

二　附加险

附加险是对基本险的扩大和补充。在海运保险业务中,进出口商除了投保货物的上述基本险别外,还可以根据货物的特点和实际需要选择若干适当的附加险别投保。附加险别包括一般附加险和特殊附加险。

(一)一般附加险

一般附加险是指由一般外来原因引起的一般风险而造成各种损失的险别。一般附加险有下列11种险别。

1.偷窃、提货不着险(theft,pilferage and non-delivery risk,TPND)

在投保平安险和水渍险的基础上加保此险,保险人负责赔偿被保险货物因被偷窃,以及被保险货物运抵目的地后整件未交的损失。

2.淡水雨淋险(fresh water and rain damage risk,FWRD)

在投保平安险和水渍险的基础上加保此险,保险人负责赔偿承保的货物在运输途中遭受雨水、淡水以及雪融水浸淋造成的损失,包括船上淡水舱、水管漏水以及舱汗所造成的货物损失。

知识扩展:
舱汗

3.渗漏险(leakage risk)

在投保平安险和水渍险的基础上加保此险,保险人负责赔偿承保的流质、半流质、油类货物在运输途中因容器损坏而引起的渗漏损失,或用液体储藏的货物因液体渗漏而引起腐烂变质造成的损失。

4.短量险(shortage risk)

在投保平安险和水渍险的基础上加保此险,保险人负责赔偿承保的货物因外包装破裂或散装货物发生数量和实际重量短缺所造成的损失,但不包括正常运输途中的自然损耗。

5.混杂、玷污险(intermixture and contamination risk)

在投保平安险和水渍险的基础上加保此险,保险人负责赔偿承保的货物在运输过程中因混进杂质或被玷污,影响货物质量所造成的损失。

6.碰损、破碎险(clash and breakage risk)

在投保平安险和水渍险的基础上加保此险,保险人负责赔偿承保的金属、木质等货物因震动、颠簸、碰撞、挤压而造成货物本身的损失,或易碎性货物在运输途中由于装卸野蛮粗鲁、运输工具的颠簸所造成货物本身破裂、断碎的损失。

7.串味险(taint of odour risk)

在投保平安险和水渍险的基础上加保此险,保险人负责赔偿承保的货物因在运输过程中配载不当而受其他物品影响,引起串味的损失。例如茶叶、香料,与皮张、樟脑等堆放在一起会产生异味,不能使用。

8.受潮受热险(sweat and heating risk)

在投保平安险和水渍险的基础上加保此险,保险人负责赔偿承保的货物因气温突然变化或由于船上通风设备失灵致使船舱内水汽凝结、受潮或受热所造成的损失。

9.钩损险(hook damage risk)

在投保平安险和水渍险的基础上加保此险,保险人负责赔偿承保的货物(一般是袋装、箱装或捆装货物)在运输过程中使用手钩、吊钩装卸,致使包装破裂或直接钩破货物所造成的损失,及对包装进行修理或调换所支出的费用。

10.包装破裂险(breakage of packing risk)

在投保平安险和水渍险的基础上加保此险,保险人负责赔偿承保的货物在运输过程中因搬运或装卸不慎造成包装破裂所引起的损失,以及因继续运输安全的需要修补或调换包装所支出的费用。

11.锈损险(rust risk)

在投保平安险和水渍险的基础上加保此险,保险人负责赔偿承保的货物在运输过程中由于生锈而造成的损失。

当投保险别为平安险或水渍险时,可加保上述11种一般附加险中的一种或数种险别。但如已投保了一切险,就不需要再加保一般附加险,因为保险公司对于承保一般附加险的责任已包含在一切险的责任范围内。

(二)特殊附加险

特殊附加险是指由于特殊外来原因引起的风险而造成损失的险别。主要是由政治、军事、国家政策法令、行政措施等特定的外来原因而造成的。特殊附加险包括以下几种。

1.战争险(war risk)

根据1981年1月1日修订的《中国人民保险公司海洋运输货物战争险条款》的规定,战争险的保险责任包括:

(1)直接由于战争、类似战争行为和敌对行为、武装冲突或海盗行为所致的损失。

(2)由于上述原因引起的捕获、拘留、扣留、禁制、扣押所造成的损失。

(3)各种常规武器,包括水雷、鱼雷、炸弹所致的损失。

(4)由于上述原因所引起的共同海损的牺牲、分摊和救助费用。但对敌对行为使用原子或热核制造的武器(如原子弹、氢弹等)所致的损失和费用,以及根据执政者、当权者或其他武装集团的扣押、拘留引起的承保航程的丧失和挫折而提出的任何索赔不负赔偿责任。

海运战争险的责任期仅以水上危险为限,即从货物装上海轮时开始,到卸离海轮时终止;或从该海轮到达目的港的当日午夜起算满15天为限。如果货物在中途转船,也不得超过15天。只有在此期限内装上续运海轮,保险责任才继续有效。

案例分析

　　我方以CIF价格向中东地区出口一批货物,共5000公吨。进口商要求我方投保一切险加保战争险,我方照办。该批货物顺利抵达对方港口,开始卸货不久,当地发生了武装冲突,船上3000公吨货物及已经卸到岸上的2000公吨货物被炮弹击毁。根据《中国人民财产保险公司海洋运输货物保险条款》,保险公司应该如何处理这些损失?

　　分析:战争险的责任起讫不采用"仓至仓",而是仅限水面危险,因此,保险公司对于未超过15天的船上被毁的货物部分给予赔偿,而对于已卸至岸上的被毁货物不给予赔偿。

　　2. 罢工险(strike risk)

　　该险承保责任范围是,由于罢工者,被迫停工工人或参加工潮、暴动、民众斗争的人员的行为,或任何人的恶意行为所造成的直接损失及上述行动或行为引起的共同海损的牺牲、分摊和救助费用。罢工险对由于罢工行为所致的间接损失不负责任,如因罢工造成劳动力不足或无法使用劳动力,而使货物无法正常运输、装卸以致损失,属于间接损失,保险人不予负责。

　　罢工险的保险期限以"仓至仓"条款为依据,保险人负责货物从卖方仓库起,到存入买方仓库止的整个运输过程的风险。

　　3. 进口关税险(import duty risk)

　　当被保险货物遭受保险责任范围以内的损失,而被保险人仍需按完好货物价值完税时,保险公司对损失部分货物的进口关税负责赔偿。

　　4. 舱面险(on deck risk)

　　该附加险承保被保险货物存放舱面时,除按保险单所载条款负责外,还包括货物被抛弃或被风浪冲击落水在内的损失。

　　5. 黄曲霉素险(aflatoxin risk)

　　该附加险承保被保险货物(主要是花生、谷物等易产生黄曲霉素的货物)在进口港或进口地经卫生当局检验证明,其所含黄曲霉素超过进口国(地区)限制标准,而被拒绝进口、没收或强制改变用途所造成的损失。

　　6. 拒收险(rejection risk)

　　当被保险货物出于各种原因,在进口港被进口国(地区)政府或有关当局拒绝进口或没收而产生损失时,保险人依拒收险对此承担赔偿责任。

　　7. 交货不到险(failure to deliver risk)

　　该附加险承保自被保险货物装上船舶开始,在6个月内不能运到原定目的地交货所造成的损失。不论何种原因造成交货不到,保险人都按全部损失予以赔偿。

　　8. 出口货物到香港(包括九龙在内)或澳门存仓火险责任扩展条款(fire risk extension clause, FREC—for storage of cargo at destination Hong Kong, including Kowloon, or Macao)

　　这是一种扩展存仓火险责任的特别附加险。被保险货物运抵目的地香港(包括九龙在内)或澳门卸离运输工具后,如直接存放于保单载明的过户银行所指定的仓库,保险人对存仓火险的责任至银行收回押款解除货物的权益为止,或运输风险责任终止时起满30天为止。货物运输保险单样本见附件6-1。

三 海洋运输货物专门保险

在我国海洋运输货物保险中,还有专门适用于海运冷藏货物的海洋运输冷藏货物保险、海运散装桐油的海洋运输散装桐油保险,以及活牲畜、家禽运输保险。这三种保险属于基本险。

(一)海洋运输冷藏货物保险

根据1981年1月1日修订的《中国人民保险公司海洋运输冷藏货物保险条款》的规定,海洋运输冷藏货物(ocean marine insurance—frozen products)保险分为冷藏险(risks for frozen products)和冷藏一切险(all risks for frozen products)两种。当被保险货物遭受损失时,保险人按照保险单上订明承保险别的条款规定,负赔偿责任。

冷藏险的责任范围除水渍险承保的责任外,还包括由于冷藏设备停止工作连续达24小时以上所造成的被保险货物的腐败或损失。

冷藏一切险的责任范围除包括上述冷藏险的各项责任外,还负责被保险货物在运输途中由于外来原因所致的腐败或损失。

海洋运输冷藏货物保险的除外责任除上述海运货物保险的除外责任外,还包括如下内容:

(1)被保险货物在运输过程中的任何阶段因未存放在有冷藏设备的仓库或运输工具中,或辅助运输工具没有隔温设备所造成的货物腐败。

(2)被保险货物在保险责任开始时因未保持良好状态(包括整理加工和包装不妥、冷冻上的不合规定及骨头变质)所引起的货物腐败和损失。

海洋运输冷藏货物保险的责任起讫与海洋运输货物三种基本险的责任起讫基本相同。但是,货物到达保险单所载明的最后目的港,如在30天内卸离海轮,并将货物存入岸上冷藏仓库后,保险责任继续有效,但以货物全部卸离海轮时起算满10天为限。如果在上述期限内货物一经移出冷藏仓库,保险责任即告终止。如果货物卸离海轮后不存入冷藏仓库,保险责任至卸离海轮时终止。

(二)海洋运输散装桐油保险

海洋运输散装桐油保险(ocean marine insurance—wood oil bulk)是专门以散装桐油作为保险标的物的一种海上货物运输险种。它承保散装桐油在海上运输过程中,因遭受保险范围内的自然灾害或意外事故所造成的损失。我国各保险公司开办的海洋运输散装桐油保险以1981年1月1日修订的《中国人民保险公司海洋运输散装桐油保险条款》为依据。

海洋运输散装桐油保险的责任范围,除了承担一般海洋运输货物保险的保险责任以外,还承保下述各项损失和费用:

(1)不论任何原因所致被保险桐油的短少、渗漏的损失。

(2)不论任何原因所致被保险桐油的玷污或变质的损失。

(3)被保险人因对遭受承保风险的桐油采取抢救、防止或减少货损的措施所支出的合理费用,但以该批被救桐油的保险金额为限。

海洋运输散装桐油保险的责任起讫也按"仓至仓"条款负责,但是,如果被保险散装桐油运抵目的港不及时卸载,则自海轮抵达目的港时起满15天,保险责任即行终止。

（三）活牲畜、家禽运输保险

根据中国人民保险公司制定的《活牲畜、家禽的海上、陆上、航空运输保险条款》规定,活牲畜、家禽运输保险(livestock & poultry insurance)是保险公司对于活牲畜、家禽在运输途中的死亡负责赔偿,但对下列原因造成的死亡,不负赔偿责任:在保险责任开始前,被保险活牲畜、家禽健康状况不好,或被保险活牲畜、家禽因怀崽、防疫注射或接种所致的死亡;或因传染病、患病、经管理当局命令屠杀或因缺乏饲料而致的死亡,或由于被禁止进口或出口或检验不符所引起的死亡。

活牲畜、家禽运输保险的责任起讫是自被保险活牲畜、家禽装上运输工具开始直至目的地卸离运输工具为止。如不卸离运输工具,最长的保险责任期限从运输工具抵达目的地当日午夜起算15天为限,但是在保险有效的整个运输过程中被保险活牲畜、家禽必须妥善装运、专人管理,否则保险公司不负赔偿责任。

> 在国际贸易中,如何选择附加险别进行投保?

第四节　我国其他货运保险的险别与条款

一　陆上运输货物保险的险别与条款

根据《陆上运输货物保险条款》(火车、汽车)(Overland Transportation Cargo Insurance Clauses)的规定,陆上运输货物保险的基本险别分为陆运险与陆运一切险两种。适用于陆运冷藏货物的专门保险,即陆上运输冷藏货物险,其性质也属于基本险。此外,还有附加险,如陆上运输货物战争险(火车)。

（一）陆运险与陆运一切险

1.陆运险的责任范围

被保险货物在运输途中遭受暴风、雷电、地震、洪水等自然灾害,或由于陆上运输工具(主要指火车、汽车)遭受碰撞、倾覆或出轨,如在驳运过程中,包括驳运工具搁浅、触礁、沉没,或由于遭受隧道坍塌、崖崩、火灾、爆炸等意外事故所造成的全部损失或部分损失。保险公司对陆运险的承保范围大致相当于海运险中的水渍险。

2.陆运一切险的责任范围

除包括上述陆运险的责任外,保险公司对被保险货物在运输途中由于外来原因造成的短少、短量、偷窃、渗漏、碰损、破碎、钩损、雨淋、生锈、受潮、发霉、串味、玷污等损失,也负责赔偿。

3.陆上运输货物保险的除外责任

（1）被保险人的故意行为或过失所造成的损失。

（2）属于发货人所负责任或被保险货物的自然消耗所引起的损失。

（3）由于战争、工人罢工或运输延迟所造成的损失。

4.保险责任起讫期限

陆上运输货物保险的责任起讫期限与海洋运输货物保险的"仓至仓"条款基本相同,是从被保险货物运离保险单所载明的起运地发货人的仓库或储存处所开始运输时生效,包括正常陆运和有关水上驳运在内,直至该批货物送交保险单所载明的目的地收货人仓库或储存处所,或被保险人用作分配、分派或非正常运输的其他储存处所为止。但如未运抵上述仓库或储存处所,则保险责任以被保险货物到达最后卸载的车站后60天为限。

(二)陆上运输冷藏货物险

陆上运输冷藏货物险(overland transportation insurance—frozen products)是陆上运输货物险的一种专门险。保险公司除负责赔偿陆运险所列举的各项损失外,还负责赔偿由于冷藏机器或隔温设备在运输途中损坏所造成的被保险货物解冻融化而腐败的损失。但对于因战争、工人罢工或运输延迟而造成的被保险冷藏货物的腐败或损失,以及被保险冷藏货物在保险责任开始时未能保持良好状况,整理、包装不妥或冷冻不合规格所造成的损失则除外。此外,被保险人对遭受承保责任内危险的货物采取抢救、防止或减少货损的措施而支付的合理费用,保险公司也负责赔偿,但以不超过该批被救货物的保险金额为限。一般的除外责任条款也适用于本险别。

陆上运输冷藏货物险的责任期限也采用"仓至仓"条款,但是以被保险货物到达目的地车站后10天为限。

(三)陆上运输货物战争险

陆上运输货物战争险(火车)(overland transportation cargo war risks—by train)是陆上运输货物险的特殊附加险,只有在投保了陆运险或陆运一切险的基础上方可加保。加保陆上运输货物战争险后,保险公司负责赔偿在火车运输途中由于战争、类似战争行为和敌对行为、武装冲突所致的损失,以及各种常规武器包括地雷、炸弹所致的损失。但是,由于敌对行为使用原子或热核武器所致的损失和费用,以及由于执政者、当权者或其他武装集团的扣押、拘留引起的承保运程的丧失和挫折而造成的损失除外。

陆上运输货物战争险的责任起讫以货物置于运输工具时为限,即自被保险货物装上保险单所载起运地的火车时开始到保险单所载目的地卸离火车时为止。如果被保险货物不卸离火车,则以火车到达目的地的当日午夜起计算,满48小时为止;如果在运输中途转车,不论货物在当地卸载与否,保险责任以火车到达该中途站的当日午夜起计算10天为止;如果货物在此期限内重新装车续运,保险责任仍恢复有效。但如果运输契约在保险单所载目的地以外的地点终止,该地即被视作本保险单所载目的地,在货物卸离该地火车时为止;如不卸离火车,则保险责任以火车到达该地当日午夜起满48小时为止。

二 航空运输货物保险的险别与条款

根据《航空运输货物保险条款》(Air Transportation Cargo Insurance Clauses)规定,航空运输货物保险的基本险别分为航空运输险与航空运输一切险两种。此外,还有航空运输货物战争险。

(一)航空运输险与航空运输一切险

保险公司承保通过航空运输的货物,保险责任是以飞机作为主体来加以规定的。航空运输货物保险也分为航空运输险(air transportation risks)和航空运输一切险(air transportation all risks)两种。

航空运输险负责赔偿被保险货物在运输途中遭受雷电、火灾、爆炸或由于飞机遭受恶劣气候或其他危难事故而被抛弃,或由于飞机遭碰撞、倾覆、坠落或失踪等意外事故所造成的全部或部分损失,以及被保险人对遭受承保责任内危险的货物采取抢救、防止或减少货损的措施而支付的合理费用,但以不超过该批被救货物的保险金额为限。航空运输一切险的责任范围除包括上述航空运输险责任外,还负责被保险货物由于外来原因所致的全部或部分损失。

航空运输货物保险的除外责任与海洋运输货物保险的除外责任相同。

航空运输货物保险的责任起讫期限也采用"仓至仓"条款,即保险责任自被保险货物运离保险单所载明的起运地仓库或储存处所开始运输时生效,包括正常运输过程中的运输工具在内,直至该批货物运达保险单所载明目的地收货人的最后仓库或储存处所或被保险人用作分配、分派或非正常运输的其他储存处所为止。如未运抵上述仓库或储存处所,则以被保险货物在最后卸载地卸离飞机后满30天为止。如在上述30天内被保险货物需转送到非保险单所载明的目的地,则以该批货物开始转运时终止。

(二)航空运输货物战争险

航空运输货物战争险(air transportation cargo war risks)是航空运输货物险的一种附加险,只有在投保了航空运输险或航空运输一切险的基础上方可加保。

航空运输货物战争险的责任范围包括直接由于战争、类似战争行为和敌对行为、武装冲突所致的损失;战争和类似战争行为等引起的捕获、拘留、扣留、禁制、扣押所造成的损失,以及各种常规武器包括炸弹所致的损失。

加保航空运输货物战争险,保险公司对由于敌对行为使用原子或热核制造的武器所致的损失和费用,以及根据执政者、当权者或其他武装集团的扣押、拘留引起的承保航程的丧失和挫折而提出的任何索赔不负责赔偿。

航空运输货物战争险的保险责任自被保险货物装上保险单所载起运的飞机时开始,到卸离保险单所载目的地的飞机为止。如果被保险货物不卸离飞机,本保险责任最长期限以飞机到达目的地的当日午夜起算满15天为止。如被保险货物在中途港转运,保险责任以飞机到达转运地的当日午夜起算满15天为止,俟装上续运的飞机时再恢复有效。

三　邮包运输保险的险别与条款

根据《邮包保险条款》(Parcel Post Insurance Clauses)规定,邮包运输保险的基本险别分为邮包险和邮包一切险两种。此外,还有邮包战争险。

(一)邮包险和邮包一切险

邮包运输保险承保通过邮政局邮包寄递的货物在邮递过程中发生保险事故所致的损失。以邮包方式将货物发送到目的地可能通过海运,也可能通过陆上或航空运输,或者经过两种或两种以上的运输工具运送。不论通过何种运送工具,凡是以邮包方式将贸易货物运达目的地的保险均属**邮包保险**。邮包运输保险按其保险责任分为邮包险(parcel post risks)和邮包一切险(parcel post all risks)两种。前者与海洋运输货物保险水渍险的责任相似,后者与海洋运输货物保险一切险的责任基本相同。

邮包险的责任范围为被保险邮包在运输途中由于恶劣气候、雷电、海啸、地震、洪水等自然灾害,或由于运输工具遭受搁浅、触礁、沉没、碰撞、倾覆、出轨、坠落、失踪,或由于失火爆炸意外事故所造成的全部或部分损失;还包括被保险人对遭受承保责任内危险的货物采取抢救、防止或减少货损的措施而支付的合理费用,但以不超过该批被救货物的保险金额为限。

邮包一切险的责任除上述邮包险的各项责任外,还负责被保险邮包在运输途中由于外来原因所致的全部或部分损失。

邮包运输货物保险的除外责任和被保险人的义务与海洋运输货物保险相比较,实质是一致的。

其责任起讫为自被保险邮包离开保险单所载起运地点寄件人的处所运往邮局时开始生效,直至该项邮包运达本保险单所载目的地邮局,自邮局签发到货通知书当日午夜起算满15天终止。但是在此期限内,邮包一经交至收件人的处所,保险责任即行终止。

(二)邮包战争险

邮包战争险(parcel post war risks)是邮包保险的一种附加险,只有在投保了邮包险和邮包一切险的基础上方可加保。加保邮包战争险须另支付保险费。

加保邮包战争险后,保险公司负责赔偿在邮包运输过程中由于战争、敌对行为或武装冲突,以及各种常规武器包括水雷、鱼雷、爆炸所造成的损失。此外,保险公司还负责被保险人对遭受以上承保责任内危险的物品采取抢救、防止或减少损失的措施而支付的合理费用。但保险公司不承担因使用原子或热核制造的武器所造成的损失的赔偿。

邮包战争险的保险责任自被保险邮包经邮政机构收讫后从储存处所开始运送时生效,直至该项邮包运达本保险单所载目的地邮局送交收件人为止。

第五节 伦敦保险协会海运货物保险条款

知识扩展:
《协会货物条款》

在国际保险市场上,英国伦敦保险协会制定的《协会货物条款》(Institute Cargo Clauses,ICC)对世界各国影响颇大。目前,世界上许多国家在海运保险业务中直接采用该条款,还有许多国家在制定本国保险条款时参照或采用该条款的内容。在我国按CIF或CIP条件成交的出口交易中,外商有时要求按照《协会货物条款》投保,我出口企业和保险公司一般均可接受。

《协会货物条款》最早制定于1912年。为了适应不同时期国际贸易、航运、法律等方面的变化和发展,该条款已先后经多次补充和修改。由于该条款是在SG保险单[1]的基础上,随着国际贸易和运输的发展,不断增添有关附加或限制某些保险责任的条文,后来经过对这些增添条文加以整理,从而成为一套协会货物保险条款,但因该条款条理不清、措辞难懂,又缺乏系统的文字组织,被保险人难以正确理解,因而不能适应日益发展的国际贸易对保险的需要。为此,伦敦保险协会曾于1982年1月1日完成对该条款的修订,并于1983年4月1日起正式施行。同时,新的保险单格式代替原来的SG保险单格式。也自同日起使用。

为了适应各国法律法规和全球经济政治形势发展的变化,英国联合货物保险委员会自2006年起在全球范围内进行调查研究和咨询,并在集中多方意见后于2008年11月24日公布了新版协会货物保险条款,新版条款的生效日期为2009年1月1日。新版的协会货物条款扩展了保险责任起讫期限,对保险公司引用免责条款作出了一些条件限制,对条款中容易产生争议的用词作出更为明确的规定,同时条款中的文字也更为简洁、严密。

一 ICC海运货物新条款的种类与特点

《协会货物条款》共包括六个险别:

协会货物条款(A)[Institute Cargo Clause(A),ICC(A)]。

---

[1]英国SG保险单也称为"劳合社船舶货物保险单"。该保险单不仅适用于货物保险,也适用于船舶保险。

协会货物条款(B)[Institute Cargo Clause(B),ICC(B)]。

协会货物条款(C)[Institute Cargo Clause(C),ICC(C)]。

协会战争险条款(货物)(Institute War Clauses Cargo)。

协会罢工险条款(货物)(Institute Strikes Clauses Cargo)。

恶意损害险条款(Malicious Damage Clauses)。

以上六个险别中,ICC(A)、ICC(B)、ICC(C)可以独立投保;协会战争险和罢工险,也可以在征得保险人的同意后,独立投保;但恶意损害险属于附加险,不能单独投保。

新的海运货物保险条款具有以下几个方面的特点:

(1)新条款使用ICC(A)、ICC(B)、ICC(C)来表示旧的一切险、水渍险和平安险,克服了旧条款名称与内容不一致,容易使人产生误解的弊病。

(2)新条款只按投保标的物遭受损失的原因来确定其保险范围,而无论其损失程度如何,消除了原险别之间的交叉与重叠。

(3)新条款中的战争险和罢工险具有独立的结构与内容,与ICC(A)、ICC(B)、ICC(C)一样可以单独投保。

(4)新条款增加了承保陆上风险的规定。

二 ICC主要险别的承保风险与除外责任

(一)ICC(A)的承保风险与除外责任

1.ICC(A)的承保风险

ICC(A)大体相当于中国人民保险公司规定的一切险,其责任范围最广。伦敦保险协会对ICC(A)的承保风险采用"一切风险减除外责任"的办法予以规定,即除了"除外责任"项下所列风险保险人不予负责外,其他风险均予负责。

2.ICC(A)的除外责任

ICC(A)的除外责任分为四大类:

(1)一般除外责任。包括:归因于被保险人故意的不法行为所造成的损失或费用;自然渗漏、自然损耗、自然磨损、包装不足或不当所造成的损失或费用;保险标的内在缺陷或特性所造成的损失或费用;直接由于延迟所引起的损失或费用;由于船舶所有人、租船人经营破产或不履行债务所造成的损失或费用;由于使用任何原子或热核武器所造成的损失或费用。

(2)不适航、不适货除外责任。所谓不适航、不适货除外责任是指保险标的在装船时,如果被保险人或其受雇人已经知道船舶不适航,以及船舶、装运工具、集装箱等不适货,保险人不负赔偿责任。

(3)战争除外责任。包括:由于战争、内战、敌对行为等造成的损失或费用;由于捕获、拘留、扣留等(海盗除外)所造成的损失或费用;由于漂流水雷、鱼雷等造成的损失或费用。

(4)关于罢工和恐怖主义除外责任。包括:由于罢工者、被迫停工工人或参加工潮、暴动或民变人员所造成的损失或费用;由于罢工、被迫停工、工潮、暴动或民变所造成的损失或费用;由于恐怖主义行为,或与恐怖主义行为相联系,任何组织通过暴力直接实施旨在推翻或影响法律上承认的或非法律上承认的政府的行为所致的损失或费用;任何人出于政治、信仰或宗教目的实施的行为所致的损失或费用。

(二)ICC(B)的承保风险与除外责任

1.ICC(B)的承保风险

ICC(B)大体相当于中国人民保险公司规定的水渍险,它比ICC(A)的责任范围小,故采用列明风险的方法,即在条款的首部开宗明义地把保险人所承保的风险一一列出。因此,对于灭失或损失合理归因于下列原因之一的风险,ICC(B)予以承保:①火灾、爆炸;②船舶或驳船触礁、搁浅、沉没或倾覆;③陆上运输工具倾覆或出轨;④船舶、驳船或运输工具同水以外的外界物体碰撞;⑤在避难港卸货;⑥地震、火山爆发、雷电;⑦共同海损牺牲;⑧抛货;⑨浪击落海;⑩海水、湖水或河水进入船舶、驳船、运输工具、集装箱、大型海运箱或贮存处所;⑪货物在装卸时落海或摔落造成整件的全损。

2.ICC(B)的除外责任

它与ICC(A)的除外责任基本相同,但有下列两点区别:

(1)在ICC(A)中,仅规定保险人对归因于被保险人故意的不法行为所致的损失或费用,不负赔偿责任;而在ICC(B)中,则规定保险人对被保险人以外的其他人的故意非法行为所致的风险不负责任。可见,在ICC(A)中,恶意损害的风险被列为承保风险,即对被保险人之外的任何个人或数人的故意损害要负赔偿责任;而在ICC(B)中,保险人对此项风险却不负赔偿责任。

(2)在ICC(A)中,"海盗行为"不属于除外责任;而在ICC(B)中,保险人对此项风险不负保险责任。

(三)ICC(C)的承保风险与除外责任

1.ICC(C)的承保风险

ICC(C)的承保风险比ICC(A)和ICC(B)要小得多,它只承保"重大意外事故",而不承保"自然灾害及非重大意外事故"。其具体承保风险包括:①火灾、爆炸;②船舶或驳船触礁、搁浅、沉没或倾覆;③陆上运输工具倾覆或出轨;④船舶、驳船或运输工具同水以外的外界物体碰撞;⑤在避难港卸货;⑥共同海损牺牲;⑦抛货。

2.ICC(C)的除外责任

ICC(C)的除外责任与ICC(B)完全相同。

协会战争险和罢工险的承保风险与我国现行的海运战争险和罢工险条款相似。恶意损害险是新增的附加险别,保险人承保的是被保险人以外的其他人(如船长、船员)的故意破坏行为(如沉船、纵火等)所致被保险货物的灭失或损害。但是,恶意损害如果是出于有政治动机的人的行为,则保险人免责。由于恶意损害险的承保责任范围已被列入ICC(A)的承保风险中,所以只有在投保ICC(B)和ICC(C)的时候,才需在必要时加保。

> 课堂讨论:ICC主要险别的承保风险与除外责任有哪些?

第六节　国际货物运输保险实务与合同中的保险条款

一　国际货物运输保险实务

在CIF术语下,按照买卖合同的约定,应由卖方向保险公司办理投保并支付保险费。在FOB及CFR

术语下,应由买方自负费用和承担风险,并办理在途货物保险。货运保险的一般程序如下所示。

(一)确定保险金额

所谓保险金额(insured amount),是指一个保险合同项下保险公司承担赔偿或给付保险金责任的最高限额,即投保人对保险标的的实际投保金额;同时又是保险公司收取保险费的计算基础。在财产保险合同中,对保险价值的估价和确定直接影响保险金额的大小。在海运货物保险中,保险价值一般包括货价、运费、保险费,以及预期利润。保险金额由保险人与被保险人约定,保险金额不得超过保险价值;超过保险价值的,超过部分无效。

在进出口业务中,海运保险的保险金额通常以CIF价(或CIP价)为基础,并适当加成以补偿贸易过程中支付的各项费用(手续费、利息、往来函电费)及利润损失。故保险金额的计算公式为:

$$保险金额=CIF价(或CIP价)×(1+保险加成率)$$

由此可见,投保海运保险后,一旦货物遭遇保险事故损失,被保险人不但可以收回货款、运费、保险费及其他开支,还能获得正常的预期利润的补偿,得到较充分的保障。

在实际业务中,保险加成率通常为CIF价(或CIP价)的10%。但如果有的交易贸易利润比较高,进口商提出的保险加成率大于CIF价(或CIP价)的10%,比如为CIF价(或CIP价)的30%,经过保险双方的协商,保险人综合考虑货物在当地的价格、进口商的资信和其所在地区的情况后,如果认为风险较小,一般同意接受投保人提出的高于10%的保险加成率。在具体业务中,为防止被动,如果进口商要求较高的保险加成率,出口商应事先征求保险人意见,保险人表示同意后才能接受买方的保险条件。

保险金额的确定以CIF价(或CIP价)为基础。若进口方报的是CFR价(或CPT价),却要求出口商代为办理货运保险,或是要求改报CIF价(或CIP价),应先把CFR价(或CPT价)转化为CIF价(或CIP价),然后再计算保险金额。计算公式如下:

$$CIF价(或CIP价)=\frac{CFR价(或CPT价)}{1-保险费率×(1+保险加成率)}$$

> **📱 算一算**
>
> 某公司出口一批服装到美国,原定价为每210美元 CFR NEW YORK,保险费率为0.8%,以加成率10%作为保险金额。问:改报成CIF价格后的保险金额是多少?
>
> **解**:$CIF价=\dfrac{CFR价}{1-保险费率×(1+保险加成率)}=\dfrac{210}{1-0.8\%×(1+10\%)}=211.86(美元)$
>
> $保险金额=CIF价×(1+保险加成率)=211.86×(1+10\%)=233.05(美元)$

(二)约定保险险别

按FOB条件成交时,运输途中的风险由买方承保,保险费由买方负担。按CIF或CIP条件成交时,运输途中的风险本应由买方承保,但一般约定保险费由卖方负担,因此货价中包括保险费。买卖双方约定的险别通常为平安险、水渍险、一切险三种基本险别中的一种。但有时也可根据货物特性和实际情况加保一种或若干种附加险。如果约定采用英国伦敦保险协会制定的《协会货物条款》,也应根据货物特性和实际需要约定该条款的具体险别。在双方未约定险别的情况下,按惯例卖方可按最低的险别投保。

在CIF价(或CIP价)中,一般不包括加保战争险等特殊附加险的费用,因此,如果买方要求加保战争险等特殊附加险,其费用应由买方负担。

(三)办理投保和交付保险费

当出口合同采用CIF或CIP条件时,保险由出口方办理。出口方在向当地的保险公司办理投保手续时,应根据买卖合同或信用证规定,在备妥货物并确定装运日期和运输工具后,按规定格式逐笔填制投保单,送交保险公司投保并交付保险费。

投保人交付保险费,是保险合同生效的前提条件。保险费率是计算保险费的依据。目前,我国出口货物保险费率按照不同商品、不同目的地、不同运输工具和不同险别分为"一般货物费率"和"指明货物附加费费率"两大类,前者适用于所有的货物,后者仅适用于特别指明的货物。进口货物保险费率有进口货物保险费率和特约费率两种。

保险公司收取保险费的计算方法是:

保险费=保险金额×保险费率

如按CIF价(或CIP价)加成投保,上述公式可改为:

保险费=CIF价(或CIP价)×(1+保险加成率×保险费率)

算一算

一批货物由上海出口至某国某港口,CIF总金额为30000美元,投保一切险(保险费率为0.6%)及战争险(保险费率为0.03%),保险金额按CIF总金额加10%。问:投保人应付的保险费为多少?

解:保险费=CIF价×(1+保险加成率)×保险费率

=30000×(1+10%)×(0.6%+0.03%)

=207.90(美元)

(四)取得保险单据

交付保险费后,投保人即可取得保险单据。保险单据是保险人与被保险人之间订立保险合同的证明文件,它反映了保险人与被保险人之间的权利和义务关系,也是保险人的承保证明。当发生保险责任范围内的损失时,它又是保险索赔和理赔的主要依据。保险单据有以下几个种类。

1.保险单

保险单俗称**大保单**,是使用最广的一种保险单据。货运保险是承保一个指定航程内某一批货物的运输保险的单据。其内容除载明被保险人、保险标的、运输工具、险别、起讫地点、保险期限、保险价值和保险金额等项目外,还附有关于保险人责任范围以及保险人和被保险人的权利和义务等方面的详细条款。它具有法律效力,对双方当事人均有约束力。

2.保险凭证

保险凭证俗称**小保单**,是保险人签发给被保险人,证明货物已经投保和保险合同已经生效的文件。保险凭证上无保险条款,其余内容与保险单相同。它与保险单的法律效力相同,但近些年不少保险公司已废弃此类保险单证。

3.联合凭证

联合凭证亦称联合发票,是一种发票和保险单相结合的比保险单更为简化的保险单证。保险公司将承保的险别、保险金额,以及保险编号加注在投保人的发票上,并加盖印戳,其他项目均以发票上列明的为准。这种单证曾在我国采用,并且仅限于港澳地区的少数客户,目前已不再使用。

4.预约保单

预约保单又称预约保险合同,它是被保险人与保险人之间订立的合同。订立这种合同的目的是简化保险手续,又可使货物一经起运即可取得保障。合同中规定承保货物的范围、险别、费率、责任、赔款处理等条款,凡属合同约定的运输货物,在合同有效期内自动承保。预约保险单主要适用于进口货物的保险。

5.批单

保险单出立后,投保人如需要补充或变更其内容时,可根据保险公司的规定,向保险公司提出申请,经同意后即另出一种凭证,注明更改或补充的内容,这种凭证即称为**批单**。保险单一经批改,保险公司即按批改后的内容承担责任。其批改内容如涉及保险金额增加和保险责任范围扩大的,保险公司只有在证实货物未发生出险事故的情况下才同意办理。批单原则上须粘贴在保险单上,并加盖骑缝章,作为保险单不可分割的一部分。

在保险业务中,保险标的可以转让的,保险标的受让人承继被保险人的权利和义务。保险标的转让的,被保险人或者受让人应当及时通知保险人,但货物运输保险合同和另有约定的除外。因此,和海运提单一样,货运保险单和保险凭证可以经背书或其他方式进行转让。保险单据的转让无须取得保险人的同意,也无须通知保险人。即使在保险标的发生损失之后,保险单据仍可有效转让。在CIF或CIP条件下,保险单据的形式和内容,必须符合买卖双方约定的要求,特别是在信用证支付条件下,必须符合信用证的有关规定。保险单据的出单日期不得迟于运输单据所列货物装船或发运或承运人受监管的日期。因此,办理投保手续的日期也不得迟于货物装运日期。

(五)保险索赔

索赔是指被保险货物在保险期限内遭受保险责任范围内的风险损失时,被保险人按保险单有关规定向保险人要求赔偿损失的一种行为。在索赔工作中,被保险人应做好下列工作。

1.损失通知

当被保险人获悉或发现被保险货物已遭损失,应立即通知保险公司或保险单上所载明的保险公司在当地的检验、理赔代理人,并申请检验。保险公司或指定的检验、理赔代理人在接到损失通知后即应采取相应的措施,如检验损失、提出施救意见、核实损失原因、确定保险责任和签发检验报告等。检验报告是被保险人向保险公司申请索赔时的重要证件。

2.向承运人等有关方面提出索赔

被保险人或其代理人在提货时发现被保险货物整件短少或有明显残损痕迹,除向保险公司报损外,还应立即向承运人或有关当局(如海关、港务当局等)索取货损货差证明。如货损货差涉及承运人、码头、装卸公司等方面责任的,还应及时以书面形式向有关责任方提出索赔,并保留追偿权利,有时还要申请延长索赔时效。

3.采取合理的施救、整理措施

对遭受承保责任内危险的货物,被保险人应尽力迅速采取必要合理的施救、整理措施,防止或减少货物的损失。被保险人收到保险公司发出的有关采取防止或者减少损失的合理措施的特别通知的,应当按照保险公司通知的要求处理。因抢救、阻止或减少货损的措施而支付必要的合理的费用,可由保险公司负责,但以不超过该批被救货物的保险金额为限。

4.备妥索赔单证

被保险货物的损失经过检验,并办妥向承运人等第三者责任方的追偿手续后,被保险人应即向保险公司或其代理人提出赔偿要求。提出索赔时,除应提供检验报告外,通常还须提供其他单证,包括:保险单或保险凭证正本;运输单据,包括海运提单、海运单、铁路或公路运单、航空运单、邮包收据、多式运输单据等;发票;装箱单或重量单;向承运人等第三者责任方请求赔偿的函电及其他必要的单证或文件;检验报告;货损货差证明;海事报告(sea protest)摘录或海事声明书;列明索赔金额及计算依据,以及有关费用的项目和用途的索赔清单。

对易碎和易短量货物的索赔,应了解是否有免赔的规定,即所谓不论损失程度(irrespective of percentage,IOP)均予赔偿;或规定免赔率。免赔率有相对免赔率(franchise)和绝对免赔率(deductible)之分。如果损失额没有超过免赔率,则保险公司不予赔偿;超过免赔率,相对免赔率不扣除免赔率全部予以赔偿,绝对免赔率则要扣除免赔率,只赔超过部分。我国保险公司现在实行的是绝对免赔率,但现行的英国《协会货物条款》则无免赔率的规定。

5.代位追偿

在保险业务中,为了防止被保险人双重获益,保险人在履行全损赔偿或部分损失赔偿后,在其赔付金额内,要求被保险人转让其对造成损失的第三者责任方要求全损赔偿或相应部分赔偿的权利。这种权利称为代位追偿权(right of subrogation),或称代位权。在实际业务中,保险人须首先向被保险人进行赔付,才能取得代位追偿权。其具体做法是:被保险人在获得赔偿的同时签署一份权益转让书,作为保险人取得代位权的证明。保险人便可凭此向第三者责任方进行追偿。

二 买卖合同中的保险条款

保险条款是国际货物买卖合同的重要组成部分之一,必须订得明确、合理。保险条款的内容依选用不同的贸易术语而有所区别。

以FOB、CFR或FCA、CPT条件成交的合同,保险条款可订为:

"保险由买方负责"(Insurance:To be covered by the Buyer)。

如买方委托卖方代办保险,则应明确规定保险金额、投保险别、按什么保险条款保险以及保险费由买方负担。同时规定保险费的支付时间和方法。

以CIF或CIP条件成交的合同,条款内容须明确规定由谁办理保险、投保险别、保险金额的确定方法以及按什么保险条款保险,并注明该条款的生效日期。应注意避免使用"通常险"(usual risks)、"惯常险"(customary risks)或"海运保险"(marine clause)等笼统的规定方法。具体订法,举例如下:

例1(用于海洋运输):保险由卖方按CIF/CIP发票金额的××%投保××险、××险(险别),以××××年××月××日的中国保险条款的有关海洋运输货物保险条款为准。

Insurance:To be covered by the Seller for ××% of CIF/CIP total invoice value against ... as per and subject to the relevant Ocean Marine Cargo Clauses of the China Insurance Clause dated ...

例2(用于陆海联运):保险由卖方按CIP发票金额的××%投保陆运(火车、汽车)一切险和海洋运输货物一切险,按××××年××月××日中国保险条款有关陆上运输货物保险条款和海洋运输货物保险条款负责,包括战争险,按××××年××月××日陆上运输货物战争险(火车)条款和××××年××月××日海洋运输货物战争险条款负责。

Insurance:To be covered by the Seller for ××% of CIP total invoice value against Overland Transportation All Risks and All Risks as per Overland Transportation Cargo Clauses "Trains,Truck" and

Ocean Marine Cargo Clauses of the China Insurance Clause dated ... including War Risks as per Overland Transportation Cargo War Risks Clauses(by Train)dated ... and Ocean Marine Cargo War Risks Clauses dated ...

例3：保险由卖方按发票金额的××%投保××险（险别）按《协会货物条款》××××年××月××日货物××险条款负责。

Insurance：To be covered by the Seller for ××% of total invoice value against ... as per Institute Cargo Clauses ... dated ...

加保附加险别的条款订法,举例如下：

例1：加保碰损、破碎险

including Risk of Clashing and Breakage

例2：加保短量险,重量短少有绝对免赔率0.5%

including Shortage in Weight in excess of 0.5%

或：加保短量险,重量短少有绝对免赔率0.5%按全部货物计算

including Shortage in Weight in excess of 0.5% on the whole consignment

复习巩固

一、习题链接

第六章测试题

二、思考题

1.保险人在进行损失补偿时,应掌握哪些标准？

2.简述共同海损的构成条件。

3.ICC(A)的承保风险表示方法有何特点？试比较ICC(A)、ICC(B)、ICC(C)的承保责任范围。

4.何谓预约保险？办理预约保险对被保险人有何好处？

5.被保险人在索赔货损时,应履行哪些义务？

三、计算题

1.某保险标的的实际价值是10万元,投保人分别向甲保险公司投保4万元、乙保险公司投保6万元、丙保险公司投保2万元。若保险事故发生后,该保险标的的实际损失为6万元,则三个保险人的分担金额分别为多少？

2.我国A公司对外出售货物一批,合同规定：数量100公吨,单价每公吨1000英镑CIF伦敦,卖方按发票金额加成10%投保水渍险和短量险,保险费率分别为0.3%和0.2%。试计算A公司应付多少保险费。

四、案例分析

1.我国A公司以CIF汉堡条件出口食品1000箱,即期信用证付款。货物装运后,A公司凭已装船清

洁提单和已投保一切险及战争险的保险单,向银行收妥货款,船舶在运输过程中未遇到风险事故,货到目的港后经进口方复验发现下列情况:

(1)收货人只实收995箱,短少5箱;

(2)有10箱货物外表状况良好,但箱内货物共短少60千克。

试分析上述情况,进口方应分别向谁索赔?

2.我国某农产品进出口公司与古巴某糖厂签订了进口10000吨袋装蔗糖的贸易合同。卖方负责租船并支付运费,承运船舶为某轮船公司所属 A 号货轮。起运港为古巴的圣地亚哥港,目的港为我国的青岛港,农产品进出口公司作为收货人向国内某保险公司投保了一切险。两个月后,A 号货轮到达青岛港,卸下全部货物后,我农产品进出口公司发现大部分蔗糖已受潮变质结块。损失发生后,农产品进出口公司以被保险人的身份向保险公司提出索赔。保险公司接到索赔通知后,理赔人员经过调查发现船舶在运输过程中一直处于适航状态,导致蔗糖变质结块的原因是蔗糖包装过于简单,大量破损。

请问:保险公司对此损失是否赔偿? 为什么?

📈 综合能力提升

我某远洋运输公司的 X 号货轮在4月28日满载货物起航,出公海后由于风浪过大偏离航线而触礁,船底划破长2米的裂缝,海水不断渗入,为了船货的共同安全,船长下令抛掉一部分货物并组织人员抢修裂缝。船只修复以后继续航行。不久,又遇船舱失火,船长下令灌水灭火,在火被扑灭后发现2000箱货物中的一部分被火烧毁、一部分被水浸湿。在船抵达目的港后清点货物共有以下损失:

(1)抛入海中的200箱货物;

(2)被火烧毁的500箱货物;

(3)被水浸湿的100箱货物。

试问:

(1)以上损失各属什么性质的损失? 说明原因。

(2)在投保什么险别的情况下,保险公司给予赔偿? 为什么?(指 CIC 的最小险别)

附件6-1　货物运输保险单样本

货 物 运 输 险 投 保 单

APPLICATION FOR CARGO TRANSPORTATION INSURANCE

投保单号：**MI0000004**

注意：请您在保险人明确说明本投保单及适用保险条款后，如实填写本投保单，您所填写的材料将构成签订保险合同的要约，成为保险人核保并签发保险单的依据。除双方另有约定外，保险人签发保险单且投保人向保险人缴清保险费后，保险人开始按约定的险种承保货物运输保险。

投保人 Applicant	Symbol Import and Export Company			
投保人地址 Applicant's Add	No. 388, Atlantic Ave. Brooklyn, New York, America		邮编 Code	11217
联系人 Contact	Alex	电话 Tel. 631-324-4939	电子邮箱 E-mail	
被保险人 Insured	Symbol Import and Export Company		电话 Tel.	631-324-4939
贸易合同号 Contract No.	CONTRACT03	信用证号 L/C No.	发票号 Invoice No.	

标记 Marks & Nos.	包装及数量 Packing & Quantity	保险货物项目 Description of Goods
N/M	200　　　　CARTONS	18K Gold Pendant Size: 29mm×17mm, Gold weight: 3.42g, Packed with elegant giftbox, 10 boxes/carton

装载运输工具： Name of the Carrier		
起运日期： Departure Date	2023-07-19	赔付地点： Claims Payable At　America

航行路线：自 Hamburg, Germany　　经　　　　　　　　到达（目的地）New York, America

Route　　From　　　　　　　　Via　　　　　　To(Destination)

包装方式：_____

运输方式：_____

承保条件　投保人可根据投保意向选择投保险别及条款，并打√确认，但保险人承保的险别及适用条款以保险人最终确定并在保险单上列明的险种、条款为准。

Conditions：

进出口海洋运输：　□一切险　　　　□水渍险　　　　□平安险　　　（《海洋运输货物保险条款》）
　　　　　　　　　　　□ICC(A)　　　　□ICC(B)　　　　□ICC(C)　　　（《伦敦协会条款》）
进出口航空运输：　□航空运输险　　☑航空运输一切险　　　　　　　（《航空运输货物保险条款》）
进出口陆上运输：　□陆运险　　　　□陆运一切险　　　　　　　　　（《陆上运输货物保险条款》）

特殊附加险：　　　☑战争险　　　　☑罢工险

特别约定 Special Conditions：_____

1. 加成　Value Plus About 110　　　　　%
2. CIF金额　CIF Value _____　　3. 保险金额　Insured Value _____
4. 费率(‰)　Rate _____　　　　5. 保险费　Premium _____

投保人声明：

1. 本人填写本投保单之前，保险人已经就本投保单及适用的保险条款的内容，尤其是关于保险人免除责任的条款及投保人和被保险人义务条款向本人作了明确说明，本人对该保险条款及保险条件已完全了解，并同意接受保险条款的约束。
2. 本投保单所填各项内容均属事实，同意以本投保单作为保险人签发保险单的依据。
3. 保险合同自保险单签发之日起成立。

投保人签字（盖章）Symbol Import and Export Company　　　　　　　日期 2023-07-19

☞ 学习导航

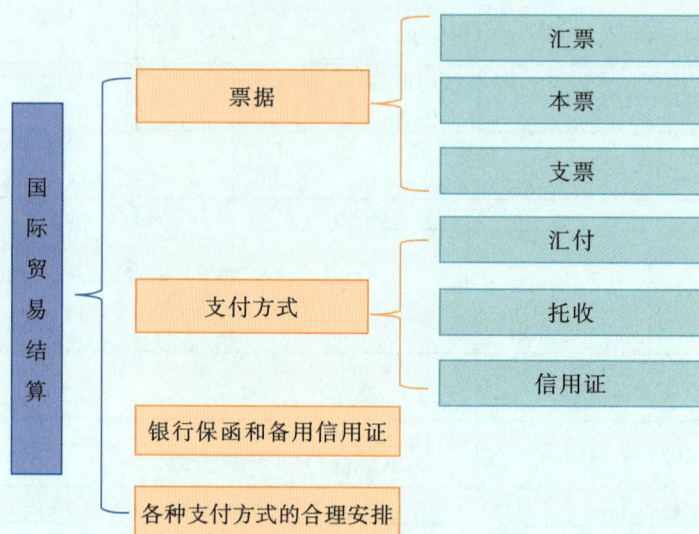

☞ 学习目标

1.知识目标:主要掌握汇票的记载事项、特征和作用,并了解本票与支票;掌握汇付、托收和信用证的概念、业务流程,结合国际贸易实践比较各种支付方式的优缺点;了解备用信用证和银行保函的应用。

2.能力目标:熟悉国际贸易支付流程,能利用汇付、托收、信用证等方式完成结算,培养学生结合具体情况合理选择支付方式的能力和风险防范能力。

3.思政目标:国际结算中风险控制尤为重要,学生应扩展国际视野,在遵守国际规则和国家政策的基础上,增强职业道德,提高风险意识,正确调整利益关系和风险关系,培养学生正确的财富观和价值观。

第一节 票 据

随着国际经济交往的发展,国际贸易结算已从交货付款的方式转变为凭单付款的非现金方式。在此过程中,票据替代现金成为清偿国际债权债务关系的支付工具。在国际结算中,目前最常用的票据有汇票、本票和支票三种。

一　汇　票

(一)汇票的概念

目前,汇票是国际结算业务中使用最广泛的票据。按照英国票据法的定义,汇票(bill of exchange, draft)是由一个人向另一个人签发的,要求即期或于一定日期或在可以确定的将来时间,向某人或其指定人或持票人无条件支付一定金额的书面支付命令。我国《票据法》第19条规定:"汇票是出票人签发的,委托付款人在见票时或者在指定日期无条件支付确定的金额给收款人或者持票人的票据。"

(二)汇票的基本当事人

一般来说,汇票有三个基本当事人。

1.出票人(drawer)

出票人是指开立汇票并交付给他人的人。出票人应对收款人及正当持票人承担票据在提示付款或承兑时必须付款或者承兑的保证责任。

2.付款人(payer)

付款人又称受票人(drawee),是指接受出票人命令或委托支付票款金额的人,一般为进口商或信用证中的开证申请人、开证银行或付款行或承兑行。

3.收款人(payee)

收款人又称受款人,是指凭汇票享有受领票据金额的人,一般为出口商或信用证中的受益人或议付银行。

(三)汇票的记载事项

1.汇票的绝对记载事项

因为汇票要符合票据的要式性特点,即票据的记载事项、记载方式等必要条件,必须按照法律的规定进行,否则票据便会无效。各国票据法对票据的形式和内容都作了详细的规定,使其规范化。根据我国《票据法》的规定,汇票必须记载下列事项。

1)表明"汇票"的字样

汇票必须有表明其为汇票字样的文句,目的是与其他票据相区别。《日内瓦统一票据法》的规定与我国基本相同。但英美票据法不要求在票据上写明这一点。这是两大法系的区别。大陆法系国家及我国《票据法》一般都要求写明,并且作为标题印在票据上方。

2)出票日期

汇票上的出票日期仅符合形式上的要求即可,至于与实际日期是否相符,对出票行为的效力无任何影响。汇票出票日期之所以是必须记载事项,是因为它具有以下重要意义:第一,决定见票即付的付款提示期限;第二,决定出票日后定期付款的到期日;第三,决定利息的起算日期;第四,决定见票后定期付款的承兑提示期限;第五,确定出票人为出票行为时有无行为能力及代理人有无代理权等标准。但英国票据法无此项强制要求。

3)付款人名称

付款人是受委托于到期日支付票据金额的人。

4)收款人名称

收款人是最初的权利人。而指定人一般是指票据的受让人,该受让人的姓名也必须记在汇票上。一般对收款人有以下三种写法:

(1)限制性抬头。例如,"仅付给A公司"(pay A Co. only)或"付A公司,不准流通"(pay A Co. not negotiable)。这种抬头的汇票不能流通转让,只限定指定的收款人收取票款,因此在国际贸易结算中很少使用。

(2)指示性抬头。例如,"付给A公司或指定人"(pay A Co. or order 或 pay to the order of A Co.)。这种抬头的汇票除了A公司可以作为收款人外,也可通过背书转让给第三者,因此在国际贸易中被广泛使用。

(3)持票人或来人抬头。例如,"付给来人"(pay bearer)。这种抬头的汇票,无须由持票人背书,仅凭交付汇票即可转让。但是,这种来人汇票风险很大,在国际贸易结算中也很少使用。

5)确定的金额

汇票必须记载一定的金额,而且金额必须是确定的,不能出现"上下""左右""大约"等字样。

6)支付文句

汇票上必须记载"无条件支付委托"的字样,称为支付文句。在我国常用"见票即付"或"到期日无条件支付"等类似文字。

汇票上的支付文句必须是无条件的,如果附有条件,无论是何种性质的条件,都会导致汇票无效。票据之所以强调无条件支付,是为了增强票据付款的确实性,进而增强票据的流通性。

7)出票人签章

票据上的签章,为签名、盖章或者签名加盖章。出票人的签章是重要的事项,出票人于汇票上签名意味着出票人对汇票文义记载的责任负责,否则票据便失去意义,应为无效。

以上七项为我国《票据法》上的绝对必要记载事项,其中任何一项内容未记载,都将导致汇票无效。

2.汇票的相对记载事项

汇票上的某些记载内容也十分重要,常常应在汇票上列明,但如果没有记载也不会影响到汇票的效力,故称为相对记载事项。

1)付款地

付款地是汇票上记载的支付汇票金额的地方,也是拒绝付款时持票人请求做成拒付证书的地方。汇票上如果缺乏付款地的记载,各国法律一般均不认定其为无效汇票,而是规定了补救方式。如我国《票据法》第23条第3款规定:"汇票上未记载付款地的,付款人的营业场所、住所或者经常居住地为付款地。"

2)付款日期

付款日期又称到期日,是票据权利人行使票据权利的日期。根据各国票据法的规定,付款日期大致有见票即付、见票后定期付款、出票后定期付款、定日付款四种。如果票据上欠缺付款日期的记载,各国票据法均规定视为见票即付,我国《票据法》第23条对此也作了相同的规定。

3)出票地

出票地是票据上记载的出票人签发汇票的地点。票据法要求出票地的记载仅符合形式要件即可。汇票上所记载的出票地与出票人实际签发票据的地点不一致时,也不影响汇票的效力。此时以汇票上所记载的出票地为准。若汇票上欠缺出票地的记载,各国法律并不认为其为无效汇票。如我国《票据法》第23条第4款规定:"汇票上未记载出票地的,出票人的营业场所、住所或者经常居住地为出票地。"

汇票样本如表7-1所示。

表7-1　汇票样本

BILL OF EXCHANGE

No. _____ Shenyang,China①, _____ 2024①

Exchange② for _____ ③

At _____ sight④ of this FIRST of Exchange(Second of Exchange being unpaid⑤)

Pay⑥ to the order of _____ ⑦

The sum of _____ ③

Drawn under _____ ⑧

To⑨:

For an on behalf of⑩

　说明:①出票地点及出票时间;②汇票字样;③汇票金额(上小写,下大写);④付款时间;⑤"付一不付二"汇票作废条款;⑥支付命令(英文中的命令句式);⑦收款人;⑧出票依据(合同号码、信用证号码、订单号码);⑨受票人;⑩出票人签字。

(四)汇票的种类

按照不同的分类标准,汇票通常可以分为以下几种。

1.银行汇票和商业汇票

按照出票人的不同,汇票可以分为银行汇票和商业汇票。

银行汇票是指出票人和付款人均为银行的汇票。银行汇票一般用于汇付业务,即票汇。汇票由银行签发后交给汇款人,由汇款人自行寄给国外收款人向付款银行取款。在信用证业务中的索汇可以使用银行汇票,即议付银行议付单据后,根据信用证的规定,开立一张由指定银行(偿付行或付款行)为付款人的汇票,凭以索取垫款。**商业汇票**是指由企业、商号或个人签发的,付款人可以是企业、商号、个人或银行的汇票。在国际贸易中,出口商开立的汇票就是商业汇票,如果采用托收方式,通常汇票的汇款人是进口商或其指定的银行;如果采用信用证结算,该汇票的付款人一般为开证行或其指定的银行。

2.跟单汇票和光票汇票

按照流通转让时是否附有单据,汇票可以分为跟单汇票和光票汇票。

跟单汇票又称押汇汇票或信用汇票,是指附有货运单据的汇票。在信用证业务项下的跟单汇票可卖给银行,并以单据为抵押取得资金的融通。托收项下的跟单汇票由于没有银行信用作担保,风险较大,因此银行通常不提供融资,仅以托收的方式代收货款。**光票**是指未附有任何货运单据的汇票。银行汇票多为光票。

3.银行承兑汇票和商业承兑汇票

按照承兑人的不同,汇票可以分为银行承兑汇票和商业承兑汇票。

银行承兑汇票是指由银行承兑的远期汇票,也是一种商业汇票。它建立在银行信用基础上,易于在市场上流通。**商业承兑汇票**是以公司、企业或个人为付款人,并由公司、企业或个人进行承兑的远期汇票。

4.即期汇票和远期汇票

按照付款时间的不同,汇票可以分为即期汇票和远期汇票。

即期汇票是指在汇票付款时间栏中,采用见票即付(at sight),持票人持票到付款人那里,后者见票必须付款的一种汇票。这种汇票的持票人可以随时行使自己的票据权利,在此之前无须通知付款人准备履行义务。

远期汇票是指约定一定的到期日付款的汇票。远期汇票的付款日期一般有以下四种规定方法:

(1)规定见票后若干天付款,如"at ×× days after sight"。

(2)规定出票后若干天付款,如"at ×× days after the date of the draft"。

(3)规定在提单签发后若干天付款,如"at ×× days after date of Bill of Lading"。

(4)规定在某一特定时期付款,如"on the 10th of October,2024"。

(五)主要票据行为

1.出票(issue)

出票是指出票人按照法定形式签发汇票,并交付给持票人的行为。出票由两个步骤构成:一是出票人按交易具体情况开立汇票,并在汇票上签字;二是出票人将汇票交付给持票人。只有经过交付,汇票才开始生效。汇票出票以后,出票人成为票据的主债务人,承担汇票被付款人承兑或付款的责任。汇票通常需要签发一式两份(银行汇票只签发一份),两份汇票具有同等的法律效力,但只对其中的一份承兑或付款。为了避免重复承兑或付款,汇票上均写明"付一不付二"或"付二不付一"(second or first unpaid)。

2.提示(presentation)

提示是指持票人将汇票提交付款人要求承兑或付款的行为,是持票人要求取得票据权利的必要程序。提示又可分为:

(1)付款提示,是指汇票的持票人向付款人或承兑人出示汇票要求付款的行为。

(2)承兑提示,是指远期汇票的持票人向付款人或承兑人出示汇票,要求付款人承诺到期付款的行为。

对于远期汇票,应先履行承兑提示,再到汇票到期日履行付款提示。而即期汇票只有付款提示。

值得注意的是,付款提示和承兑提示都应在法定期限内进行。关于承兑提示,我国《票据法》规定,定日付款或者出票后定期付款的汇票,持票人应当在汇票到期日前向付款人提示承兑;见票后定期付款的汇票,持票人应当自出票日起一个月内向付款人提示承兑。我国《票据法》第53条规定:"见票即付的汇票,自出票日起一个月内向付款人提示付款;定日付款、出票后定期付款或者见票后定期付款的汇票,自到期日起10日内向承兑人提示付款。"

3.承兑(acceptance)

承兑是指付款人在持票人向其提示远期汇票时,在汇票上签名,承诺于汇票到期日付款的行为。具体做法是付款人在汇票正面写明"承兑"字样,注明承兑日期,于签章后交还持票人。付款人一旦对汇票做出承兑,即成为承兑人,以主债务人的地位承担汇票到期时付款的法律责任。

4.付款(payment)

付款是指付款人在汇票到期日,向提示汇票的合法持票人足额付款的行为。持票人将汇票注销后交给付款人作为收款证明,汇票所代表的债务债权关系即告终止。

5.背书(endorsement)

背书是转让票据权利的一种法定手续。汇票转让只能采用背书的方式,而不能仅凭单据交付方式,否则就不产生票据转让的效力。根据我国《票据法》的规定,除出票人在汇票上记载"不得转让"外,汇票的收款人可以以记名背书的方式转让汇票权利。所谓背书,是指持票人在汇票背面签上自己的名字,并记载被背书人的名字,然后把汇票交给被背书人即受让人,受让人便成为持票人,是票据的权利人。受让人有权以背书方式再行转让汇票。在汇票经过不止一次转让时,背书必须连续,即被背书人和背书人名字前后一致。对受让人来说,所有以前的背书人和出票人都是他的"前手",对背书人来说,所有他转让以后的受让人都是他的"后手",前手对后手承担汇票得到承兑和付款的责任。

6.拒付和追索

持票人向付款人提示,付款人拒绝付款或拒绝承兑,均称拒付(dishonor)。另外,付款人逃匿、死亡或宣告破产,以致持票人无法实现提示,也称拒付。

出现拒付时,持票人有追索权(recourse),即有向其前手(背书人、出票人)要求偿付汇票金额、利息和其他费用的权利。一般情况下,持票人进行追索时,应按规定做成拒付证书和发出拒付通知。拒付证书是当地公证机关出具的以证明拒付事实存在的证明文件。拒付通知用以通知前手关于拒付事实的存在,使其准备偿付并进行再追索。

值得注意的是,汇票的出票人或背书人为了避免被追索的责任,在出票时或背书时加注"不受追索"(without recourse)字样,一般这样的汇票在市场上很难流通。

二　本　票

(一)本票的定义和内容

根据英国票据法的规定,本票(promissory note)是一个人向另一个签发的,保证于见票时或定期或在将来可以确定的时间,对某人或其指定人或持票人支付一定金额的无条件的书面支付承诺。

我国《票据法》第73条规定:"本票是出票人签发的,承诺自己在见票时无条件支付确定的金额给收款人或者持票人的票据。"第74条又规定:"本票的出票人必须具有支付本票金额的可靠资金来源,并保证支付。"这里所说的本票是指银行本票,不包括个人和企业签发的商业本票。

简言之,本票是出票人对收款人承诺无条件支付一定金额的票据。本票的基本当事人只有两个:出票人和收款人。**本票的付款人就是出票人本人**。

(二)本票的记载事项

各国票据法对本票内容的规定各不相同。我国《票据法》规定,本票必须记载如下事项:①表明"本票"的字样;②无条件支付的承诺;③确定的金额;④收款人名称;⑤出票日期;⑥出票人签章。

本票上未记载上述规定事项之一的,本票无效。本票样本如表7-2所示。

表7-2　本票样本

PROMISSORY NOTE

No.×××

USD 30,000.00 London,March 20,2024

On demand we promise to pay to the order of A Co.,the sum of U.S. dollars thirty thousand only.

For M Co.,London

Manager(Signature)

(三)本票的种类

1.商业本票和银行本票

按照本票的出票人的不同,本票可以分为商业本票和银行本票。

商业本票是由工商企业或个人签发的本票,也称为一般本票。商业本票可分为即期和远期的商业本票,一般不具备再贴现条件,特别是中小企业或个人开出的远期本票,因信用保证不高,所以很难流通。

银行本票是银行签发的,承诺自己在见票时无条件支付确定的金额给收款人或者持票人的票据。银行本票都是即期的。我国《票据法》第73条第2款规定:"本法所称本票,是指银行本票。"

2.即期本票和远期本票

按照本票的付款期限的不同,本票可分为即期本票和远期本票。

即期本票是见票即付的本票;远期本票包括定日付款本票、出票后定期付款的本票和见票后定期付款的本票。我国《票据法》第73条第1款规定:"本票是出票人签发的,承诺自己在见票时无条件支付确定的金额给收款人或者持票人的票据。"因此,我国《票据法》只调整"见票时无条件支付"的即期本票,而不调整远期本票。

3.记名本票和无记名本票

按照本票上是否记载收款人的名称,本票可分为记名本票和无记名本票。根据我国《票据法》的规定,本票必须记载收款人名称,否则本票无效。

三 支 票

(一)支票的定义

支票是出票人签发的,委托办理支票存款业务的银行或其他金融机构在见票时无条件支付确定的金额给收款人或者持票人的票据。

(二)支票的记载内容

我国《票据法》规定,支票必须记载下列事项:

(1)表明"支票"的字样;

(2)无条件支付的委托;

(3)确定金额;

(4)付款人名称;

(5)出票日期;

(6)出票人签章。

支票上未记载上述规定事项之一的,支票无效。支票样本如表7-3所示。

表7-3　支票样本

THE BANK OF COMMUNICATION(出票人开户行)

_____(支票号码)

(支票金额)_____ 　　　　　　　　　　　　_____(出票时间、地点)

Pay against this check to the order of(收款人)_____

The sum of(大写金额)_____

_____(出票人)

(signed)

支票未记载出票地的,出票人的营业场所、住所或者经常居住地为出票地。支票上未记载付款地的,付款人的营业场所为付款地。

出票人签发的支票金额超过其付款时在付款人处实有的存款金额的,为空头支票。禁止签发空头支票。

我国《票据法》规定,支票的持票人应当自出票日起10日内提示付款;支票限于见票即付,不得另行记载付款日期。另行记载付款日期的,该记载无效。

(三)支票的种类

1.记名支票

记名支票(check payable to order)是在支票的收款人一栏,写明收款人名称,如"限付某人"(pay A only)或"指定人(pay A or order),取款时须由收款人签章,方可支取。

2.不记名支票

不记名支票(check payable to bearer)又称空白支票,支票上不记载收款人名称,只写"付来人"(pay bearer)。取款时持票人无须在支票背面签章,即可支取。此项支票仅凭交付而转让。

3.划线支票

划线支票(crossed check)是在支票正面划两道平行线的支票。划线支票与一般支票不同,划线支票非银行不得领取票款,故只能委托银行代收票款入账。使用划线支票的目的是在支票遗失或被人冒领时,还有可能通过银行代收的线索追回票款。

4.保付支票

保付支票(certified check)是指为了避免出票人开出空头支票,保证支票提示时付款,支票的收款人或持票人可要求银行对支票"保付"。保付是由付款银行在支票上加盖"保付"戳记,以表明在支票提示时一定付款。支票一经保付,付款责任即由银行承担,出票人、背书人都可免于追索。付款银行对支票保付后,即将票款从出票人的账户转入一个专门账户,以备付款,所以保付支票提示时,不会退票。

5.银行支票

银行支票(bank's check)是由银行签发,并由银行付款的支票,也是银行即期汇票。银行代顾客办理票汇汇款时,可以开立银行支票。

6.旅行支票

旅行支票(traveler's check)是银行或旅行社为旅游者发行的一种固定金额的支付工具,是旅游者从出票机构用现金购买的一种支付手段。

(四)汇票、本票和支票的异同点

汇票、本票和支票同属狭义的票据范畴,其构成要素大致相同,都具有票据共同的特性(无因性、要式性和流通性)。具备流通证券的基本条件,都是可以转让的流通工具。但三者之间也存在着明显的差别,主要表现在以下几个方面:

(1)汇票和支票有三个基本当事人,即出票人、付款人、收款人;而本票只有出票人(付款人和出票人为同一个人)和收款人两个基本当事人。

(2)汇票有复本(银行汇票除外),而本票、支票则没有。

(3)支票和本票的主债务人是出票人,而汇票的主债务人,在承兑前是出票人,在承兑后是承兑人。

(4)到期日:支票一般为即期,无须承兑,本票也无须承兑,远期汇票需要承兑。

(5)汇票的出票人担保承兑付款,若另有承兑人,由承兑人担保付款;支票的出票人担保支票付款;

本票的出票人自负付款责任。

(6)支票的出票人与付款人之间必须先有资金关系,才能签发支票;汇票的出票人与付款人之间不必先有资金关系;本票的出票人与付款人为同一个人,不存在所谓的资金关系。

(7)支票、本票没有拒绝承兑证书,而汇票则有。

第二节　汇付与托收

目前国际贸易结算主要有三种基本方式,分别为汇付、托收和信用证。

在国际贸易结算中,根据资金流动方向和结算工具的传递方向是否相同可分为顺汇和逆汇两种结算方式。

所谓**顺汇**,是指债务方主动把款项支付给债权方,结算工具的传递方向与资金的流动方向相同。而**逆汇**是指由债权人委托第三者(一般是银行)向国外债务人收取款项,其结算工具的传递方向与资金的流动方向相反。

三种基本结算方式中属于顺汇方式的为汇付,而托收和信用证采取的则是逆汇方式。

一　汇　付

(一)汇付的概念

汇付(remittance)作为目前国际贸易结算的主要支付方式,又称汇款,通常是指付款人主动将款项交给汇出行,由汇出行委托收款人所在地的汇入行将款项转交收款人的一种结算方式。汇付应用面较广,凡是外汇资金的转移都可以采用汇付的方式,诸如寄售贸易归还货款、预付货款、订金、佣金支付等。

(二)汇付的当事人

(1)付款人,通常是指国际贸易中的买方,即进口方。

(2)收款人,通常是指国际贸易中的卖方,即出口方。

(3)汇出行,通常是指接受汇款人申请,代其汇款的银行。汇出行一般是进口地银行。

(4)汇入行,是接受汇出行的委托,对收款人付款的银行。汇入行通常是出口地银行。

汇付的简易关系如图7-1所示。

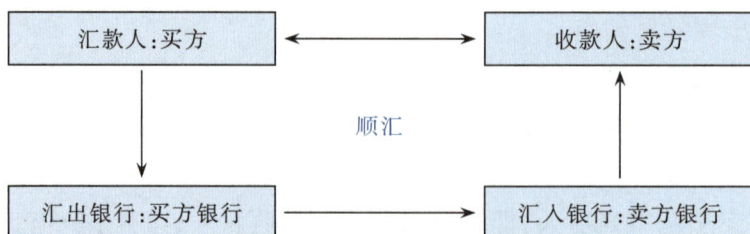

图7-1　汇付简易关系图

(三)汇付的基本分类

汇付根据汇出行向汇入行发出汇款委托的方式分为三种形式:

1.电汇(telegraphic transfer,简称T/T)

电汇是指汇出行接受汇款人委托,以拍发加押电报或电传方式将付款委托通知收款人当地的汇入行,要求其解付一定金额给收款人的一种汇款方式。

电汇方式收款迅速及时。电汇是收款速度最快的一种汇付方式,电汇的具体操作程序如图7-2所示。

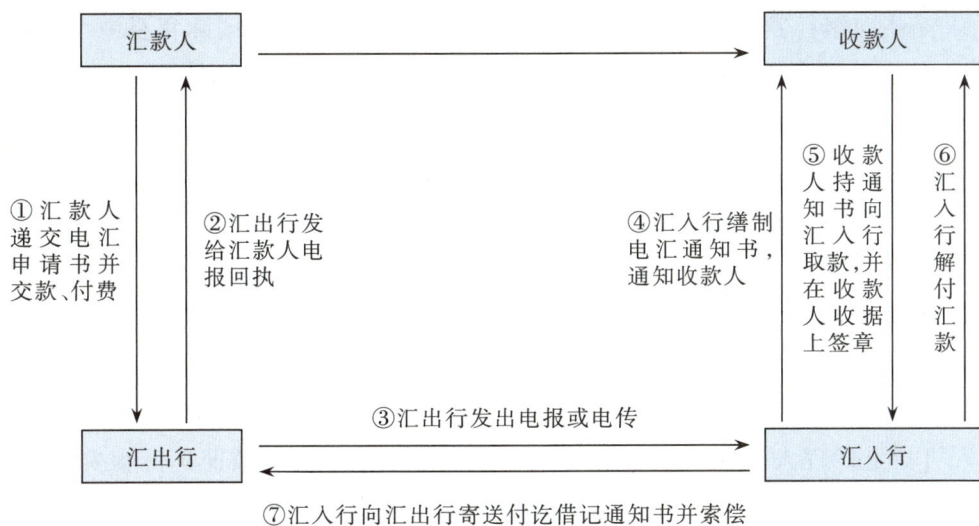

图7-2　电汇业务流程

2.信汇(mail transfer,简称M/T)

信汇是汇出行应汇款人的申请,用航空信函的方式指示汇入行解付一定金额给收款人的一种汇款方式。

应注意的是,信汇委托书或支付委托书上须加具责任人的签字,汇入行收到委托书后,凭汇出行的印鉴样本核对无误后,即按委托书的地址通知收款人前来领取汇款。收款人领取汇款时,必须持证明自己身份的证件,并在汇款收据上签章。

3.票汇(remittance by banker's demand draft,简称D/D)

票汇是汇出行应汇款人的申请,代其开立以汇入行为付款人的银行即期汇票,并交还汇款人,由汇款人自行寄交收款人,由收款人到汇入行凭票取款的汇款方式。

(四)合同中的汇付条款示例

在贸易合同中,汇付条款的主要内容应包括货款收付的具体方式、付款时间和金额等。

例1:买方应将全部货款的15%在装运前20天内以电汇方式汇付给卖方。

Buyer should pay 15% amount to seller by T/T within 20 days before shipment.

例2:买方应在收到正本提单后10天内电汇支付全部货款。

The buyer should pay total amount to seller by T/T within 10 days after receipt of the concerning original B/L.

二　托　收

(一)托收的概念

按照《托收统一规则》(URC522)第2条的规定,托收(collection)是指银行依据所收到的指示处理金融单据和/或商业单据,以便取得付款和/或承兑;或凭以付款或承兑交单;或按照其他条件交出单据。简言之,托收是债权人(出口方)出具汇票和/或单据委托银行通过它的分行或代理行向债务

知识扩展:
《托收统一规则》

人(进口方)代为收款的一种结算方式。

(二)托收的当事人

托收业务有四个基本当事人,即委托人、托收行、代收行和付款人。

(1)委托人,是指向银行发出托收申请,要求代为收款的当事人。在国际贸易中,一般是出口方。

(2)托收行,是指接受委托人的委托,转托国外银行向国外付款人代为收款的银行。托收行通常是出口地银行。

(3)代收行,是指接受托收行的委托,向付款人收款的银行。代收行通常是进口地银行。

(4)付款人,是指汇票的受票人。付款人通常是进口方。

(5)提示行,是向付款人提示汇票和/或其他单据的银行,在一般情况下,可由代收行兼任。如果代收行与付款人之间无往来关系,为了便利收款,代收行可应付款人委托或主动委托付款人的往来银行充当提示行。

(6)需要时代理,是指委托人在付款地所指定的代理人。为了防止在拒付情况下货物在进口地无人照料,委托人可指定代理人代为料理货物存仓、转售、运回等事宜。按照国际惯例,委托人若拟指定需要时代理,则须在托收委托书上写明此项代理人的权限,否则代收行可不受理代理人的任何指示。

托收的简易关系如图7-3所示。

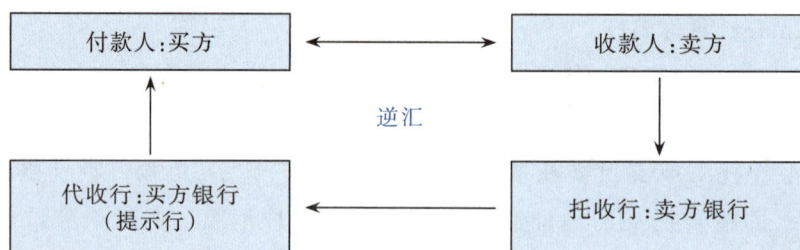

图7-3　托收简易关系图

(三)托收的特点

1.托收是一种商业信用

对于出口商来说,他面临着收不到货款的风险。这是因为,在托收方式下,出口商委托银行向进口商收取货款,能否收到货款完全取决于进口商的信用。这是因为,按照《托收统一规则》(URC522)的规定,银行办理托收业务时,与当事人的关系只是委托代理关系,银行并不审核单据的内容,也无须承担付款人必须付款的责任。如果进口商拒不付款赎单提货,除非事先约定,否则银行也无代为提货、存仓和保管货物的义务,因此出口商仍须关心货物安全,直到对方付清货款为止。所以,采用托收方式收取货款,对出口商而言有相当大的风险。

对于进口商来说,也同样面临来自出口商的信用风险。在很多情况下,进口商只据合同与单据来付款,货物尚未运到目的地,无法了解货物的真实状况。有时出口商提交的货物存在以次充好、数量不足等问题,进口商无法回避这种来自出口商的信用风险。

2.与汇付相比,安全性较高

从出口商角度来看,可以要求进口商必须在付清货款之后才能拿到代表货物所有权的单据,所以托收方式使得出口商在控制货物、安全收回货款方面比货到付款更安全。另外,从进口商角度来看,进口商被提示单据时,说明出口商确实已经按合同装运货物,与预付款情况下进口商先付款后收货相比,其利益更有保障。

(四)托收方式的种类及业务流程

1.光票托收和跟单托收

按照是否随附单据的不同,托收可以分为光票托收和跟单托收。

光票托收(clean collection),是指不附有商业单据的金融单据托收。例如,为向买方收取货款尾数、代垫费用、样品费等,卖方仅向买方开立索款汇票借以委托银行收取上述款项,而不附带任何货运单据,该项托收即为光票托收。

跟单托收(documentary collection),是指附有提单、商业发票等货运单据的托收。这种方法在国际贸易中较为常见。银行收到客户提交的出口托收项下全套单据并审核后,进行寄单索汇、收取款项。

2.付款交单和承兑交单

按委托人的交单指令不同,跟单托收可以分为付款交单和承兑交单。

付款交单(documents against payment,简称D/P),是指出口商的交单以进口商的付款为条件,即进口商付款后才能向代收行领取货运单据。付款交单托收方式又有即期和远期之分。即期付款交单是指出口商开具即期汇票(或者不开汇票),通过银行向进口商提示汇票和货运单据(或者只提示单据),进口商如果审核无误,即须于见票或见单时付款,在付清货款时领取货运单据,即所谓的"付款赎单"。远期付款交单是指由出口商开具远期汇票,通过银行向进口商提示汇票和全部单据,进口商审核无误后即在汇票上承兑,并于汇票到期日付款赎单。汇票到期前,汇票和货运单据由代收行保管。即期付款交单的业务流程如图7-4所示。

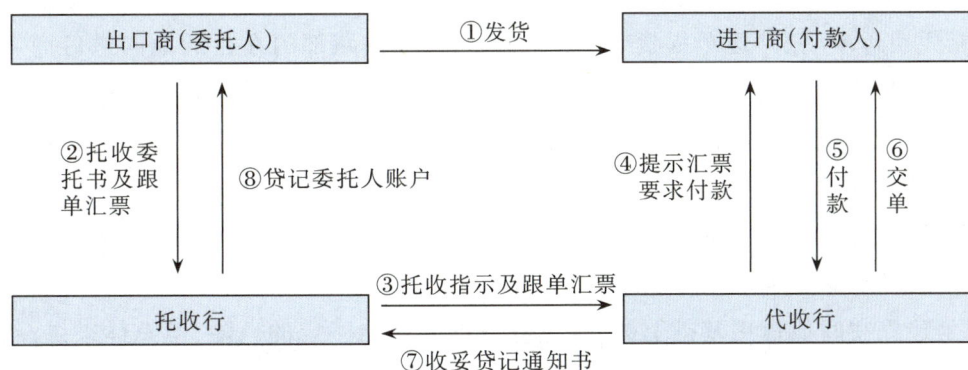

图7-4　即期付款交单业务流程

承兑交单(documents against acceptance,简称D/A),是指出口商出具远期汇票,由代收行按托收指示以进口商承兑汇票为交单条件的方式,即进口商对单据检验合格后,在汇票上加以承兑,即向代收行取得货运单据,凭以提取货物并于汇票到期日付款。所以,承兑交单方式只适用于远期汇票的托收。相比于付款交单方式,买方取得了资金融通的便利,但出口商的收汇风险加大了。承兑交单的业务流程如图7-5所示。

在远期付款交单的情况下,进口商为了抓住有利行市,及时销售货物,需要及时取得货运单据、及时提货,在这种情况下,进口商会在承兑汇票后,向代收行出具"信托收据"(trust receipt,简称T/R)先向银行借单提货。信托收据是进口商提供的一种书面信用担保文件,以银行委托人身份对货物进行处置,同时承认货物的所有权仍属银行。进口商在货物售出后以销售所得的款项在汇票到期日清偿票款,同时向代收行收回信托收据。这种交易模式,在国际贸易中被称为"信托收据制度",通常是银行为进口商提供的资金融通服务。如果汇票到期不能收回货款,代收行应对出口商和托收行负全部责任。

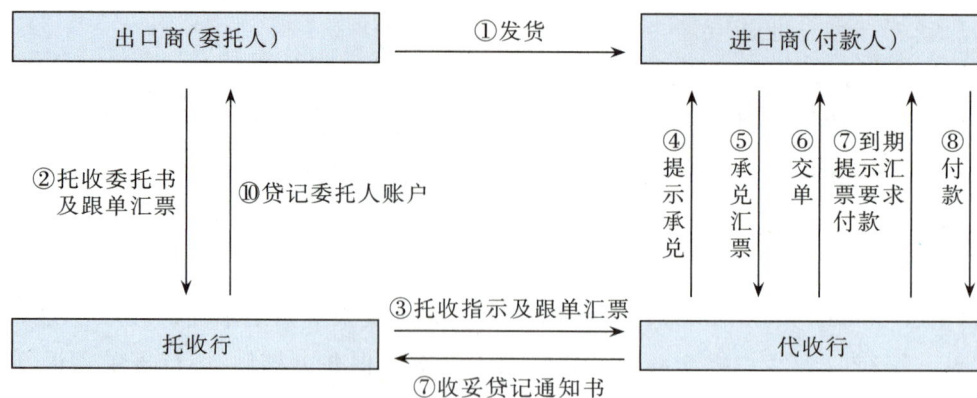

图 7-5　承兑交单业务流程

如果出口商在托收申请书中指示代收行在远期付款交单情况下可以给进口商这种便利性,这叫作"付款交单凭信托收据借单"(D/P·T/R),这样一来,汇票到期不能收回货款的风险由出口商自己承担。

(五)托收方式下运输单据要求

跟单托收的"单"是指除金融单据以外的任何其他单据,而并不一定要求该单据中必须包括海运提单等物权凭证。但在实际进出口业务中,为掌握货物所有权,出口商通常均将物权凭证(如全套正本海运提单)附于跟单托收项下。此时,进口商在未付清货款情况下就拿不到物权凭证,提不走货物,货物的所有权仍属出口商。如进口商到期拒不付款赎单,出口商除可与进口商交涉外,还可将货物另行处理或运回。值得注意的是,在空运、国际铁路联运等运输方式下签发的空运单、铁路运单不是物权凭证,进口商不能凭空运单、铁路运单提货,而要凭航空公司、铁路部门在目的地向进口商签发的到货通知和有关身份证明提货。此时,出口商掌握空运单、路运单等非物权凭证时并不能控制货物。如以此类非物权凭证作为跟单托收的随附单据,进口商不用赎单即可提走货物,出口商的利益得不到任何保证。海运方式下签发的海运单(seaway bill)、邮寄方式下签发的邮包收据也不是物权凭证。在上述情况下,出口商不宜采用托收方式,而应要求进口商预付货款或凭信用证付款,以确保自身利益。

(六)托收方式在国际贸易中的实践

托收方式是建立在商业信用基础上的,买卖双方都会面临一定的风险,但总体来讲,对买方比较有利,费用低,风险小,资金负担小,甚至可以取得卖方的资金融通。

对卖方来说,托收方式面临的风险更大。即使是付款交单方式,因为货物已发运,万一对方因市价低落或财务状况不佳等原因拒付,卖方将遭受来回运输费用的损失和货物转售的损失。远期付款交单和承兑交单,卖方承受的资金负担很重,而承兑交单风险更大。一般来讲,托收是卖方给予买方一定优惠的一种付款方式,有利于调动买方的购货积极性。因此对卖方来说,托收是一种促进销售的手段,但必须对其中存在的风险持慎重态度。

我国外贸企业以托收方式出口,主要采用付款交单方式,在实践中应着重考虑三个因素:商品的市场行情、进口方的资信情况(即经营作风和财务状况),以及相适应的成交金额。其中特别重要的是商品的市场行情。因为市价低落往往是造成经营作风不好的商人拒付的主要动因。在市价坚挺的情况下,较少发生拒付,即使拒付,我方处置货物也比较方便。我国外贸企业一般不采用承兑交单方式出口。在进口业务中,尤其是对外加工装配和进料加工业务中,往往对进口料件采用承兑交单方式付款。

(七)托收风险防范措施

由于托收项下,卖方面临较大风险,因此在采用这种结算方式时,可以通过以下措施进行风险

防范:

(1)认真考察买方的资信状况和经营作风,并根据买方的具体情况妥善掌握成交金额,不宜超出其信用程度。

(2)充分了解出口货物的市场行情、进口地的外汇管制及贸易管制措施,以免货到后无法入境或收不回货款。

(3)充分了解进口地的商业惯例,以免由于当地的习惯做法影响安全、及时收汇。例如,许多国家的银行不办理远期付款交单;拉美国家的银行则把远期付款交单按承兑交单处理;中东地区的一些国家的海关规定,货进公共仓库后60天内无人提取货物的,允许公开拍卖。

(4)必须按照合同规定交付货物,做到单单一致、单同一致,以免授人以柄遭到拒付。

(5)可将托收与其他结算方式搭配使用。例如,分批付款、分批交单,或是部分信用证、部分托收等。

(6)遭到拒付时要尽快做成拒付证书,以便诉讼有据可依,并事先找好代理处理货物,以免货物抵港后被进口地海关高额租仓甚至被拍卖。例如,我国企业出口办理跟单托收时,可在托收指示书中要求"If documents are not duly taken up on arrival of goods,please store goods and insure against fire and/or all available risks"(如果货物到达时未及时提取单据,请储存货物并投保火灾险和/或一切险)。

(7)合理掌握付款的到期日。因为北欧和拉美许多国家的买方经常要求按照当地习惯把"单到付款或承兑"改为"货到付款或承兑",甚至有的买方在合同中规定货到后付款或承兑,或是在即期付款交单的情况下拖延见票。如果遇到上述类似情况,卖方可采取以下做法:

第一,在合同中明确规定托收项下的即期D/P,买方应在汇票被提示时即行付款。托收行也可按卖方的要求在托收指示书中加注这一时间要求,即"D/P at sight upon first presentation made by the collecting bank"。

第二,对于见票后远期付款条件,卖方可要求改为"出票后远期付款"或"提单日期后若干天付款",并要求托收行在托收指示书中加注"D/P at ×× days after date"。

(8)出口合同应争取按CIF或CIP术语成交,由卖方负责办理货运保险;或是投保出口信用保险,避免有关的经济风险或政治风险。如果不采用CIF或CIP术语成交,则卖方最好投保卖方利益险。

(9)对于进料、来件等加工贸易,可将D/P和D/A搭配使用。对于进料和来件,采用承兑交单的远期付款方式;对于出口的成品,可要求采用即期付款交单的方式。这样,可用成品的货款支付进料和来件的远期托收项下的货款,节约资金。

第三节　信用证

信用证(letter of credit,L/C)是随着国际贸易的发展,在银行与金融机构参与国际贸易结算的过程中逐步形成的一种支付方式。信用证以银行信用为基础开立,一方面,进口地银行为出口商提供付款保证,在一定程度上消除了出口商担心货款收不回或不能足额收回的顾虑,但前提是出口商必须提供符合信用证规定的单据;另一方面,由于银行在结算环节中履行审单、审证的职责,并保证"单单一致""单证一致",因此大大降低了进口商的收货风险。

一 信用证的定义

根据国际商会2007年修订本第600号出版物《跟单信用证统一惯例》(The Uniform Customs and Practice for Documentary Credits,2007 Revision,International Chamber of Commerce Publication No. 600,简称UCP600)的解释,信用证意指一项约定,无论其如何命名或描述,该约定不可撤销并因此构成开证行对于相符提示予以兑付的确定承诺。简言之,信用证是一种银行开立的有条件的承诺付款的书面文件。这里的"有条件"指的就是"相符交单"。

二 信用证的特点

从国际商会对信用证的规定来看,相比于其他结算方式,信用证有以下特点。

(一)信用证是一种银行信用

信用证是商业信用危机的产物,是银行作用不断增大并参与国际结算的结果。买卖双方的信息不对称增加了双方的信用危机,不利于国际贸易的发展。此时银行充当了担保人的角色,以开立信用证的方式,只要受益人做到"相符交单",开证行就予以承付,开证行以自己的信用作出付款保证,承担第一性付款责任,这样银行信用便代替了商业信用。

(二)信用证是一项独立文件

信用证业务的实质是"三方三合同关系"。所谓"三方"就是开证申请人、开证行和受益人,所谓"三合同"就是开证申请人与开证行之间的开证申请书、开证行与受益人之间的信用证、开证申请人与受益人之间的贸易合同。信用证交易是以开证申请人与受益人之间的合同为基础的,开证申请人总是尽量使开证申请书与基础合同保持一致,而开证行总是竭力使信用证与开证申请书保持一致。可见,信用证与基础合同有密切的关系,但是信用证一经开立,即脱离了基础合同,而成为开证行与受益人之间的一项独立契约,不再受基础合同的制约。只要受益人提交了符合信用证规定的单据,并满足了信用证的其他条件,开证行就必须兑现其在信用证中作出的承诺。开证行不能利用开证申请人根据买卖合同对受益人的抗辩对抗受益人,受益人也不能以买卖合同为依据要求开证行接受不符合信用证规定的单据。同样,开证行也不能以它与申请人之间的关系中所存在的抗辩事由对抗受益人;受益人也不能利用开证行与开证申请人间存在的关系并从中受益。

信用证的独立性,是信用证的支柱与基石。信用证使开证行负第一性的付款责任,既为买卖双方提供了交易安全保障,又提供了融资方面的便利。而只有保证信用证的独立性,才能使银行愿意参与信用证的交易,才能使受益人的收款安全得到真正的保障。

(三)信用证是一项单据交易

信用证交易虽然产生于基础合同关系,但一旦形成即与基础合同关系相分离,成为一种独立的交易——单据买卖。在信用证交易中,银行从卖方购进单据,再由买方付款赎单。信用证交易各方当事人只处理单据,而不处理单据所代表的货物、服务或行为。受益人只要提供了符合信用证要求的单据,开证行就必须履行其付款义务。即使银行在支付价款前知悉货物、服务或行为不符合要求,银行也必须履行付款义务,开证申请人也必须偿还银行垫付之款。同样,受益人不能因货物、服务或行为符合要求而得到支付,除非受益人如期向银行提交符合信用证要求的单据。

(四)严格相符

严格相符性,又称单证相符原则,是指受益人在向银行提交单据要求付款时,单据必须在表面上完全符合信用证的要求,做到"单证相符、单单相符",银行才予以付款。信用证是单据交易,开证行承诺付款的条件是受益人提交符合信用证规定的单据,开证行获得偿付的前提条件也是审查单据时实行严格相符的原则。但银行只审核单据表面上是否与信用证的要求相符合,至于单据所代表的货物的描述、数量、状况、包装及价值与实际情况是否相符,货物是否存在缺陷等,银行概不负责。只要受益人提交的单据符合信用证规定的条件,银行就必须付款。

三　信用证的当事人

信用证可能涉及的当事人有很多,其中开证申请人、开证行和受益人是最为基本的三个当事人。一项信用证业务通常还需要通知行、议付行、付款行、保兑行、偿付行等当事人的配合和协作才能顺利完成。这些常见的当事人的地位及主要权利和责任如下。

(一)开证申请人(applicant)

开证申请人是向开证行提交申请书申请开立信用证的人,通常是国际贸易中的进口商,因此它受两个合同的约束:一个是与出口商签订的买卖合同,另一个是与开证行签订的开证申请书。

开证申请人主要有以下权利与义务:

(1)按照合同的规定向银行交押金,要求开立与合同相符的信用证。

(2)如果信用证与合同不符,受益人(出口商)提出修改,开证申请人有义务对信用证进行必要的修改;但是如果提出的修改不符合合同的规定,就没有必须修改的义务。

(3)根据信用证的规定,在接到银行的付款赎单通知时,应及时到银行履行承兑手续或付款赎单。

(4)在赎单前有权检验单据,如发现单证不符,有权拒付;但在开证行破产或无法支付时,开证申请人有义务向受益人付款,因为要履行合同义务。

(二)开证行(issuing bank)

开证行一般为进口地的银行,是应开证申请人的要求开立信用证的银行。作为信用证的发出者,开证行受三个合同的约束:第一个是与开证申请人之间签订的开证申请书;第二个是对受益人的付款承诺,即信用证;第三个是与通知行或议付行签订的代理合同。

开证行具有以下权利与义务:

(1)开证行接受了开证申请人的开证申请后,即承担了开证责任和由此引起的风险,有权向开证申请人收取手续费和预收押金。

(2)收取的押金不能用于抵充开证申请人的其他债务而取消开证。

(3)收到单据后不能擅自转卖处理,只有在开证申请人拒绝赎单或无法向开证申请人索回开证金额时,才能行使这种权利。

(4)对受益人有凭表面正确的单据付款的义务。

(5)不能对议付行交来的正确单据无理拒付。

(6)开证行开出信用证后不能以开证申请人无付款能力、未交付押金或手续费、有欺诈行为等借口表示对信用证不再负责。

(7)在议付行对开证行使用电报索偿方式时,单据到开证行后发现与信用证不符,开证行有权追回已付给议付行的款项及利息。

（8）有权对议付行所收下的错误单据行使拒付的权利。

（9）开证行验单付款后无追索权，除非在某些特殊的情况下，即当付款足以构成"误付"（一般指付错金额）时，方可例外。

（10）对邮寄过程中遗失、延误的单据，享有不负任何责任的权利。

（三）受益人（beneficiary）

受益人是指信用证上指定的有权使用该证的人，是信用证金额的合法享有人，一般是国际贸易中的出口商。

受益人的权利与义务主要包括以下几个方面：

（1）受益人应该按照合同的规定向进口商发货，并提交符合合同与信用证要求并与货物相符的单据，如果货到后，进口商发现货物与合同的规定不符，出口商应该赔偿进口商的损失。

（2）如果议付行议付出口商提交的单据后，却遭到偿付行的拒付，则受益人有责任向议付行偿还已议付的金额。

（3）根据UCP600的规定，受益人有权决定是否接受及要求修改信用证。

（4）受益人最大的权利就是可以要求开证行付款，如果开证行不能或不愿付款，出口商仍可要求进口商付款。

（四）保兑行（confirming bank）

保兑行是根据开证行的授权或请求在不可撤销信用证上加注保证条款或加具"保兑"注记的银行。开证行有时为了使自己的信用证有较高的可接受性，就要求另外一家银行（一般是出口地信誉良好的银行，通常是通知行）加保兑。保兑行因为自己签过字，就和信用证的开证行一样承担第一性的付款责任，只要与信用证条款相符的单据一到，就必须付款。

（五）议付行（negotiating bank）

议付行是根据信用证开证行的邀请，并根据受益人的要求，按照信用证的规定对单据进行审核，核实相符后向受益人垫款，并向信用证规定的银行索回垫付款项的银行。议付行对受益人的付款，在实务中一般被称为出口押汇。

（六）通知行（advising bank）或转递行（transmitting bank）

通知行是将开证行开立的以其为收件人的信用证或开证电报的内容，另以自己的通知书格式照录全文而通知受益人的银行。转递行是将开证行开立的以受益人为收件人的信用证原件转给受益人的银行。事实上，这两类银行的区别已经不是很明显了，主要是看收件人是谁，一家银行可能在某一笔信用证业务中是通知行，而在另外一笔业务中充当转递行的角色。

（七）付款行（paying bank）

付款行是被开证行指定为信用证项下汇票付款人或代开证行履行付款责任的银行。信用证规定由开证行自己付款时，开证行就兼为付款行。付款行一经接受开证行的代付委托，就有验单付款的责任，付款后无追索权，只能向开证行索偿。有时付款行也可根据开证行的指示不必验单，只凭议付行单证相符的证明付款，付款后对受益人也无追索权。

如果开证行资信极差，付款行付款后可能得不到它的偿付，则付款行有权拒付。

（八）偿付行（reimbursement bank）

偿付行即在信用证中被指定的代开证行向议付行、付款行清偿垫款的银行。其不负责审单，只根据开证行的授权付款,付款也是终局性的,往往是由于开证行的资金调度或集中在该第三国银行的缘故,要求该银行代为偿付信用证规定的款项。

四 信用证的业务流程

(一)信用证业务流程的说明

1.进出口双方签订合同

虽然信用证业务相对于合同具有独立性,但合同毕竟是信用证的基础,是开证申请人申请开证和受益人审证的依据,很多合同条款都要在信用证中被反映出来,因此合同的签订以及签订的内容将直接影响信用证业务本身的开展。

2.进口商向开证行申请开证

以信用证为支付方式的贸易合同签订后,进口商必须在合同规定的期限内,或合同签订后的合理期限内,向本地信誉良好的银行申请开立信用证。申请开证的进口商或开证申请人应填写开证申请书,以此作为开证行开立信用证的依据。填写开证申请书,必须按合同条款的具体规定,写明对信用证的各项要求,内容要明确、完整,无词义不清的记载。

3.开证行开立信用证

开证行接到申请人完整明确的指示后,一旦决定开展这项业务,就应立即按指示开出信用证。开立信用证的银行即为开证行。开证行一旦开出信用证,在法律上就与开证申请人构成了开立信用证的权利和义务的关系,开证申请书也就成了两者之间的契约。

在开立信用证时,应明确三种关系,即信用证与合同的关系、开证行与开证申请人的关系以及单据与货物的关系。信用证虽然以合同为依据,但信用证在开立以后即成为一个独立的保证支付承诺,凡是合同内需要在信用证上明确的条款,都应当在信用证上明确列明,而不能使用"参阅合同某某条款"等字样,即使信用证中包含有关合同的任何援引,银行也与该合同无关,并不受其约束。

4.通知行通知信用证

当通知行收到开证行发来的信用证后,要合理、审慎地鉴别信用证表面的真伪,如果是采用函电开立信用证就核对印鉴,采用电开(电报、电传或SWIFT系统)时就核对密押。这是因为一家银行一旦决定接受开证行委托通知受益人,就负有证明其表面真伪的义务,在未核对审核之前就通知信用证的,要向受益人讲明。

5.受益人审证,发送货物,制单

受益人接到信用证通知书后,先要对信用证进行审核,在确定了信用证符合合同的规定之后,就可以在信用证的装运期内发货。

受益人取得货运单据、保险单据后,就要按照信用证的要求缮制发票、装箱单、产地证明、装船通知等单据。信用证交单一定要抓紧并保证所交单据与信用证条款和条件相一致,否则即使完全按照要求履约,由于单证不符也不能从开证行那里取得货款。

6.受益人交单议付

受益人备妥全部单据后,应立即到议付行交单,并保证所提交的单据与信用证条款相符。除自由议付信用证外,受益人可到信用证指定的银行交单,也可到保兑行或直接到开证行柜台交单。

7.议付行审单垫付

根据信用证的要求,受益人按照信用证的要求向议付行交单,议付行即按信用证条款对受益人提交的单据进行审核,在确定相符后,按信用证规定将垫付款付给受益人。议付行对受益人的垫款是有追索权的,除非根据事先签订的协议,议付行放弃追索权。当然还有一种情形就是议付行同时也是保兑行,这时自然也就没有追索权了。

议付行如果发现单证不符,可采取下述措施之一:

(1)单据退给受益人修改。

(2)接受受益人保函并议付。

(3)接受受益人往来银行的保函后议付。

(4)要求开证行授权议付。

(5)按托收办理。

(6)如单证只是存在轻微不符,根据以往的经验,无拒付危险时可照样议付。

(7)单据退回受益人,由其他银行处理。

8.议付行寄单索汇

议付行凭与信用证相符的单据向受益人垫款后,就可以在向开证行寄单的同时,向偿付行索汇。如果没有偿付行,就在给开证行的寄单面函中加注付款指示。

9.开证行向议付行付款

开证行接到议付行寄来的单据后,应立即审核单据,并在合理的时间内(从收到单据的翌日起算5个工作日)付款或提出拒付。开证行的义务是审核单据,并凭表面与信用证条款相符的单据付款。

10.申请人审单付款

开证行在接到议付行付款后,马上通知申请人赎单。申请人在接到开证行的赎单通知后,必须立即到开证行付款赎单,在赎单前当然要审查单据,如果发现不符点,也可以提出拒付,但拒付的理由一定是单单之间或单证之间的问题,而且必须按照UCP600条款提出拒付,所以从这个方面可以看出掌握UCP600这种国际惯例的重要性。如果存在一些不符点,则申请人也可以自行决定接受或不接受,但若接受则不能有其他条件,并且必须在合理的时间内向开证行付款赎单。

11.开证行交单

在申请人付款的前提条件下,开证行才将信用证中所规定的单据交付给申请人,这就是银行愿意为企业开立信用证的原因。因为在申请人付款之前,银行持有代表货物物权的单据,可以在一定程度上保障其收汇安全。

12.申请人提货

申请人赎单后就可以安排提货、验货、仓储、运输、索赔等事宜。一笔以信用证为结算工具的交易即告结束。

(二)信用证业务流程的图示

信用证的业务流程如图7-6所示。

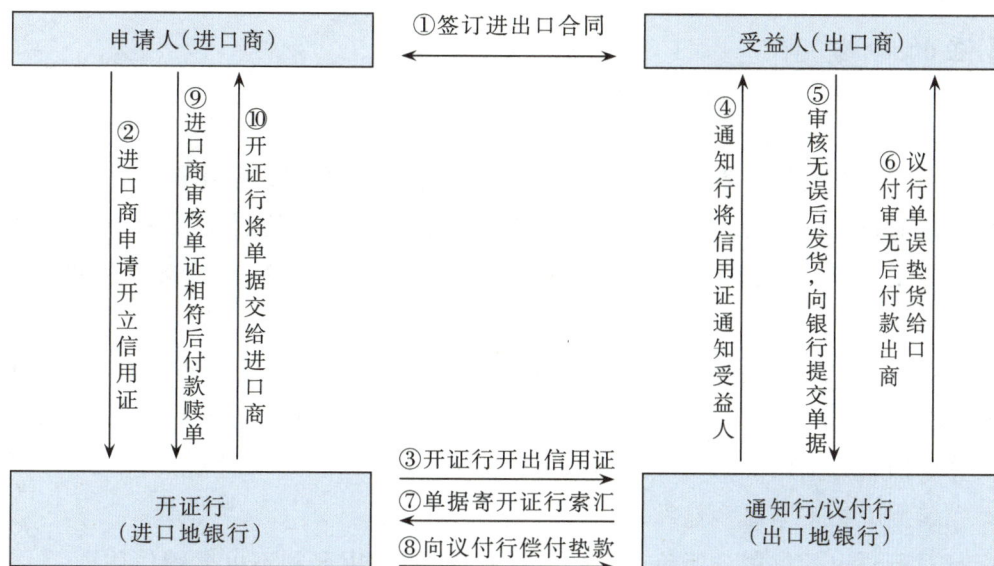

图 7-6　信用证业务流程

五　信用证的主要内容

目前信用证大多采用 SWIFT[①] 全电开证(即以电信方式开证,把信用证的全部条款传达给通知行),各国(地区)银行使用的格式不尽相同,文字语句也有很大差别,但基本内容大致相同,主要包括以下几个方面:

知识扩展:
SWIFT 系统

(1)对信用证本身的说明。包括信用证的种类、性质、信用证号码、开证日期、有效期、到期地点和交单期限等。

(2)信用证的当事人。必须记载的当事人:申请人、开证行、受益人、通知行。可能记载的当事人:保兑行、指定议付行、付款行、偿付行等。

(3)对汇票的说明。在信用证项下,如使用汇票,要明确汇票的付款人、汇票金额、汇票期限、主要条款等内容。

(4)对装运货物的说明。在信用证中,应列明货物名称、规格、数量、单价等,且这些内容应与买卖合同一致。

(5)对运输事项的说明。在信用证中,应列明起运地、目的地、装运期限以及可否分批、转运等内容。

(6)对装运单据的说明。在信用证中,应列明所需的各种装运单据,主要规定应提交哪些单据(如发票、提单、保险单、装箱单、重量单、产地证及商检证书等)、各种单据的份数,以及这些单据应表明的货物的名称、品质规格、数量、包装、单价、总金额、运输方式、装卸地点等。

(7)其他事项。包括交单期的说明;开证行对议付行的指示条款;开证行保证承付的文句;开证行的名称及地址;其他特殊条款,例如限制由××银行议付、限制船舶国籍和船舶年龄、限制航线和港口等。

(8)统一惯例文句。例如,"本证根据国际商会2007年修订本第600号出版物《跟单信用证统一惯例》办理"(This credit is subject to The Uniform Customs and Practice for Documentary Credits, 2007 Revision, International Chamber of Commerce Publication No. 600)。

---

①SWIFT是环球银行金融电讯协会(Society for Worldwide Interbank Telecommunication)的简称。

六 信用证的种类

(一)跟单信用证和光票信用证

按照信用证项下的汇票是否附有货运单据,分为跟单信用证和光票信用证。

跟单信用证(documentary L/C)是指凭跟单汇票或规定的单据付款的信用证,国际结算中使用的信用证一般都是跟单信用证。单据在国际贸易结算中一般是不可缺少的,付款条件通常包括出口商提供一定的单据。

光票信用证(clean L/C)是指凭光票付款的信用证,即信用证下的汇票不附有货运单据。有时,信用证也要求提供发票、垫款清单等非货运性质的票据,这也属于光票信用证。贸易结算中的预支信用证和非贸易结算中的旅行信用证都属于光票信用证。

(二)可撤销信用证和不可撤销信用证

按照开证行对所开出的信用证所负的责任,分为可撤销信用证和不可撤销信用证。

可撤销信用证(revocable L/C)是指开证行有权在信用证开出之后,不征求受益人的同意甚至不通知受益人随时撤销的信用证。这种信用证对受益人利益无保障,因此UCP600中规定信用证都是不可撤销的。

不可撤销信用证(irrevocable L/C)是指信用证一经开出,在其有效期内,如果未得到信用证有关当事人的同意,开证行不能单方面撤销或修改信用证的条款的信用证。此时,开证行负有第一性的付款责任,只要受益人提交的单据符合信用证规定,开证行就必须履行付款义务。

(三)保兑信用证和非保兑信用证

按照信用证有无开证行以外的其他银行加以保兑,分为保兑信用证和非保兑信用证。

(四)即期付款信用证、议付信用证、承兑信用证、延期付款信用证和假远期信用证

按照交单结算方式,分为即期信用证、议付信用证、承兑信用证、延期付款信用证和假远期信用证。

即期付款信用证(sight payment L/C)是指受益人根据开证行的指示开立即期汇票,或不需要汇票仅凭运输单据即可向指定银行提示请求付款的信用证。

议付信用证(negotiation L/C)是指指定某一银行议付或任何银行都可议付的信用证。如果信用证不限制由某一银行议付,可由受益人选择任何愿意议付的银行,提交汇票、单据给所选银行请求议付,则称为自由议付信用证,反之为限制性议付信用证。

承兑信用证(acceptance L/C)是指开证行或付款行在收到符合信用证条款的远期汇票和单据后,先办理承兑手续,等汇票到期时才履行付款的信用证。

延期付款信用证(deferred payment L/C)又称无汇票远期信用证,是远期信用证的一种。开证行或其指定付款行根据订单号就把单据交给开证申请人,于到期时向受益人付款。该信用证不要求开具汇票,自然没有承兑的环节,因此受益人无法办理贴现业务,但能避免向政府缴纳印花税。

假远期信用证(usance L/C payable at sight)又称买方远期信用证,是指买方为了获得票据贴现市场的资金融通,以即期交易价格报价,开立远期汇票并申请开立以票据贴现市场所在地银行为汇票付款人的信用证。

(五)可转让信用证和不可转让信用证

按照受益人使用信用证的权利,分为可转让信用证和不可转让信用证。

可转让信用证(transferable L/C)是开证行授权可使用信用证的银行(通知行)在受益人的要求下,

可将信用证的全部或一部分转让给第二受益人的信用证。根据UCP600的规定,在信用证中明确标明"可转让"(transferable)字样时,信用证方可转让。受益人(第一受益人)可以请求授权付款、承担延期付款责任、承兑或议付的银行(转让行),或当信用证是自由议付时,可以要求信用证特别授权的转让行,将信用证的全部或部分一次性转让给一个或多个受益人(第二受益人)使用的信用证。可转让信用证只能转让一次,即只能由第一受益人转让给第二受益人,第二受益人不得将信用证转让给其后的第三受益人,但可以转让给第一受益人。

(六)对背信用证、预支信用证、循环信用证和对开信用证

按照进出口业务及国际贸易方式,分为对背信用证、预支信用证、循环信用证和对开信用证。

对背信用证(back to back L/C)又称转开信用证,是指受益人要求原证的通知行或其他银行以原证为基础,另开一张内容相似的新信用证。对背信用证的受益人可以是境外的,也可以是境内的,开证行只能根据不可撤销信用证来开立对背信用证。对背信用证的开立通常是中间商转售他人货物,从中图利,或两国(地区)不能直接办理进出口贸易时,通过第三者以此种方法来开展贸易。

预支信用证(anticipatory L/C)是指允许受益人在货物装运和交单前预支货款的信用证。在该证项下,受益人既可以向开证行预支,即受益人在货物装运前开具以开证行为付款人的汇票光票,由议付行买下向开证行索偿;也可以向议付行预支,即由议付行垫付货款,待货物装运后交单议付时,扣除垫款本息,将余额支付给受益人,但如果货物未装运,则由开证行负责偿还议付行的垫款和本息。为引起注意,这种信用证通常用红字标明预支货款的条款,故习惯上称之为"红色条款信用证"(red clause L/C)。

循环信用证(revolving L/C)是指信用证金额被全部或部分使用后,无须经过信用证修改,根据一定条件就可以自动、半自动或非自动地更新或还原再被使用,直至达到规定的使用次数、期限或规定的金额用完为止的信用证。循环信用证可以分为按时间循环的信用证和按金额循环的信用证两种。这类信用证通常适用于分批交货的情况。

对开信用证(reciprocal L/C)是指两张信用证的开证申请人互以对方为受益人而开立的信用证。两张信用证的金额相等或大体相等,两证可同时互开,也可先后开立。对开信用证多用于易货交易或来料加工和补偿贸易业务等。

七 信用证结算的风险及防范

(一)信用证结算存在的主要风险

尽管在信用证结算过程中银行对单据进行审核,要求做到"单单一致"和"单证一致",相对比较安全,但由于银行只是对单据进行表面的审核,并不对货物予以审查,这就使得一些不法商人利用信用证的这一特点,伪造单据进行欺诈。因此,在进行国际贸易时,要特别警惕信用证欺诈。

在实际中,常见的信用证结算风险包括:

(1)使用伪造的信用证或随附的单据、文件进行欺诈。比如,进口商伙同资信不良银行开具信用证,给出口商收汇带来极大危害;或者受益人利用信用证"单证相符、单单相符"的特点,以伪造的单据诱使开证行无条件付款。

(2)信用证中加列软条款。例如,开证申请人在开立信用证时,没有经过受益人同意,在信用证中加列一些软条款(又称信用证陷阱),使得受益人无法达到这些条款的要求或即使达到也会被开证行借故拒付。这些条款使开证申请人或开证行具有单方面的主动权,从而使信用证开证行第一性的付款责

任随时因开证行或开证申请人单方面的行为而解除，以达到不付款或少付款的目的。这类信用证通常被称为"软条款信用证"。买方可凭软条款信用证骗取卖方的保证金、质押金、履约金、开证费等。

（3）利用假远期信用证进行诈骗。有些不法分子利用信用证到期付款前的一段时间制造付款障碍以达到骗取货物的目的。还有的情况是，卖方骗买方与其订立合同并开出信用证，然后要求银行为其贷款，从银行骗贷。

（二）信用证结算风险的防范措施

（1）在订立合同时，必须进行深入的资信调查，包括买方和卖方之间相互资信的了解，银行与开证申请人、受益人之间的资信了解。其中，最重要的是买方和卖方的资信调查，在没有搞清对方的资信和经营能力等情况前，不要轻易交易。

（2）认真缮制买卖合同。由于信用证是根据合同开立的，所以在缮制合同时就要将关键条款制定详细、明确，避免由于信用证条款过于烦琐，给对方以可乘之机。同时，签订的买卖合同应有买卖双方承担风险的责任担保，最好有第三方作担保人并进行公证。

（3）认真审核信用证。卖方收到信用证后，应及时、认真地对信用证与合同条款进行审核，对于"软条款"要特别警惕。发现信用证中存在不符之处以及无法接受的条款时，应立即向买方提出改证要求，否则将陷入极其被动的局面。

（4）要与银行保持密切联系，内部建立一套完整的业务操作规则，特别是有关信用证结算的工作流程，提高业务能力。这是避免由于工作失职或能力不够导致信用证欺诈的有效手段。

（5）尽量要求买方从一些大的、信誉较好的银行开证。这些银行一般会注意保持自身良好的声誉，业务操作相对规范，也会严肃、谨慎地处理"软条款"问题。

八　合同中的信用证支付条款范例

如采用跟单信用证方式结算，应在买卖合同的支付条款中，就开证时间、开证银行，信用证的受益人、种类、金额，装运期、到期日等作出明确规定。

（一）即期信用证支付条款

买方应于装运月份前××天通过卖方可接受的银行开立并送达卖方不可撤销的即期信用证，有效期至装运月份后第15天在中国议付。

The buyers shall open through a bank acceptable to the sellers an Irrevocable Sight L/C to reach the sellers ×× days before the month of shipment, valid for negotiation in China until the 15th day after the month of shipment.

（二）远期信用证支付条款

买方应于××××年××月××日前（或接到卖方通知后××天内或签约后××天内）通过××银行开立以卖方为受益人的不可撤销（可转让）的见票后××天（或装船日后××天）付款的银行承兑信用证，信用证议付有效期延至上述装运期后第15天在中国到期。

The buyers shall arrange with ×× bank for opening an Irrevocable(Transferable) banker's acceptance L/C in favor of the sellers before …(or within ×× days after receipt of sellers advice; or with ×× days after signing of this contract). The said L/C shall be available by draft at sight(or after date of shipment) and remain valid for negotiation in China until the 15th day after the aforesaid time of shipment.

第四节　银行保函和备用信用证

在国际贸易中,跟单信用证为买方向卖方提供了银行信用作为付款保证,但不适用于需要为卖方向买方作担保的场合,也不适用于国际经济合作中货物买卖以外的其他各种交易方式。然而在国际经济交易中,合同当事人为了维护自己的经济利益,往往需要对可能发生的风险采取相应的保障措施,银行保函和备用信用证,就是以银行信用的形式所提供的保障措施。

一　银行保函

(一)银行保函的含义和基本内容

银行保函(letter of guarantee,L/G)又称银行保证书,是指银行应申请人的要求向受益人开出的,担保申请人一定履行某种义务,并在申请人未能按规定履行其责任和义务时,由担保行代其支付一定金额或作出一定经济赔偿的书面文件。银行保函属银行信用,大多属于"见索即付"保函。

目前见索即付保函适用的国际规则是《见索即付保函统一规则》(The Uniform Rules for Demand Guarantees,简称 URDG),国际商会对《见索即付保函统一规则》进行了几次修订,现行版本是 2010 年 7 月 1 日实施的 URDG758。新规则更清晰简洁也更系统科学,适应了新形势下保函业务发展的趋势和业务需求。

保函的内容根据具体交易的不同而多种多样,在形式上无一定的格式。但就基本内容而言,银行保函一般包括以下内容:

(1)基础信息,包括保证书的编号、开立日期、各当事人的名称和地址、开立保函的依据等。

(2)责任条款,是指开立保函的银行或其他金融机构在保函中承诺的应承担的责任条款,这是银行保函的主体。

(3)保证金额,是出具保证书的银行或其他金融机构所承担的责任的最高金额。保证金额可以是具体金额,也可以是合同或有关文件金额的某个比例。如果保证人可以按委托人履行合同的程度减免责任,则必须作出具体说明。

(4)有效期,由当事双方进行约定,可以是具体日期,也可以是在某一行为或某一事件发生后的一个时期。

(5)索偿方式,也称索偿条件,是指受益人在何种情况下可向保证人提出索偿。对此国际上有两种处理方式:一是无条件的,称为"见索即付"保函;二是有条件的保函。按照国际商会的规定,即使是见索即付保函的受益人在索偿时也必须提交一份声明书。

> **知识拓展**
>
> 目前,见索即付独立保函适用的国际规则主要是《见索即付保函统一规则》(URDG)及其修订本,其中,于 2010 年 7 月 1 日实施的 URDG758 是国际商会最新制定的一部适用于见索即付保函的统一规则,是针对 1992 年 URDG458 的修改。这部新规则,一方面继承了 URDG458 的基本精神,坚持了独立性原则,强调了表面相符;另一方面改进了 URDG458 的具体操作,突出了单据化特征。

(二)银行保函的特点

(1)独立性担保,保函依据商务合同开出,但又不依附于商务合同,具有独立法律效力。当受益人在保函项下合理索赔时,担保行就必须承担付款责任,即保函是银行独立的承诺且担保行的赔付依据基本上是约定的单证,而不是合同履行的事实。

(2)银行信用作为保证,易于被合同双方接受。

(三)银行保函的当事人

银行保函业务中涉及的当事人主要有三个:委托人(principal)、受益人(beneficiary)和担保人(guarantor)。此外,往往还有反担保人、通知行及保兑行等。

1.申请人

申请人又称委托人,是要求银行出具保函的一方。其主要职责是履行合同项下的有关义务,并在担保人为履行担保责任而向受益人作出赔付时向担保人补偿其所作的任何支付。

2.受益人

受益人是指接受保函并有权按照保函规定的条款向担保人提出索赔的一方。其主要职责是履行合同中所规定的责任和义务,并在保函规定的索偿条件具备时,有权按照保函规定出具索款通知或连同其他单据,向担保行索取款项。

3.担保人

担保人又称保证人,是指根据申请人的要求向受益人开立保函的一方,通常是银行。其主要责任是处理单据或证明,并不审查基础合同的履行情况。但保证人应尽合理的谨慎,对单证在表面上是否适当进行审查,如单证是否齐全、是否符合保函规定的表面要求,只要单证符合规定保证人就应付款,即便单证的内容是虚假的、形式是伪造的。

(四)银行保函的种类

1.银行进口保函

银行出具的进口保函主要有以下四种:

(1)成套设备进口即期付款保函。进口方按合同规定,预付给出口方一定比例的订金(一般为10%),其余货款由进口地银行开立保函,保证进口方的大部分货款可凭货运单据即期付款,小部分货款(约5%)在设备正常运转期满,凭厂方设备运转期满证书支付。如果进口方无力付款,由银行承担付款责任。

(2)成套设备进口远期付款保函。进口方按合同规定,预付给出口方一定比例的订金(一般为5%),其余部分由进口地银行开立保函,保证进口方凭出口方交来的货运单据先支付小部分(约10%),剩下的85%货款作为远期付款,分期偿付。

(3)租赁保函。租赁保函是由担保银行向出租人出具的担保文件,保证承租人一定按照租赁协议的条款支付租金。如果承租人不付租金,则由担保银行支付。

(4)加工装配保证。进口地银行应进口方的要求,向出口方保证,进口方如期加工出口成品偿还机器设备价款,否则由担保银行代为偿付。相对来说,进口方也可要求出口方提供银行保函,保证负责支付工缴费。

2.银行出口保函

银行出具的出口保函主要有以下四种:

(1)投标保函。投标人向招标人递交投标书时,必须随附银行的投标保函。开标后中标的投标人先前附来的银行投标保函立即生效。投标保函的金额一般为招标金额的2%~5%。担保银行的责任是：当投标人在投标有效期内撤销投标，或者中标后不能同业主订立合同或不能提供履约保函时，担保银行就自己负责付款。

（2）履约保函。招标人和中标的投标人在合同签订后，即成为接受承包人和承包人。承包人必须向接受承包人提供银行开立的履约保函，金额一般为合同金额的10%~15%，以确保承包人按合同条款履约。否则，由银行负责赔偿一定的金额，最高不超过履约保函的总金额。

（3）还款保函。在国家（地区）间对金额较大的成套设备或工程项目交易时，出口方常要求进口方预付一定数额的订金。进口方在支付订金前，要求出口方提供银行的还款保函，以担保出口方履行合约。否则，出口方银行负责将预付订金及利息退还给进口方。

（4）维修保函、质量保函。维修保函多用于造船、工程项目，质量保函多用于货物买卖。两种保函的金额约为合同金额的5%。如果承包人所完成的工程质量或卖方所提供的货物的质量不符合合同规定，而承包人或卖方又不愿进行维修或调换时，银行得向业主或买方支付一定的金额，以便业主或买方对工程或货物进行维修，以保证质量。

（五）保函与跟单信用证的区别

把保函与跟单信用证相比，当事人的权利和义务基本相同，所不同的是跟单信用证要求受益人提交的单据是包括运输单据在内的商业单据，而保函要求的单据实际上是受益人出具的关于委托人违约的声明或证明。这一区别，使两者的适用范围有了很大的不同，保函可适用于各种经济交易中，为契约的一方向另一方提供担保。另外，如果委托人没有违约，保函的担保人就不必为承担赔偿责任而付款。而信用证的开证行则必须先行付款。

二　备用信用证

（一）备用信用证的定义和适用的惯例

备用信用证（standby L/C），是指不以清偿商品交易的价款为目的，而以贷款融资，或担保债务偿还为目的所开立的信用证。备用信用证是现代银行代替银行保证书或保函的流行方式，是一项集担保、融资、支付及相关服务于一体的多功能金融产品，因其用途广泛且运作灵活，在国际商务中得到普遍应用。

备用信用证是一种跟单信用证或安排，开证行保证在开证申请人未能履行其应履行的义务时，受益人只要凭备用信用证的规定向开证行开具汇票，并随附开证申请人未履行义务的声明或证明文件，即可得到开证行的偿付。

商业信用证由于受益人将货物装运出口并提交符合信用证要求的单据这一履约行为而使信用证成为可使用的结算方式；备用信用证则由于开证申请人的违约而支持了受益人，若到时开证申请人履约无误，则备用信用证就为"备而不用"的结算方式，故称为备用信用证。由于备用信用证所具有的担保性质，所以有时也称作**担保信用证**（guarantee L/C）。商业信用证和担保信用证合称为跟单信用证。

（二）备用信用证的种类

备用信用证通常用作履约、投标、还款的担保业务，按照用途的不同，备用信用证主要可分为以下几种。

1.履约备用信用证（performance standby L/C）

履约备用信用证用于担保履行责任而非担保付款，包括对申请人在基础交易中违约所造成的损失进行赔偿的保证。在履约备用信用证有效期内如发生申请人违反合同的情况,开证人将根据受益人提交的符合备用信用证的单据(如索款要求书、违约声明等)代申请人赔偿规定的金额。

2.投标备用信用证(tender bond standby L/C)

投标备用信用证用于担保申请人中标后执行合同的责任和义务。若投标人未能履行合同,开证人须按备用信用证的规定向受益人履行赔款义务。投标备用信用证的金额一般为投保报价的1%~5%。

3.预付款备用信用证(advance payment standby L/C)

预付款备用信用证用于担保申请人对受益人的预付款所应承担的责任和义务。预付款备用信用证常用于国际工程承包项目中业主向承包人支付的合同总价10%~25%的工程预付款,以及进出口贸易中进口商向出口商的预付款。

4.直接付款备用信用证(direct payment standby L/C)

直接付款备用信用证用于担保到期付款,尤指到期没有任何违约时支付本金和利息。直接付款备用信用证主要用于担保企业发行债券或订立债务契约时的到期支付本息义务。

(三)银行保函与备用信用证的区别

1.银行保函有从属性保函和独立性保函之分,备用信用证无此区分

银行保函作为金融机构担保的一种,与所凭以开立的基础合同之间的关系既可以是从属性的,也可以是独立的,是否独立完全由保函本身的内容决定。备用信用证作为信用证的一种形式,并无从属性与独立性之分,它具有信用证"独立性、自足性、纯粹单据交易"的特点,受益人索赔时以该信用证约定的条件为准,开证行只根据信用证条款与条件来决定是否支付,而不考虑基础合同订立和履行的各种情况。

2.适用的法律规范和国际惯例不同

独立性保函虽然在国际经贸实践中有广泛的应用,但大多数国家(地区)对其性质在法律上并未有明确规定,这在一定程度上阻碍了保函的发展。备用信用证则适用统一的国际惯例,一般在开立信用证时,都要明确记载该信用证所适用的国际惯例的名称。目前,可适用于备用信用证的国际规则主要有三个:《国际备用信用证惯例》(ISP98)、《跟单信用证统一惯例》(UCP600)、《联合国独立保证和备用信用证公约》(United Nations Convention on Independent Guarantee and Standby Letters of Credit)。

银行独立保函可适用的国际规则主要有:国际商会制定的《见索即付保函统一规则》和联合国国际贸易法委员会制定的《联合国独立保证和备用信用证公约》。但前者尚未被世界各国(地区)广泛承认和采纳,而后者也只对参加公约的国家(地区)生效。

3.开立方式不同

备用信用证的开立,开证行通过受益人当地的代理行(即通知行)转告受益人,通知行需审核信用证表面的真实性,如不能确定其真实性,则有责任不延误地告知开证行或受益人。

银行独立保函的开立可以采取直接保证和间接保证两种方式。如果采取直接保证,担保行和受益人之间的关系与备用信用证开证行和受益人的关系相同,但《见索即付保函统一规则》对通知行没有作出规定,因此银行独立保函可由担保银行或委托人直接交给受益人;如果担保行通过一家代理行转递,则按常规这家转递行就负责审核保函签字或密押的真实性。

4.生效条件不同

按照英美法的传统理论,银行提供独立保函必须有对价才能生效,但开立备用信用证则不需要有对价即可生效。

5.兑付方式不同

备用信用证可以在即期付款、延期付款、承兑、议付四种方式中规定一种作为兑付方式,而银行独立保函的兑付方式只能是付款。相应地,备用信用证可指定议付行、付款行等,受益人可在当地交单议付或取得付款;银行独立保函中只有担保行,受益人必须向担保行交单。

6.单据要求不同

备用信用证一般要求受益人在索赔时提交即期汇票和证明申请人违约的书面文件。银行独立保函则不要求受益人提交汇票,但对于表明申请人违约的证明单据的要求比备用信用证下提交的单据要严格一些。例如,受益人除了提交证明申请人违约的文件外,还需提交证明自己履约的文件,否则担保行有权拒付。

第五节　各种支付方式的合理安排

在国际贸易中,一笔交易的货款结算,可以采用一种结算方式,也可以根据不同的交易商品、交易对象、交易条件等,将各种结算方式搭配使用,从而有利于促进交易并能够安全、及时地收汇。

一　主要结算方式的比较

在国际贸易中,汇付、托收和跟单信用证是最基本、最常用的三种结算方式,表7-4对这三种结算方式在手续繁简、费用负担、资金占用和安全性等方面作了比较。

表7-4　汇付、托收与跟单信用证的比较

结算方式		手续	银行收费	买卖双方的资金占用	买方风险	卖方风险
汇付	预付货款	简单	极少	不平衡	最大	最小
	赊账交易	简单	极少	不平衡	最小	最大
跟单托收	付款交单	稍繁	稍多	不平衡	较小	较大
	承兑交单	较繁	稍多	不平衡	极小	极大
跟单信用证		极繁	最多	较平衡	稍大	较小

二　影响结算方式选择的因素

(一)客户资信

在国际贸易中,合同能否顺利圆满地得到履行,在很大程度上取决于客户的信誉。因此,要在贸易中安全、及时地收汇或是安全地用汇,就必须事先做好对客户的资信调查,如客户的企业性质、规模、经营范围、往来银行名称及账号、与中国其他公司有无其他业务关系、公司有无网站等。一方面,请客户自我介绍,然后从侧面加以证实;另一方面,可通过银行、保险部门和驻外机构进行调查,也可委托中国银行对客户进行专门的资信调查。此外,对不同地区的客户,宜采用不同的做法。如欧、美、日、澳等地区的客户,一般而言,资信比较好,国家金融运作体系正常,所以一般D/P远期风险不大。但对一些资信较差的高风险客户,即便是D/P即期或远期付款,也可要求投保出口信用险。还需要考虑合同金额的大小以及对新、老客户进行区别对待,灵活采用结算方式。如果是老客户,以前配合得很好,涉及合同金额比较小,可以接受 D/A 远期或后 T/T(发货人发完货后,买家付清余款的方式称为后 T/T);如果是新客户,或者合同金额较大,对 D/A 托收和后 T/T 业务则要求必须投保出口信用险。总之,需要对客户资信进行动态掌握、连续考察,随时注意调整结算方式。

(二)经营意图

在国际贸易中,结算方式不仅仅起到货款结算的作用,甚至可以成为卖方扩大销路、调动买方积极性的"促销"手段。因此,需要充分了解双方的经营意图。如果卖方销售的是畅销货物,则既可以提高售价,又可以选择对自己最有利的结算方式与资金占用方式,比如信用证结算。如果卖方销售的是滞销货物或市场竞争激烈的货物,则除了需降低售价之外,在结算方式上也需做必要的让步,谨慎利用汇付或托收的方式。

(三)贸易术语

在国际货物买卖合同中若采用不同的贸易术语,由于合同的交货方式和运输方式不同,其所适用的结算方式也不完全相同。例如,对象征性交货的术语(如 CIF、CFR),可采用 L/C 或 D/P 方式;对实际交货的术语(EXW、D组术语),一般不能使用托收方式;对 FOB、FCA 合同,虽然可凭运输单据交货与收款,但由于运输由买方安排,卖方较难控制货物,因此一般也不宜采用托收方式。

(四)运输单据

在国际贸易中采用不同的货物运输方式,卖方掌握的运输单据的性质就不同,从而影响结算方式的选择。例如,采用海运方式,卖方装运货物后得到的是海运提单,而提单有物权凭证的作用,提单在交付给买方之前,卖方能够通过控制提单来控制货物,因而可以选择信用证结算或托收结算。当货物采用航空运输、铁路运输以及邮政运输时,相应的运输单据是航空运单、铁路运单或邮包收据,这些单据都不是物权凭证,因此卖方不建议采用托收方式。若采用信用证结算,也须规定必须以开证行作为运输单据的收货人,以便银行可以控制货物。

三 各种结算方式的选用

在国际贸易业务中,一笔交易的货款结算,可以只使用一种结算方式(通常如此),也可根据需要,例如不同的交易商品、不同的交易对象、不同的交易做法,将两种或两种以上的结算方式结合使用,或有利于促成交易,或有利于安全、及时收汇,或有利于妥善处理付汇。

(一)信用证与汇付相结合

这是指一笔交易的货款,部分用信用证方式支付,余额用汇付方式结算。这种结合形式常用于允许其交货数量有一定机动幅度的某些初级产品的交易。对此,经双方同意,信用证规定凭装运单据先付发票金额或在货物发运前预付金额的若干成,余额待货到目的地(港)后或经再检验的实际数量用汇付方式支付。使用这种结合形式必须首先订明采用的是何种信用证和何种汇付方式以及按信用证支付金额的比例。

(二)信用证与托收相结合

这是指一笔交易的货款,部分用信用证方式支付,余额用托收方式结算。这种结合形式的具体做法通常是:信用证规定受益人(卖方)开立两张汇票,属于信用证项下的部分货款凭光票支付,而其余金额则将货运单据附在托收的汇票项下,按即期或远期付款交单方式托收。这种做法,对卖方而言,收汇较为安全,对进口方而言,则可减少垫资,易为双方所接受。但信用证必须订明信用证的种类和支付金额以及托收方式的种类。

(三)汇付与银行保函或信用证相结合

汇付与银行保函或信用证结合使用的形式常用于成套设备、大型机械和大型交通运输工具(飞机、船舶等)等货款的结算。这类产品交易金额大,生产周期长,往往要求买方以汇付方式预付部分货款或订金,其余大部分货款则由买方按信用证规定或开加保函分期付款或延期付款。

(四)跟单托收与预付押金相结合

采用跟单托收并由买方预付部分货款或一定比例的押金作为保证。卖方收到预付或押金后发运货物,并从货款中扣除已收款项,将余额部分委托银行托收。托收采取D/P方式。如托收金额被拒付,卖方可将货物运回,并从已收款项中扣除来往运费、利息及合理的损失费用。

(五)备用信用证与跟单托收相结合

采用这种方式的主要目的是当跟单托收项下的货款遭到买方拒付时,可凭备用信用证利用开证行的保证追回,即在备用信用证项下,由卖方开立汇票与签发买方拒付的声明书要求开证行进行偿付。

◎ 复习巩固

一、习题链接

第七章测试题

二、思考题

1.汇付方式在国际贸易中的作用是什么?

2.托收有何特点?托收业务中银行的义务是什么?出口商应注意什么?

3.信用证的当事人及其相互间的法律关系是什么?

4.银行保函和备用信用证的异同点是什么?

📈 综合能力提升

美国某进出口A公司与德国B公司签订了进口一批汽车零部件的合同,因合同规定,美方A公司开出了以德国B公司为受益人的不可撤销跟单信用证,总金额为1000万美元,价格条件是FOB汉堡,由英国C公司承运,该批货物投保了一切险。货物装船后,B公司持提单在汉堡议付了货款,货到目的港后,A公司发现,该批汽车零部件有严重的质量问题,立即请商检部门进行了检验,证实该批零部件确实有质量问题,与合同不符,A公司于是持商检证明要求银行追回已付货款,否则将拒绝向银行付款。试问:

(1)银行能否拒绝A公司提出的追回已付款项的要求,为什么?

(2)A公司是否有权拒绝向银行付款,为什么?

☞ **学习导航**

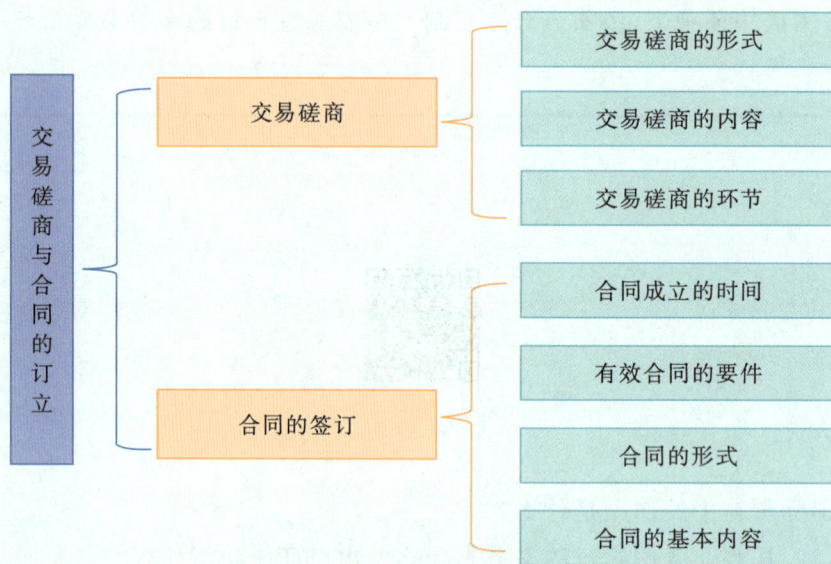

☞ **学习目标**

1.知识目标:了解国际贸易磋商的法律性和复杂性;掌握交易磋商的程序及主要注意事项;掌握国际买卖合同成立的必要条件。

2.能力目标:外贸业务员不仅应熟悉国际贸易的规则和惯例,还应该了解目标市场的政治、经济、文化和风俗,了解交易对象的主要商业习俗和惯例;学会分析目标市场的特点,选择相应的对策,逐步提高签订合同的技巧和水平,保证交易磋商的顺利进行及合同的有效签订。

3.思政目标:树立国际贸易促进国家富强的信心,培养学生敏锐的观察能力、科学的思维能力,并具备问题分析和经验总结、创新能力;培养学生善于沟通、严谨、高效的职业素养。遵守国际贸易规则和惯例,熟悉交易对象的商务习惯,从而更好地维护国家和企业利益。

第一节 交易磋商

国际货物买卖的交易磋商(business negotiation)即我们常说的业务谈判,是买卖双方以一定的方式并通过一定的程序,就交易条件进行洽谈,以求达成协议的过程。它是国际货物买卖过程中的一个重要环节,也是签订买卖合同的基础与前提。在磋商过程中要求磋商谈判人员不仅要有认真负责的工作态度,而且要熟练掌握国际贸易合同的条款内容。

一　交易磋商的形式

交易磋商的形式可以分为口头和书面两种,在某些特定情况下,交易双方也可根据双方之间形成的惯例,通过彼此认可的行为表示磋商的某一环节。

(一)口头磋商

口头磋商包括交易双方通过电话进行的磋商,以及利用商品交易会、博览会、投资及商品洽谈会、贸易代表团出访或客户来华考察等机会,由双方当面直接谈交易。

口头磋商具有以下特点:

(1)信息传递迅速,从而节省谈判时间。

(2)面对面谈判,可以通过观察对方的举止、反应,及时了解对方态度,调整谈判策略。

(3)有利于双方更好地沟通,便于交易达成,对于谈判内容复杂、涉及问题多的交易,口头磋商尤为适合。

(4)涉及的费用较高,如参展费、差旅费等,增加企业成本。

(二)书面磋商

书面磋商包括交易双方通过信函、电报、电传、传真以及电子商务等方式进行的磋商。随着通信技术的不断发展,书面磋商的形式越来越多,也越来越简便易行。往来函件的写作一般需遵循简明、清晰、礼貌等原则。

与口头磋商相比,书面形式的磋商不仅方便、费用低廉,还能更好地为交易执行中可能产生的贸易纠纷提供证据。因此,在国际贸易货物买卖中,通常以书面的洽谈方式为主。通过口头洽谈和书面磋商,双方在交易条件方面达成协议后,即可制作书面合同。

二　交易磋商的内容

国际货物买卖交易的磋商,通常包括货物买卖合同中可能涉及的各项交易条件,如商品的品质、数量、包装、价格、支付条件、运输、货运保险、商品的检验、争议的解决、仲裁、不可抗力等。由于交易双方语言和文字沟通方面的困难,以及各自不同的社会制度、文化背景、价值观念等,为避免误解,或由于贸易习惯不同而产生纠纷,交易双方尤其是新客户在交易磋商时应对上述各项交易条件一一进行协商。

在实际业务中,并不是每笔交易都必须对所有交易条件一一进行磋商。很多交易都使用固定格式的合同,货物买卖涉及的商检、索赔、仲裁、不可抗力等通常作为"一般交易条件"(general terms and conditions)印就在合同中,只要对方没有异议,就不必重新协商,从而可以缩短谈判时间并节约费用开支。此外,老客户之间的交易磋商,由于双方已就"一般交易条件"达成一致,或者双方已形成一些习惯做法,因此,有些交易条件就不必在每笔交易中一一重新协商。一旦交易达成,这些交易条件就成为合同不可分割的组成部分。由此可见,交易磋商的具体内容,会因商品本身的特点、交易双方所采用的贸易方式以及双方的熟悉程度等而有所不同。

三 交易磋商的环节

交易磋商一般包括四个环节:询盘、发盘、还盘和接受。其中,发盘和接受是达成有法律约束力合同不可缺少的两个基本环节。

(一)询盘

询盘(inquiry)是交易的一方向另一方探询购买或出售某商品的交易条件的行为。在实际业务中,尤其是在最初的接触中,询盘的一方往往就成交价格进行探询,因此,也有人把在国际货物买卖中的询盘称作**询价**。发出询盘的目的,除了探询价格或有关交易条件外,有时还表达了与对方进行交易的愿望,希望对方接到询盘后及时发盘,以便考虑接受与否。这种询盘实际上属于邀请发盘(invitation to offer),其目的在于使对方发盘,如果交易条件合适,便可与对方达成交易。

在实际业务中,询盘可由买方做出,也可由卖方发出。询盘时应注意:

(1)询盘本身并不构成发盘,不具有法律上的约束力。

(2)对外询盘,尤其是大宗订货的询盘,应做到"货比三家",但同时不宜向同一地区的多家企业询盘,以免供应商联合起来,抬高价格。

(3)询盘时不宜过早透露自己希望的交易条件,而应留有余地,以使自己在谈判中处于有利地位。

(4)询盘的内容不应仅局限于成交价格,通常还涉及交易的其他条件,如商品的品质、规格、数量、装运、付款条件等。

询盘不是每笔交易必经的程序,若交易双方彼此了解情况,则不需要向对方探询成交条件或交易的可能性,可直接向对方发盘。

> **📖 询盘示例**
>
> 1.Please quote lowest price CFR New York for 200 metric tons of soybeans.(请报200公吨大豆CFR纽约港的最低价。)
>
> 2.We are interested in northeast rice. Please quote your lowest price for 200 M/T CFR New York,for shipment during May/June. Please telex reply promptly.(我方对贵方的东北大米感兴趣,请报200公吨CFR纽约港的最低价,5—6月份装运,望尽速电复。)
>
> 3.We can supply DC cameras. Please cable us if you are interested.(我方可供数码相机,如有兴趣请电告。)

(二)发盘

1.发盘的含义

发盘(offer)又称报盘、发价或报价,在法律上称为**要约**。《联合国国际货物销售合同公约》第14条第1款规定:"向一个或一个以上特定的人提出的订立合同的建议,如果十分确定并且表明发价人在得到接受时承受约束的意旨,即构成发价。"第2款规定:"非向一个或一个以上特定的人提出的建议,仅应视为邀请做出发价,除非提出建议的人明确地表示相反的意向。"发盘可根据对方询盘发出,也可由交易一方直接向对方发出。在实际业务中,发盘多由卖方提出,有时也由买方提出。买方提出的发盘习惯上称为**递盘**(bid)。

📖 **发盘示例**

1.We offer firm, subject to your reply reaching us by 4 p.m. May 4th, 2024, our time.（报实盘，以你方答复于我方时间2024年5月4日下午4点复到我处为准。）

2.We are offering for 200 dozen sport shirts for shipment during May/June, subject your reply here by May 30th, 2024, our time.（向你方报盘200打运动衫，5—6月装运，我方时间2024年5月30日复到有效。）

2.发盘的构成条件

根据上述定义，一项发盘应具备以下基本条件：

（1）发盘是一个订立合同的建议。这种意思可以用发盘、递盘等术语和语句表明，也可按照当时谈判的情形，或当事人之间以往的业务交往情况或双方已经确立的习惯做法来确定。

（2）发盘必须向特定人提出。特定人（specific person）是指有名有姓的商号、企业或个人，发盘可向一个或同时向多个这样的特定人发出。在实际业务中，企业为推销产品所做的商业广告及商品价目单等行为，根据《联合国国际货物销售合同公约》的规定，由于没有特定受盘人（也称被发价人），其本身并不构成发盘，通常只能视为邀请对方发盘。但是，如果登此商业广告的人明确表示它是作为一项发盘提出来的，如在广告中注明"本广告构成发盘"等，则此类广告也可作为一项发盘。

（3）内容必须十分确定（sufficiently definite）。《联合国国际货物销售合同公约》第14条第1款还规定："一个建议如果写明货物并且明示或暗示地规定数量和价格或规定如何确定数量和价格，即为十分确定。"因此，订约建议中没有关于商品品质、交货、付款等其他交易条件，并不妨碍它作为一项发盘，也不妨碍合同的成立。发盘中没有包括的内容，在合同成立后，双方可根据已建立的习惯做法、惯例，或按《联合国国际货物销售合同公约》中关于货物销售部分的有关规定予以补充。

值得注意的是，在实际业务中，如果发盘的交易条件过于简单会给合同的履行带来困难，且容易引起争议，因此建议在对外发盘时，最好将品名、品质、数量、包装、价格、交货时间、地点和支付办法等主要交易条件一一列明。

（4）发盘应表明一旦接受即受约束的意思。发盘一经受盘人有效接受，双方即确立合同关系，要受发盘中列明的各项交易条件的约束。带有如"仅供参考"（for reference only）、"以我方最后确认为准"（subject to our final confirmation）、"以货物未售出为准"（subject to the goods being unsold）等限制或保留条件的订约建议，只能视为邀请发盘，对当事人没有法律约束力。

在实际业务中，有人把发盘分为"实盘"（firm offer）和"虚盘"（non-firm offer）。实盘又称"有约束力的发盘"（offer with engagement），经受盘人接受，当事方即可达成交易；虚盘又称"无约束力的发盘"（offer without engagement），如果发盘人明确表示不受约束或发盘时附有保留条件的订约建议，都属于虚盘，即使使用了"发盘"一词，也不构成有效发盘，对当事方没有约束力。

（5）发盘必须送达受盘人。发盘传达到受盘人时生效，这是《联合国国际货物销售合同公约》和各国（地区）法律普遍的要求。无论是口头的还是书面的，只有被传达到受盘人时才生效。也就是说，任何某种原因致使受盘人未能收到的发盘都是无效的。

📖 **案例分析**

某年7月底,A公司向B公司报盘某贵金属产品2000公吨,每公吨3150美元CIF汉堡(德国),即期装运,有效期至8月10日。B公司接到A公司报盘后,请求A公司增加数量、降低价格,并延长有效期。经过几次函电往返,A公司于9月5日答复,将数量增加到3500公吨,价格降为每公吨3100美元,并规定,有效期至9月25日。B公司于9月20日去电表示接受。此时,该产品国际市场价格暴涨。A公司决定拒绝成交,于是向B公司致电称:"货物已于接到你方电报前售出。"而B公司坚持认为自己已在发盘有效期内表示接受,双方的合同成立,A公司应按发盘的条件执行合同;否则,要求赔偿损失。试问:双方的合同关系是否已成立?

分析:本案中,卖方A公司的发盘内容完整、明确,而且规定了有效期,在法律上是有效的发盘,只要受盘人在有效期限内做出有效接受,双方的合同关系即告成立,就应履行各自的权利和义务。本案中,受盘人B公司于9月20日,即在有效期9月25日之前就表示接受,该接受也于9月20日到达A公司。因此,双方的合同已经成立,A公司应按规定向B公司供货;否则,应承担违约责任。

3.发盘的有效期

发盘的有效期是指受盘人表示接受的时间期限。尽管是否规定有效期不是构成发盘的必备条件,但在实际业务中,尤其是采用函电成交时,发盘通常都规定一个有效期,超过发盘规定的时限,发盘人即不受约束。发盘有效期的规定方法有以下几种:

(1)规定最迟接受的期限。例如,"Our offer is subject to your reply here before 4 p.m. June 10th";"Our offer is valid till 4 p.m. June 10th, Beijing time"。

(2)规定一段接受的期限。例如,"Our offer is valid for ten days";"Please reply in ten days"。

实际业务中,在规定发盘有效期时,应当尽可能明确,如起止时间的计算、以哪方时间为准,避免由于理解的不同而产生争议。

如果发盘未规定有效期,则受盘人应在合理时间内接受。何谓合理时间,需根据交易的具体情况而定,如发盘所采用的通信方式等。口头发盘时,《联合国国际货物销售合同公约》第18条第2款规定,除发盘人另有声明,受盘人"必须立即接受"。

4.发盘生效的时间及发盘的撤回

《联合国国际货物销售合同公约》第15条第1款规定:"发价于送达被发价人时生效。"明确发盘生效的时间具有以下两方面的重要意义:

(1)受盘人何时能表示接受。根据《联合国国际货物销售合同公约》的规定,发盘送达受盘人时生效,因此,受盘人只有在发盘生效之后表示的接受才是有效的。在发盘送达受盘人之前,即发盘生效之前,即使受盘人通过其他途径已经知道发盘的发出及发盘的内容,也不能做出接受。这种情况下做出的接受,不是有效的接受,其性质上属于"碰头的发盘",不经对方确认,不能导致合同的成立。

案例分析

S公司于5月10日向C公司报盘某商品,限5月17日复到有效,该发盘于5月13日抵达C公司。此前,C公司已通过别的途径得知S公司将报盘该商品并且获知其内容,在收到S公司报盘前,于5月11日去电表示接受。S公司未予答复。此时,该商品价格上涨,C公司要求S公司履行交货义务,而S公司则以双方不存在合同关系为由,拒绝交货。试问:本案中,双方是否达成合同?

分析:合同不成立,双方不存在合同关系。本案中,S公司的发盘5月13日抵达C公司,而C公司在发盘生效前,于5月11日去电表示接受,此项接受不是一项有效的接受,性质上属于发盘,S公司并没有给予确认,因此,交易没有达成,合同不成立。

(2)发盘人能否撤回。发盘的撤回(withdrawal)是指在发盘送达受盘人之前阻止其生效。《联合国国际货物销售合同公约》第15条第2款规定:"一项发价,即使是不可撤销的,得予撤回,如果撤回通知于发价送达被发价人之前或同时,送达被发价人。"

应该注意的是,关于发盘生效的时间,各国(地区)的法律规定和做法有所不同,主要有两种:一种是"投邮生效"的原则,又称为"投邮主义",即认为发盘一经投邮即生效;另一种是"到达生效"的原则,又称为"到达主义",即认为发盘必须到达受盘人才生效。《联合国国际货物销售合同公约》采取了到达主义。《中华人民共和国民法典》关于发盘生效时间的规定与《联合国国际货物销售合同公约》的规定一致,也采取到达主义。

5. 发盘的撤销

发盘的撤销(revocation),是指发盘生效之后将其取消,使其失去效力。《联合国国际货物销售合同公约》第16条第1款规定:"在未订立合同之前,发价得予撤销,如果撤销通知于被发价人发出接受通知之前送达被发价人。"根据《联合国国际货物销售合同公约》的规定,在发盘已经生效,但受盘人尚未发出其接受通知之前,只要发盘人及时将撤销通知送达受盘人,就可将其发盘撤销。

然而,发盘人对其发盘的撤销也不是毫无约束的。根据《联合国国际货物销售合同公约》第16条第2款的规定,下列两种情况下的发盘不得撤销:①发盘中规定了有效期,或以其他方式表示该发盘是不可撤销的;②受盘人有理由信赖该发盘是不可撤销的,并已本着对该发盘的信赖采取了行动。例如,受盘人已申请开立信用证或已备货。

值得注意的是,发盘的撤回与撤销是两个不同的概念:

撤回是指在发盘送达受盘人之前,将其取消,以阻止其生效。

撤销是指发盘已送达受盘人,即发盘生效之后将发盘取消,以阻止其继续生效。

6. 发盘的失效

《联合国国际货物销售合同公约》第17条规定:"一项发价,即使是不可撤销的,于拒绝通知送达发价人时终止。"

此外,实际业务中,以下情况也可导致发盘失效:①在发盘规定的有效期内未被接受,或虽未规定有效期,但在合理时间内未被接受,则发盘的效力即告终止;②发盘被发盘人依法撤销;③受盘人还盘;④发盘人发盘之后,发生了不可抗力事件,如政府禁令或限制措施;⑤在发盘被接受前,当事人丧失行为能力、死亡、破产等。

(三)还盘

还盘(counter offer)又称还价,在法律上称为**反要约**,是指受盘人不同意发盘人提出的交易条件,为进一步磋商,向原发盘人提出书面或口头修改意见的行为。

还盘不是交易达成的必要条件,但在实际业务中,双方往往经过多次"讨价还价"才能达成一致交易条件。还盘可以针对商品价格,也可以针对其他交易条件,如商品数量、交货期、支付方式等。

> **还盘示例**
>
> We are in receipt of your letter of April 20 offering us 100 sets of the captioned goods at USD 585 per set. While appreciating the quality of your computers, we find your price is too high. Some computers of similar quality from other countries have been sold here at a level about 30% lower than yours. Should you be ready to reduce your limit by, say 10%, we might come to terms. It is hoped that you would seriously take this matter into consideration and let us have your reply soon.(我方已经收到你方4月20日来信,报100台标题货物每台585美元。计算机质量不错,但是价格太高。其他国家类似质量的产品有些低于你方价格的30%,如果可以降价,如10%,我们就可以成交。请尽快答复。)

还盘产生的法律后果有两方面:①原发盘即告失效,原发盘人不再受其约束;②还盘构成一项新的发盘,还盘人成为新发盘人,原发盘人成为新受盘人。还盘一经原发盘人有效接受,双方即可达成交易。

> **案例分析**
>
> A公司3月10日收到B公司某商品的发盘,有效期至3月26日。3月22日,A公司电复:"如能把单价降低5美元,则可以接受。"对方没有回应。后因用货部门急需此货,并且该商品的国际市场行情见涨,A公司于3月25日又去电,表示同意对方3月10日发盘所提各项条件,对方称原发盘失效而不予考虑。试问:此项交易是否达成?
>
> **分析**:双方交易未达成。因为A公司3月22日去电是还盘,按法律规定,发盘一经还盘即告失效,同时原发盘人对还盘又未做出答复。而A公司3月25日去电是对已失效的发盘表示接受,因此不能达成交易。

(四)接受

1.接受的含义

接受(acceptance)在法律上称为**承诺**,是指受盘人在规定的时限或合理时间内,按照限定的方式,"以声明或做出其他行为"表示同意对方提出的各项条件,并愿意按照这些条件订立合同的意思表示。

2.接受的方式

《联合国国际货物销售合同公约》第18条规定:"被发价人声明或做出其他行为表示同意一项发价,即是接受。缄默或不行动本身不等于接受。"

因此,根据《联合国国际货物销售合同公约》的规定,接受既可以采用声明(口头或书面)的方式,也可以通过其他实际行动来表示。例如,依双方所确立的习惯做法,如接受发盘中提出的交易条件,受盘人可用与发货或付款有关的行为来表示,而无须另行通知发盘人。在国际贸易中,受盘人多采用声明的方式表示接受。

但是,缄默或不行动本身并不等于接受。如果受盘人收到发盘后,只是保持缄默,不对发盘做出任何反应,则不能认为是对发盘表示接受。除非双方根据已达成的协议或习惯做法,同意以缄默表示接受。

3.构成接受的条件

根据接受的定义,一项有效的接受必须具备以下条件:

(1)接受必须由受盘人做出。发盘是向特定的人提出的,因此,只有特定的人才能对发盘做出接受。由第三者做出的接受,不能视为有效的接受,只能作为一项新的发盘。

(2)接受必须明确表示。根据《联合国国际货物销售合同公约》的规定,接受必须以声明或根据双方确立的习惯做法以行为明确表示。缄默或不行动本身并不等于接受。

(3)接受必须同意发盘所提出的交易条件。一项有效的接受必须是同意发盘所提出的交易条件。根据《联合国国际货物销售合同公约》第19条的规定,对发盘表示接受但载有实质性变更的添加、限制或其他更改的答复,均不能构成真正接受,而只能被视为拒绝该项发盘,并构成还盘。有关货物价格、付款、货物质量和数量、交货地点和时间、一方当事人对另一方当事人的赔偿责任范围或解决争端等等的添加或不同条件,均视为实质性变更。

但是,并不是任何对发盘内容的添加、限制或更改都能构成还盘。若受盘人在表示接受时,对发盘内容提出某些非实质性变更,如果发盘人没有在不过分迟延的时间内表示反对其中的差异,仍可构成有效的接受,从而使合同得以成立。在此情况下,合同的条件就以该项发盘的条件以及接受中所提出的某些更改为准。

📖 **案例分析**

我国某出口公司于3月10日向美商就某农产品发盘,除列明各项交易条件外,还表示"Packing in sound bags"。在发盘有效期内,对方电复"Accept your offer,packing in new bags"。该出口公司收到上述复电后即着手备货。数日后,该农产品国际市场价格猛跌。美商来电称"我方对包装条件做了变更,你未确认。合同并未成立"。而我方坚持合同已经成立,双方发生争执。试问:合同是否已经成立?

分析:双方当事人受《联合国国际货物销售合同公约》中有关条款的约束。按该公约的规定,对发盘表示接受而对发盘内容做非实质性变更时,除非发盘人在不过分迟延的期限内通知反对其中的差异外,仍构成接受。如发盘人不做出这种反对,合同条件就以该项发盘的条件及接受通知内所载的更改为准。在本案中,包装的改变并不属于实质性改变,美商复电已构成接受,合同成立。如美商拒不履约,我方应按《联合国国际货物销售合同公约》的有关规定向美商提出索赔。

(4)必须在规定的期限内送达发盘人。根据《联合国国际货物销售合同公约》的规定,如果表示接受的通知在发盘规定的时间内(如未规定时间,则在一段合理的时间内),未送达发盘人,接受就是无效的。口头发盘,除非当事人另有约定,必须立即接受。至于什么是合理的时间,往往有不同的理解,通常需考虑发盘人使用的通信方式等。为了避免争议,最好在发盘中明确规定接受的具体时限。

4.接受生效的时间

接受生效的时间,对当事双方都非常重要。因为接受一经生效,合同即告成立,当事人就要受彼此达成的各项交易条件的约束。同规定发盘的生效时间一样,在接受生效的时间问题上,各国(地区)法律也有不同的规定,主要有两种:一是"投邮生效"的原则,即接受通知一经投邮立即生效;二是"到达生效"的原则,即接受通知必须送达发盘人才能生效。

《联合国国际货物销售合同公约》采取的是"到达生效"的原则。按照该公约的规定,以声明表示的接受,于送达发盘人时生效。如果根据发盘或依照当事人业已确定的习惯做法或惯例,受盘人以某种行为表示接受,则接受于该行为做出时生效。

如果接受通知未在发盘规定的时限或未在合理时间内送达发盘人,则该项接受即为逾期接受(late acceptance),又称迟到的接受。按各国(地区)法律的规定,逾期接受不是有效的接受,只能视作一个新的发盘。

但是,不是所有情况下的逾期接受均无效。根据《联合国国际货物销售合同公约》第21条的规定,以下两种情况下,逾期接受仍有效:

(1)发盘人认为该逾期接受仍然有效,并且毫不迟延地以口头或书面形式将此种意见通知受盘人。

(2)载有逾期接受的信件或其他书面文件表明,它在传递正常的情况下是能够及时送达发盘人的,则此项逾期接受仍然有效,除非发盘人毫不迟延地以口头或书面形式通知受盘人,认为其发盘因逾期接受而失效。

因此,逾期接受是否有效,关键要看发盘人如何表态。需要注意的是,如果发盘人不表态,上述两种情况产生的后果就是截然相反的。在第(1)种情况下,原发盘失效,双方不存在合同关系;在第(2)种情况下,逾期接受仍有效,如果发盘人不反对,则当事双方即可达成交易,确立合同关系。鉴于发盘人对于逾期接受是否有效掌握主动权,为避免争议,对于逾期接受,发盘人最好明确通知受盘人是否承认该逾期接受。

📖 案例分析

我国某出口公司于6月11日就某商品向外商A发盘,限6月18日复到。由于传递过程中的延误,外商A表示接受的电传于6月19日上午送到我方。我方认为答复逾期,未予理睬。此时,该商品国际市场价格已上涨,我方以较高价将该商品出售给另一外商。6月22日,外商A来电称:"信用证已开出,请立即装运。"我方复电"逾期合同不成立",而外商A坚持认为合同已成立。试问:我方与外商A之间是否存在合同关系?

解析:双方之间已存在合同关系。在本案中,根据《联合国国际货物销售合同公约》的规定,外商A的逾期接受是由于传递延误造成的,而我公司6月19日收到该逾期接受时,并没有毫不迟延地通知对方该逾期接受无效,所以,该逾期接受仍具有效力,合同成立,我公司与A外商之间业已存在合同关系。

5.接受的撤回或修改

《联合国国际货物销售合同公约》第22条规定:"接受得予撤回,如果撤回通知于接受原应生效之前或同时,送达发价人。"接受在送达发盘人时才生效,所以只要撤回或修改接受的通知先于接受或与接受通知同时送达发盘人,受盘人即可撤回或修改接受。

需注意的是,接受不存在撤销的问题。因为接受一经生效,合同关系即告成立,撤销接受无异于撤销合同。

第二节 国际货物买卖合同的签订

在国际货物买卖交易中,合同成立的时间,对买卖双方来说均十分重要。合同关系建立后,当事方就要受双方商定的交易条件的约束。一项合同,除了需要有效发盘和还盘两个基本环节外,还需具备一些要件,才能成为受法律保护的有效合同。

一 合同成立的时间

根据《联合国国际货物销售合同公约》的规定,合同于对发盘的接受生效时订立。另外,接受于送达发盘人时或根据发盘或依照当事人交易习惯做出某种行为表示时生效。在实际业务中,有的当事方在交易磋商时约定,以签订书面合同的时间或收到对方确认合同的时间作为合同成立的时间,也有的规定必须由双方当事人签字或盖章后合同方能成立。

二 有效合同的要件

根据各国(地区)合同法的规定,合同的有效成立须具备以下要件。

(一)合同当事人必须具有缔约能力

签订买卖合同的当事人主要为自然人或法人。按各国(地区)法律的一般规定,对于自然人,只有精神正常的成年人才能订立合同,未成年人、精神病人、酗酒人或禁产者订立合同必须受到限制;如果是法人,则必须在法人的经营范围内签订合同,越权的合同一般无效。

(二)合同必须有对价或约因

对价(consideration)是指当事人为了获得合同中某项允诺所付出的代价。法律上,对价的作用是对允诺方产生约束力。约因(cause)是指当事人签订合同所追求的直接目的。按照英美法和法国法的规定,合同只有在有对价或约因时,才能得到法律的保障。

(三)合同的标的必须合法

许多国家(地区)往往从广义上解释"合同内容必须合法",其中包括不得违反法律、不得违反公共秩序或公共政策,以及不得违反善良风俗或道德三个方面。

《中华人民共和国民法典》第8条规定:"民事主体从事民事活动,不得违反法律,不得违背公序良俗。"

(四)合同必须符合法律规定的形式

世界上大多数国家(地区)只对少数合同才要求必须按法律规定的特定形式订立,而对大多数合同,一般不从法律上规定应当采取的形式。《中华人民共和国民法典》第469条第1款规定:"当事人订立合同,可以采用书面形式、口头形式或者其他形式。"

(五)合同当事人的意思表示必须真实

各国(地区)法律都认为,只有合同当事人的意思表示是真实的,才能成为一项有约束力的合同,否则合同无效。

三 合同的形式

合同的形式是合同当事人内在意思的外在表现形式。根据《联合国国际货物销售合同公约》和多数国家(地区)法律的规定,在国际货物买卖中,合同可采用书面形式、口头形式和其他形式,其法律效力是相同的,但是有些国家(地区)的法律明确规定合同必须采用书面形式。所以,当事人究竟采用什么形式订立合同,应根据有关法律、行政法规的规定和当事人双方的意愿行事。

实际业务中,书面形式的合同是合同的主要形式。交易双方通过口头或书面形式达成协议后,多数情况下还要签订一定格式的书面合同。这主要是因为口头合同空口无凭,书面合同可作为双方履行合同的依据,若双方后期产生争议,可作为解决争议的法律依据。

书面合同的名称并无统一规定,其格式的繁简也不一致。主要包括:

(一)合同

合同(contract)是带有"合同"字样的法律契约。其内容通常全面详细,对双方的权利、义务及不可抗力、争议解决等均有详细规定。根据起草方的不同,合同又可分为:

1.销售合同

销售合同(sales contract)是指平等主体的自然人、法人、其他组织之间关于以某一标的物的销售为目的而进行的约定或协议,通常由卖方草拟。

2.购货合同

购货合同(purchase contract)是指平等主体的自然人、法人、其他组织之间关于以某一标的物的采购为目的,出卖人转移货物的所有权,买受人支付货物价款的合同,通常由买方草拟。

(二)确认书

确认书(confirmation)比合同简单明了,是买卖双方在通过交易商达成交易后,寄给双方加以确认的列明达成交易条件的书面证明。经买卖双方签署的确认书,是法律上有效的文件,对买卖双方具有同等的约束力。确认书包括销售确认书和购货确认书。

(三)协议

协议(agreement)在法律上是合同的同义词。只要协议对买卖双方的权利和义务作出明确、具体和肯定的规定,即使书面文件上被冠以"协议"或"协议书"的名称,一经双方签署确认,即对买卖双方具有约束力。有时,协议是主合同中不可分割的组成部分,与主合同一样具有法律效力。此外,根据买卖双方磋商的内容和过程,有时达成的是初步性协议,有时达成的是原则性协议。

四 合同的基本内容

书面合同不论采取何种格式,其基本内容通常包括约首、约尾和基本条款三个组成部分。

(一)约首部分

约首部分一般包括合同名称、合同编号、缔约双方名称和地址、电报挂号、电传号码等项内容。

(二)基本条款

基本条款是合同的主体,包括品名、品质规格、数量或重量、包装、价格、交货条件、运输、保险、支付、检验、索赔、不可抗力和仲裁等项内容。这部分内容是合同磋商的主要内容。

(三)约尾部分

约尾部分,一般包括合同份数、订约日期、订约地点、使用的文字及效力和双方当事人签字等项内容。值得注意的是,合同的订约地点往往涉及合同准据法的问题,因此要慎重对待。购货合同样本详见附件8-1。

复习巩固

一、习题链接

第八章测试题

二、思考题

1.构成一项法律上有效的发盘,必须具备哪些条件?

2.什么是接受? 构成一项有效的接受必须具备什么条件?

3.什么是逾期接受? 就此问题,《联合国国际货物销售合同公约》是如何规定的?

4.合同的有效成立需具备哪些要件?

综合能力提升

美国A公司10月4日向我B公司以传真发盘,出售电子元器件,规定于当天下午5时复到有效,B公司于当天下午4时以传真答复,对发盘中的价格及检验索赔条件提出了不同意见。10月5日,A公司与B公司通过电话进行洽商,双方各做了让步,B公司同意接受A公司的价格,A公司同意B公司提出的检验索赔条款,至此,双方口头达成了一致意见,并一致同意两公司的代表在广交会上签署合同。10月20日,A公司的代表去广交会会见了B公司的代表,并交给他一份A公司已签了字的合同文本,B公司的代表则表示要审阅后再签字。三天后,A公司的代表再次会见B公司的代表,而B公司代表仍未在合同上签字。A公司的代表即索回了未签字的合同。11月份,A公司致电B公司要求开证履约,B公司不同意,双方当事人发生争议。试问:

(1)双方于5日通过电话协商达成一致意见,是否表示合同已于此时成立?

(2)要求签署书面合同是否仅仅是一种形式而不会影响到合同的有效成立?

(3)双方最终是否建立合同关系?

附件 8-1　购货合同样本

购 货 合 同
PURCHASE CONTRACT

签订日期：
Date：

签订地点：
Signed at：

1.买方：
The Buyers：
地址：
Address：
电话(Tel)：

传真(Fax)：

2.卖方：
The Sellers：
地址：
Address：
电话(Tel)：

传真(Fax)：

经买卖双方确认根据下列条款订立本合同：

The undersigned Sellers and Buyers have confirmed this contract in accordance with the terms and conditions stipulated below：

3.商品名称及规格 Name of Commodity & Specification	4.数量 Quantity	5.单价 Unit Price	6.总金额 Amount

7.总值(大写)

Total Value(in words)：

8.允许溢短_____%。

_____% more or less in quantity and value allowed.

9.成交价格术语：

Terms：

□FOB　　□CFR　　□CIF

10.包装

Packing：

11.运输唛头：

Shipping Mark：

12.运输起讫：由_____(装运港)到_____(目的港)。

Shipment from _____ (Port of Shipment) to _____ (Port of Destination).

13.转运：□允许 □不允许；　分批：□允许 □不允许

Transhipment：　□allowed □not allowed

Partial Shipment：□allowed □not allowed

14.运输时间：

Shipment Time：

15.保险：由_____方按发票金额的_____%投保_____,加保_____从_____到_____。

Insurance：to be covered by the _____ for ___ % of the invoice value covering _____ , additional

_____ from _____ to _____ .

16.付款条件：

Terms of Payment：

□买方应不迟于＿＿＿＿年＿＿＿＿月＿＿＿＿日前将100%货款用即期汇票/电汇支付给卖方。

The buyers shall pay 100% of the sales proceeds through sight(demand) draft/by T/T remittance to the sellers not later than ＿＿＿＿＿＿＿＿.

□买方应于＿＿＿＿年＿＿＿＿月＿＿＿＿日前通过＿＿＿＿＿＿＿＿银行开立以卖方为受益人的＿＿＿＿天不可撤销信用证，有效期至装运后＿＿＿＿天在中国议付，并注明合同号。

The buyers shall issue an irrevocable L/C at ＿＿＿＿＿＿ sight through ＿＿＿＿＿＿ in favour of the sellers prior to ＿＿＿＿＿＿＿＿ indicating L/C shall be valid in ＿＿＿＿＿＿ though negotiation within ＿＿＿ days after the shipment effected, the L/C must mention the Contract Number.

□付款交单：买方应凭卖方开立给买方的＿＿＿＿期跟单汇票付款，付款时交单。

Documents against payment(D/P)：the buyers shall dully make the payment against documentary draft made out to the buyers at ＿＿＿＿ sight by the sellers.

□承兑交单：买方应凭卖方开立给买方的＿＿＿＿期跟单汇票付款，承兑时交单。

Documents against acceptance(D/A)：the buyers shall dully accept the documentary draft made out to the buyers at ＿＿＿＿＿＿ days by the sellers.

17.装运通知：一旦装运完毕，卖方应立即电告买方合同号、品名、已装载数量、发票总金额、毛重、运输工具名称及启运日期等。

Shipping advice：the sellers shall immediately, upon the completion of the loading of the goods advise the buyers of the Contract No., names of commodity, loaded quantity, invoice value, gross weight, names of vessel and shipment date by TLX/FAX.

18.检验与索赔：

Inspection and Claims：

①卖方在发货前由＿＿＿＿＿＿＿＿检验机构对货物的品质、规格和数量进行检验，并出具检验证明。

The buyers shall have the qualities, specifications, quantities of the goods carefully inspected by the ＿＿＿＿＿＿＿＿ Inspection Authority, which shall issues Inspection Certificate before shipment.

②货物到达目的口岸后，买方可委托当地的商品检验机构对货物进行复验。如果发现货物有损坏、残缺或规格、数量与合同规定不符，买方须于货物到达目的口岸的＿＿＿＿天内凭＿＿＿＿＿＿＿＿(检验机构)出具的检验证明书向卖方索赔。

The buyers have right to have the goods inspected by the local commodity inspection authority after the arrival of the goods at the port of destination. If the goods are found damaged/short/their specifications and quantities not in compliance with that specified in the contract, the buyers shall lodge claims against the sellers based on the Inspection Certification issued by the ＿＿＿＿＿＿＿＿(Inspection Authority) within ＿＿＿＿＿＿ days after the goods arrival at the destination.

③如买方提出索赔，凡属品质异议须于货物到达目的口岸之日起＿＿＿＿天内提出；凡属数量异议须于货物到达目的口岸之日起＿＿＿＿天内提出。对所装货物所提任何异议应由保险公司、运输公司或邮递机构负责的，卖方不负任何责任。

The claims, if any regarding to the quality of the goods, shall be lodged within ＿＿＿＿＿ days after arrival of the goods at the destination; if any regarding to the quantities of the goods, shall be lodged within ＿＿＿＿＿ days after arrival of the goods at the destination. The sellers shall not take any responsibility if any claims concerning the shipping goods in up to the responsibility of Insurance Company/Transportation Company/Post office.

19.不可抗力：如因人力不可抗拒的原因造成本合同全部或部分不能履约，卖方概不负责，但卖方应将上述发生的情况及时通知买方。

Force Majeure：the sellers shall not hold any responsibility for partial or total non-performance of this contract due to Force Majeure. But the sellers shall advise the buyers on time of such occurrence.

20.争议的解决方式：任何因本合同而发生或与本合同有关的争议，应提交中国国际经济贸易仲裁委员会，按该会的规则进行仲裁。仲裁裁决是终局的，对双方均有约束力。

Disputes settlement：all disputes arising out of the contract or in connection with the contract, shall be submitted to the China International Economic and Trade Arbitration Commission for arbitration in accordance with its Rules of Arbitration. The arbitral award is final and binding upon both parties.

21.法律适用:本合同的签订地、或发生争议时货物所在地在中华人民共和国境内或被诉人为中国法人的,适用于中华人民共和国法律,除此规定外,适用《联合国国际货物销售合同公约》。

Law applications: it will be governed by the law of the People's Republic of China under the circumstances that the contract is signed or the goods while the disputes arising are in the People's Republic of China or the defendant is Chinese legal person, otherwise it is governed by United Nations Convention on Contract for the International Sale of Goods.

本合同使用的FOB、CFR、CIF术语系根据国际商会《INCOTERMS 2020》。

The terms in the contract based on INCOTERMS 2020 of the International Chamber of Commerce.

22.文字:本合同中、英文两种文字具有同等法律效力,在文字解释上,若有异议,以中文解释为准。

Versions: this contract is made out in both Chinese and English of which version is equally effective. Conflicts between these two languages arising therefrom, if any, shall be subject to Chinese version.

23.附加条款:(本合同上述条款与本附加条款有抵触时,以本附加条款为准)

Additional Clauses: (conflicts between contract clause hereabove and this additional clause, if any, it is subject to this additional clause)

24.本合同共_____份,自双方代表签字/盖章之日起生效。

This contract is in _____ copies, effective since being signed/sealed by both parties.

买方代表人:

Representative of the buyers:

卖方代表人:

Representative of the sellers:

签字:

Authorized signature:

签字:

Authorized signature:

(买方公司盖章)

(卖方公司盖章)

第九章 | 贸易争端与预防

☞ **学习导航**

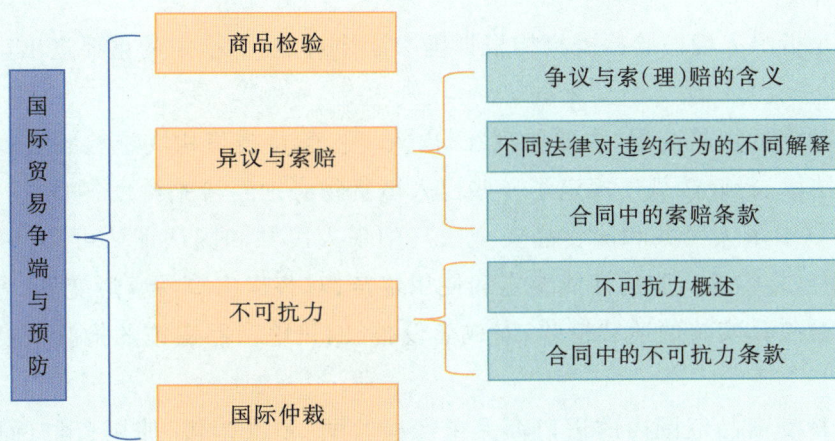

☞ **学习目标**

1.知识目标:掌握国际贸易中检验检疫时间和地点的规定方法;了解交易双方产生争议进而引发索赔的原因,熟悉不同法律对违约行为的不同解释;认识国际贸易中不可抗力的重要性,掌握不可抗力的规定方法;掌握解决争议的方法和仲裁条款的规定方法。

2.能力目标:对违反合同的现象能预先防范并能妥善处理好索赔、理赔工作,学会国际上一些通行的惯例和普遍实行的原则。当双方发生争议时,应及时沟通并能选择合理方式解决。

3.思政目标:渗透对学生的职业道德与操守教育,启发学生思考,能够站在正确的立场思考问题、分析问题,增强学生的批判性思维能力。同时加强国境卫生安全教育,把重大疾病的防范与进出口商品的检验检疫紧密结合起来,确保人民群众的生命健康。

第一节　商品检验

一　商品检验的含义

国际货物买卖中的商品检验(commodity inspection),简称商检,是由国家设置的检验管理机构或由经政府注册批准的第三方民间公证鉴定机构,对商品的质量、规格、重量、数量、包装、安全及卫生等项目所进行的检验、鉴定管理工作。

商检工作是保证国际贸易活动顺利进行的重要环节,即商品检验是进出口货物交接过程中不可缺少的一个重要环节。《中华人民共和国进出口商品检验法》规定,商检机构和依法设立的检验机构,依法对进出口商品实施检验。《联合国国际货物销售合同公约》规定:"买方必须在按情况实际可行的最短时间内检验货物或由他人检验货物;如果合同涉及货物的运输,检验可推迟到货物到达目的地后进行。"这些都反映出商品检验在对外贸易中的地位及其重要性。

二 我国进出口商品检验检疫的范围

进出口商品检验检疫分为法定检验检疫和抽查检验。

(一)法定检验检疫

法定检验检疫是指出入境检验检疫机构根据国家法律规定,对指定的重要进出口商品执行强制性检验。

实施法定检验检疫的商品范围,主要体现在《出入境检验检疫机构实施检验检疫的进出境商品目录》中。除此之外,法律、行政法规还规定了一些出入境货物必须经检验检疫,如根据《中华人民共和国进出口商品检验法》《中华人民共和国食品安全法》《中华人民共和国认证认可条例》等法律法规的规定,对出口危险货物包装容器实施的性能鉴定和使用鉴定,对装运出口易腐烂变质、食品冷冻品的集装箱、船舱、飞机等运载工具实施的适载检验,对成套设备、旧机电产品实施的检验检疫等均属于法定检验检疫的范围。

属于法定检验检疫商品范围内的进口商品未经检验的,不准销售、使用;出口商品未经检验合格的,不准出口。

(二)抽查检验

上述范围以外的进出口商品,则根据国家规定实施抽查检验。

抽查检验重点是涉及安全、卫生、环境保护,国内外消费者投诉较多,退货数量较大,发生过较大质量事故以及国内外有新的特殊技术要求的进出口商品。

三 检验时间和地点

检验时间和地点是指在何时、何地行使对货物的检验权。所谓**检验权**,是指买方或卖方有权对所交易的货物进行检验,其检验结果即作为交付与接受货物的依据。即哪一方拥有对货物的检验权,哪一方就享有了对货物的品质、数量、包装等项目内容进行最后评价的权利。鉴于货物的检验权问题直接关系到买卖双方在货物交接方面的权利和义务,因而成为交易双方洽商检验条款的核心。根据贸易习惯和我国业务实践,有关检验时间和地点的规定办法可归纳如下。

(一)在出口国(地区)检验

1.产地(或工厂)检验

货物在产地(或工厂)出运前,由买卖合同中规定的检验机构进行检验和验收,并由其出具检验证书,作为卖方所交货物的品质、数量或重量等的最后依据。卖方承担货物离开产地(或工厂)前的责任,在运输途中出现的品质、数量等方面的风险,一概由买方负责。我国在进口重要的商品和大型成套设备时,收货人一般按合同约定,在出口国(地区)装运前进行预检验、监造或者监装,主管部门应当加强监督,必要时我国可以派出检验人员参加。

2.装运港(地)检验

装运港(地)检验又称"离岸品质、离岸重量"(shipping quality and weight),是指货物在装运港(地)装上运输工具前,以双方约定的装运港检验机构验货后出具的品质、重量、数量和包装等检验证明,作为决定商品品质、重量和数量的最后依据。

上述两种做法,卖方取得检验出具的各项检验证书,就意味着所交货物的品质和重量等与合同的规定相符,买方无权对此提出任何异议,从而否定了他对货物的复验权。除非买方能证明他所收到的与合同规定不符的货物,是由于卖方的违约或货物固有的瑕疵所造成的,因此这两种方式对买方不利。离岸品质和离岸重量所代表的是风险转移时的质量及重量,至于风险转移后货物在运输途中所发生的货损,买方仍然有权向有关责任方索赔。

(二)在进口国(地区)检验

1.目的港(地)检验

目的港(地)检验被习惯性地称为"到岸品质、到岸重量"(landed quality and weight),是指货到目的港(地)卸离运输工具后,由双方约定的检验机构验货并出具品质、重量、数量检验证明作为最后依据。如发现货物的品质、重量或数量与合同规定不符,则责任属于卖方,买方有权提出索赔。

2.最终使用地检验

对于精密包装的货物,或规格复杂、精密度高的货物,不能在使用之前拆开包装检验,或需要具备一定的检验条件和检验设备才能检验时,可将货物运至买方营业处所或最终用户所在地进行检验。由这里的检验机构出具品质、重量、数量检验证明作为最后依据。

采用这两种方式,卖方需承担到货品质、数量的责任,对卖方不利。

(三)出口国(地区)检验、进口国(地区)复验

出口国(地区)检验、进口国(地区)复验,是指出口国(地区)装运港(地)检验机构验货后出具的检验证明,作为卖方向银行收取货款的单据之一,而不作为交货的最后依据。货到目的港(地)后允许买方以双方约定的检验机构在规定的时间内复验,当发现货物的品质、重量或数量与合同规定不符而责任属于卖方时,买方有权凭该机构出具的复验证明,向卖方提出异议,并作为索赔的依据。

这种检验办法兼顾了买卖双方的利益,比较公平合理,符合国际贸易习惯和法律规则,因而在进出口业务中应用广泛,成为一种公认的原则。

(四)装运港(地)检验重量、目的港(地)检验品质

装运港(地)检验重量、目的港(地)检验品质,是以装运港(地)检验机构验货后出具的重量证书作为交货重量的最后依据,以目的港(地)检验机构出具的品质证书作为交货品质的最后依据。它被习惯性地称为"离岸重量、到岸品质"(shipping weight and landed quality),这种做法多用于大宗商品交易的检验,以调和买卖双方在检验问题上存在的矛盾。

四　检验机构与检验证书

(一)检验机构

在国际货物买卖中,交易双方除了自行对货物进行必要的检验外,还必须由某个机构进行检验,经

检验合格后方可出境或入境。这种根据客户的委托或有关法律的规定对进出境商品进行检验、鉴定和管理的机构就是**商品检验机构**。在实际交易中,选用哪类检验机构检验商品,取决于各国(地区)的规章制度、商品性质以及交易条件等。检验机构的选择,一般也与检验的时间、地点联系在一起。

在国际贸易中,从事商品检验的机构大致有下述几方面:①官方检验机构,即由国家(地区)设立的检验机构;②半官方检验机构,即指由国家(地区)政府授权、代表政府进行某项商品检验或某一方面检验管理工作的民间机构;③非官方检验机构,即指由私人创办的、具有专业检验和鉴定技术能力的公证行或检验公司。

在我国,随着原中国出入境检验检疫部门在2018年4月20日正式并入中国海关并成为海关的重要部门,全国的进出口商检工作由中华人民共和国海关总署负责。中华人民共和国海关总署(简称海关总署)是国务院主管的直属机构,主管全国海关监管、稽查走私、海关统计、进出口关税及其他税费征收、出入境卫生检疫、出入境动植物检疫、进出口商品法定检验、海关风险管理等工作,并行使行政执法职能。

根据《商检法实施条例》第2条的规定,海关总署主管全国进出口商品检验工作。海关总署设在省、自治区、直辖市以及进出口商品的口岸、集散地的出入境检验检疫机构及其分支机构,管理所负责地区的进出口商品检验工作。

(二)检验证书

检验证书(inspection certificate)是检验机构对进出口商品进行检验、鉴定后签发的证明文件。

1.检验证书的种类

国际货物买卖中的检验证书,种类繁多。在实际业务中,检验证书的种类和用途主要有:

(1)品质检验证书,是证明进出口商品品质、规格的证书。

(2)重量或数量检验证书,是证明进出口商品数量或重量的证书,也是报关征税和计算运费、装卸费用的证件。

(3)兽医检验证书,是证明出口动物产品或食品检疫合格的证件。适用于冻畜肉、冻禽肉、禽畜罐头、皮张、毛类、绒类、猪鬃及肠衣等出口商品。

(4)卫生/健康证书,是证明可供人类食用的出口动物产品、食品等卫生检验或检疫合格的证件。适用于肠衣、罐头、冻鱼、冻虾、食品、蛋品、乳制品、蜂蜜等商品。

(5)消毒检验证书,是证明出口动物产品经过消毒处理,保证安全卫生的证件。适用于猪鬃、马尾、皮张、山羊毛、羽毛等商品。

(6)熏蒸证书,是用于证明出口粮谷、油籽、豆类、皮张等商品,以及包装用木材与植物性填充物等,已熏蒸灭虫的证书。

(7)残损检验证书,是证明进口商品残损情况的证件。适用于进口商品发生残、短、毁等情况。

(8)积载鉴定证书,是证明船方和集装箱装货部门正确配载积载货物,作为证明运输契约义务的证件。可供货物交接或发生货损时处理争议之用。

(9)财产价值鉴定证书,是对外贸易关系人和司法、仲裁、验资等有关部门理赔、评估或裁判的重要依据。

(10)船舱检验证书,是用于证明承运出口商品的船舱清洁、密固、冷藏效能及其他技术条件符合保护承载商品的质量和数量完整与安全等要求的证书。

(11)生丝品级及公量检验证书,是出口生丝的专用证书。

（12）产地证明书，是出口商品在进口国（地区）通关输入和享受减免关税优惠待遇及证明商品产地的凭证。

（13）舱口检视证书、监视装/卸载证书、舱口封识证书、油温空距证书、集装箱监装/拆证书，作为证明承运人履行契约义务、明确责任界限、便于处理货损货差责任事故的证明。

（14）价值证明书，作为进口国（地区）管理外汇和征收关税的凭证。

（15）货载衡量检验证书，是证明进出口商品的重量、体积吨位的证件。

（16）集装箱租箱交货检验证书、租船交船剩水/油重量鉴定证书，可作为契约双方明确履约责任和处理费用清算的凭证。

在国际商品买卖业务中，卖方究竟提供何种证书，要根据成交商品的种类、性质、有关法律和贸易习惯以及政府的涉外经济贸易政策而定。因此，为了明确要求、分清责任，在检验条款中应订明所需证书的类别。

2.检验证书的作用

上述各种检验证书是针对不同商品的不同检验项目而出具的，它们所起的作用基本相同。

（1）检验证书是证明卖方所交货物的品质、数量、包装以及卫生条件等方面是否符合合同规定的依据。如果检验证书中所列结果与合同或信用证规定不符，银行有权拒绝议付货款。

（2）检验证书是办理索赔和理赔的依据。如果买方所收到的货物经指定的商检机构检验与合同规定不符，则买方须在合同规定的索赔有效期内，凭指定的商检机构签发的检验证书向有关责任方提出索赔。

（3）检验证书是卖方向银行议付货款的单据之一。当规定在出口国（地区）检验、进口国（地区）复验时，一般都规定卖方在向银行办理货款结算时，所提交的单据必须包括检验证书。

（4）检验证书是证明货物在装卸运输中的实际状态、明确责任归属的依据。

在我国，检验证书通常由出入境检验检疫机构签发，也可由依法设立的检验鉴定机构出具。值得一提的是，出口商品经检验合格后长时间不出口，商品的质量就有可能发生变化，原来检验的结果可能就无法完全反映商品的实际情况。因此，各种重要的出口商品，特别是出口预验的商品必须规定适当的检验有效期，自验讫日期起开始计算，凡超过检验有期的，必须重新办理报检。

五　商品检验的依据

涉及商品检验的标准有很多，例如出口国（地区）标准、进口国（地区）标准、国际通用标准以及买卖双方约定的标准等。商品检验检疫，一般按合同和信用证规定的标准作为检验检疫的依据，当双方未规定或规定不明确时，首先采用出口国（地区）标准，没有出口国（地区）标准的则采用国际通用标准，这两项标准都没有时，可按进口国（地区）标准进行检验。若两国（地区）签有双边协议的，则应按协议规定进行检验。

目前我国的检验技术标准有国家标准、行业标准、地方标准和企业标准。随着我国科技水平的提高，我国标准的数量和质量都不断提高，甚至有些已经超过国际标准或国外先进标准。国际标准是指国际标准化组织（ISO）、国际电工委员会（IEC）和国际电信联盟（ITU）制定的标准，以及国际化标准组织确认并公布的其他国际组织制定的标准。如联合国粮农组织（UNFAO）、世界卫生组织（WHO）、国际羊毛局（IWS）、国际乳品业联合会（IDF）等制定的标准。国外先进标准一般指国际上有权威的区域性标准、世界主要经济发达国家的国家标准和通行的团体标准,以及其他国际上先进的标准。如美国国家标准学会(ANSI)标准、美国保险商实验室(UL)的安全标准、德国标准(DIN)、日本标准(JIS)、英国标准(BS)、德国拜耳(Bayer)公司标准等。

六 买卖同中检验条款的规定方法

目前,在我国进出口贸易中,一般采用出口国(地区)检验、进口国(地区)复验的办法。检验条款一般会涉及以下内容:卖方检验的时间、地点和检验机构;商品检验的内容;检验标准;买方复验的时限、地点和机构;检验证书的种类等。

(一)出口合同中的检验条款

出口合同示例:"双方同意以装运港中国进出口商品检验机构签发的品质和数量(重量)检验证书作为信用证项下议付单据的一部分。买方有权对货物的品质、数(重)量进行复验。复验费由买方负担。如发现品质和/或数(重)量与合同不符,买方有权向卖方索赔,但须提供经卖方同意的公证机构出具的检验报告。索赔期限为货到目的港××天内。"

(二)进口合同中的检验条款

进口合同示例:"双方同意以制造厂出具的品质及数量或重量证明书作为有关信用证项下付款的单据之一。但是货物的品质及数量或重量检验应按下列规定办理:货到目的港××天内,经中国进出口商品检验机构复验,如发现品质或数量或重量与本合同规定不符,除属保险公司或船公司负责外,买方可凭中国进出口商品检验机构出具的检验证明书,向卖方提出退货或索赔。因退货或索赔引起的相关费用(包括检验费)及损失均由卖方负担。在此情况下,凡货物适于抽样者,买方可应卖方要求,将货物的样品寄交卖方。"

第二节 异议与索赔

国际贸易业务环节多、程序复杂,加之国际市场变幻莫测,致使合同得不到完全履行甚至被撕毁,给另一方当事人造成损失,从而产生争议,引发索赔和理赔问题。

一 争议与索(理)赔的含义

所谓**争议**(disputes),是指交易的一方认为对方未能部分或全部履行合同规定的责任与义务而引起的纠纷。

所谓**索赔**(claim),是指受损害的一方为了维护自身利益,向违约方提出损害赔偿的行为。所谓**理赔**(settlement),是指违约方对受害方所提赔偿要求的受理与处理。索赔有时发生在托运人和承运人之间,这种情况属于运输索赔;有时发生在被保险人和保险公司之间,这种索赔属于保险索赔。在这里我们将主要探讨发生在买卖双方之间的买卖索赔。

交易中双方产生争议进而引发索赔的原因很多,大致可归纳为以下几种情况。

(一)卖方违约

例如,不能按时交货,或所交货物的品质、规格、数量、包装等与合同(或信用证)规定不符,或所提供的货运单据种类不齐、份数不足等。

(二)买方违约

例如,在信用证支付方式下,不按期开证或不开证;不按合同规定付款赎单,无理拒收货物;在FOB条件下,不按合同规定如期派船接货等。

(三)买卖双方均负有违约责任

如果合同条款规定不明确,或同一合同的不同条款之间互相矛盾,致使双方当事人对合同规定的权利与义务的理解不一致,导致合同的顺利履行出现困难,甚至发生争议,引起纠纷。

此外,对合同义务的重视不足,往往也是导致违约、发生纠纷的原因之一。

二 不同法律对违约行为的不同解释

违约(breach of contract)是指买卖双方之中,任何一方不履行合同规定的义务的行为。目前,各国和地区的合同法规都是以立法的形式赋予有效合同的强制力,以保障当事人缔结的合同得到严格的执行。所以,当事人中任何一方如果不严格履约,就应承担违约的法律责任,而受害方有权根据合同或有关法律规定提出损害补偿的要求。

(一)大陆法的规定

大陆法国家一般将违约的形式概括为不履行合同和延迟履行合同两种情况。前者是指债务人由于种种原因,不可能履行其合同义务。后者是指债务人履行期已届满,而且是可能履行的,但债务人没有按期履行其合同义务。违约方是否要承担违约责任,则要看是否有归责于他的过失。如果有过失,违约方才承担违约的责任;但当事人不履约时,只要能证明自己无过错,就可不承担任何责任。

(二)英国法的规定

英国法将违约的形式划分为违反要件(breach of condition)和违反担保(breach of warranty)两种。前者是指合同当事人违反合同中重要的、具有根本性的条款。一般如履约的时间、货物的品质和数量等条款都属于合同的要件。后者是指合同当事人违反合同中次要的、从属于合同的条款。但因为没有在法律中具体列明,所以在适用时有一定的主观性。按照英国法的有关规定,在违反要件的情况下,受损方可以解除合同,并要求损害赔偿;而在违反担保的情况下,受损方可以要求赔偿损失,但不能拒绝履行合同的义务或解除合同。

(三)美国法的规定

美国法律从违约的性质和带来的结果两个方面将违约划分为两类:轻微违约(minor breach of contract)和重大违约(material breach of contract)。前者是指债务人在履约中尽管存在一些缺陷,但债权人已经从合同履行中得到该交易的主要利益。例如,履行的时间略有延迟、交付的货物数量和品质与合同略有出入等,都属于轻微违约。后者是指由于债务人没有履行合同或履行合同有缺陷致使债权人不能得到该项交易的主要利益。当一方轻微违约时,受损方可以要求赔偿损失,但不能拒绝履行合同的义务或解除合同;但在重大违约的情况下,受损的一方可以解除合同,同时还可以要求损害赔偿。

(四)我国法律的规定

我国有关法律规定,当事人一方不履行合同或者履行合同义务不符合约定条件(违反合同)时,另一方有权要求赔偿损失或者采取其他合理的补救措施。采取其他补救措施后,尚不能完全弥补另一方受到的损失的,另一方有权要求赔偿损失。如果当事人双方都违反了合同,则应各自承担相应的责任。

(五)《联合国国际货物销售合同公约》的规定

《联合国国际货物销售合同公约》将违约划分为根本性违约(fundamental breach of contract)和非根本性违约(non-fundamental breach of contract)。根本性违约是指:"一方当事人违反合同的结果,如使另一方当事人蒙受损害,以至于实际上剥夺了他根据合同有权期待得到的东西,即为根本性违反合同,除非违反合同的一方并不预知而且一个通情达理的人处于相同情况下时也没有理由预知会出现这种结果。"不构成根本性违约的情况均视为非根本性违约。至于怎样才构成根本性违约,只能视具体情况而定。从法律结果看,该公约认为,构成根本性违约,受害方可解除合同,并提出损害赔偿;反之,则只能请求损害赔偿。

三 合同中的索赔条款

在双方的买卖合同中,索赔条款有两种规定方式:一种是异议与索赔条款;另一种是罚金条款。在国际贸易实践中,对于一般货物的买卖合同,多数只订立异议与索赔条款。而在大型机械设备和大宗商品的买卖合同中,除了订立异议与索赔条款外,往往还订立罚金条款。

(一)异议与索赔条款(discrepancy and claim clause)

该条款除规定一方当事人如违反合同,另一方当事人有权提出索赔外,还包括索赔依据、索赔期限、处理索赔的办法以及索赔金额等内容。

1.索赔依据

根据世界各国(地区)有关法律的规定,任何当事人提出索赔时,必须有充分的证据。若证据不全或不清、出证机构不符合要求,都可能遭到对方拒赔。这里提到的证据包括法律依据、事实依据以及符合法律规定的出证机构。

法律依据是指一方当事人对违约事实提出索赔事项,必须符合合同和有关国家(地区)法律的规定。事实依据是指违约的事实、情节及其证据。各国(地区)法律对提供事实依据的要求是一方当事人提出索赔时,必须提供证明另一方违约的充分证据,以证明其违约的真实性。

2.索赔期限

索赔期限亦称索赔的通知期限,或索赔有效期,是指索赔方向违约方提出索赔的有效时限。超过索赔期限,受损害的一方即失去在交货的品质、数量等方面要求损害赔偿或其他补救措施以及宣告合同无效的权利。营业地处于《联合国国际货物销售合同公约》缔约成员的买卖双方,在合同中未约定索赔期限时,将以该公约规定的两年为索赔期限,自买方实际收到货物之日起算。

索赔期限通常指由当事人双方根据合同货物的种类、性质、检验及港口条件和检验所需时间等因素,达成一致意见,并在合同中加以约定。规定方法一般有:

(1)货物运抵目的港后××天起算。此种规定对买方不甚有利,因为载货的运输工具抵达目的港后,由于港口拥挤而不能及时靠码头卸货时,其等候泊位的时间将计入索赔期限内,买方的索赔期限势必被缩短。

(2)货物运抵目的港卸至码头后××天起算。此种办法可以使买方充分利用所规定的索赔期限,从而保障行使索赔权。

(3)货物运抵最终目的地后××天起算。此种办法一般是把货物运抵买方或用户的营业处所或货物储存场所,通常位于内陆地区。当货物的目的地不在港口城市时,可作此项规定。

3.对索赔金额的规定

索赔金额通常在合同中只作一般笼统的规定。由于双方当事人在订约时很难预计未来货物受损的程度,从而难以确定索赔金额。而在业务实践中关于索赔事件的发生,可能来自许多不同的业务环节,可供选择的违约补救办法又多种多样,故很难在订立合同时准确地加以规定。但根据以往的法院判例,索赔的金额一般包括实际损失加上预期的商业或生产利润。

异议与索赔条款示例

买方不履行合同规定的任何义务,卖方都有权全部或部分终止执行合同,或延缓装运,或停交在途货物。在任何类似情况下,买方均负有赔偿卖方因此而蒙受的一切损失和所支付的费用的责任。(Should the Buyer fail to perform any of his obligation stipulated in this contract, the Seller shall have the right to terminate all or any part of this contract or to postpone shipment or to stop delivery of the goods in transit. In any of such cases, the Buyer shall be liable for all damage and expense the Seller has sustained therefrom.)

买方对于装运货物的任何索赔,必须于货到提单规定的目的地××天内提出,并须提供经卖方同意的公证机构出具的检验报告。(Any claim by the Buyer regarding the goods shipped shall be filed within ×× days after arrival of the goods at the port of destination specified in the relative Bill of Lading and supported by a survey report issued by a surveyor approved by the Seller.)

(二)违约金条款(penalty clause)

违约金条款又称罚金条款、罚则,是指当事人双方中的一方如在未来不履行合同义务,应向另一方支付一定数额的罚金。该条款对合同的履行起着辅助与保证作用。违约金条款只有在违反合同义务的行为发生时,才产生实效。

违约金条款一般适用于卖方延期交货,或者买方延迟开立信用证和延期接运货物等情况。违约金数额由交易双方商定,并规定最高限额。罚金的多少,以违约时间的长短而定。例如,双方当事人约定:"若卖方不能如期交货,在卖方同意由付款行从议付的货款中或从买方直接支付的货款中扣除违约金的条件下,买方可同意延期交货。延期交货的违约金不得超过延期交货部分金额的5%,违约金按每7天收取延期交货部分金额的0.5%,不足7天的按7天计算。如卖方未按合同规定的装运期交货,超过10周时,买方有权解除合同,并要求卖方支付上述延期交货违约金。"

关于罚金起算日期的计算方法,应在合同中订明。计算罚金起算日期的方法有两种:一种是以约定的交货期或开证期终止后立即起算;另一种是规定优惠期,即在约定的有关期限终止后再宽限一段时期,在此优惠期内仍可免于罚款,待优惠期届满后再起算罚金。

需要注意的是,支付违约金并不能绝对意义上免除违约方继续履行合同的义务,如果合同因为客观情况导致根本不能履行,如履行合同成本太高,或合同的标的物不适于继续履行等,在这种情况下,违约方可以不继续履行合同。

除本合同第××条所列举的不可抗力原因外,卖方不能按时交货,在卖方同意由付款银行在议付货款中扣除违约金或由买方于支付货款时直接扣除违约金的条件下,买方应同意延期交货。违约金率按每5天收取延期交货部分总值的0.3%计,不足5天者以5天计算。但违约金不得超过延期交货部分总金额的5%。当卖方延期交货超过合同规定期限50天时,买方有权撤销合同,但卖方仍应不延迟地按上述规定向买方支付违约金。

第三节　不可抗力

📖 导入案例

有一份合同,印度A公司向美国B公司出口一批黄麻。在合同履行的过程中,印度政府宣布对黄麻实行出口许可证和"自愿"配额制度。印度A公司因无法取得出口许可证而无法向美国B公司出口黄麻,遂以不可抗力为由主张解除合同。

一　不可抗力概述

(一)不可抗力的含义

国际贸易中的**不可抗力**(force majeure)又称人力不可抗拒,是指在货物买卖合同签订以后,不是由于订约者任何一方当事人的过失或疏忽,而是由于发生了当事人既不能预见又无法事先采取预防措施的意外事故以致不能履行或不能如期履行合同,遭受意外事故的一方可以免除履行合同的责任或延期履行合同。《中华人民共和国民法典》第180条规定:"因不可抗力不能履行民事义务的,不承担民事责任。法律另有规定的,依照其规定。不可抗力是不能预见、不能避免且不能克服的客观情况。"

不可抗力既是合同中的一项条款,也是一项法律的免责原则。这种免责,是指受意外事故的一方当事人免于承担损害赔偿之责;另一方当事人仍有除要求损害赔偿以外的其他任何权利,包括履约、减价和宣告合同无效等。

在国际贸易中不同的法律法规各有自己的规定。在英美法系中有"合同落空"(frustration of contract)的原则,意思是说合同签订以后,不是由于当事人双方自身过失,而是由于事后发生了双方意想不到的、根本性的不同情况,致使订约目的受到挫折,发生事件的一方可免除责任。在大陆法系中有"情势变迁"或"契约失效"的原则,意思也是指不属于当事人的原因而发生了预想不到的变化,致使合同不可能再履行或对原来的法律效力需做相应的变更。《联合国国际货物销售合同公约》也有关于免责问题的规定:"当事人对不履行义务,不负责任,如果他能证明此种不履行义务,是由于某种非他所能控制的障碍,而且对于这种障碍,没有理由预期他在订立合同时能考虑到或能避免或克服它或它的后果。"这项解释,明确地指出当事人的免责是以出现了他不能控制、不能预见和不能避免或克服的障碍为前提的。

综上所述,尽管不同法律对不可抗力的确切含义在解释上并不统一,叫法也不一致,但其在国际贸易中的原则大体相同。主要包括以下几点：①意外事故是在合同签订后发生的；②不是因为合同当事人双方自身的过失或疏忽而导致的；③意外事故是当事人双方所不能控制的、无能为力并且无法克服的。

(二)不可抗力的范围

不可抗力的范围很广，涉及的领域很多，且情况复杂多变，难以划定其确切的范围，但就其起因而论，可以分为以下几种情况。

1.自然力量事故

自然力量的事故，是指非人类自己造成的事故。通常包括给人类造成灾害的诸多自然现象，如水灾、冰灾、火灾、风灾、暴风雨、雷电、大雪、地震、海啸、干旱、山崩、森林自燃等。

2.社会原因

如骚乱、罢工、战争、恐怖事件、国家禁令等引起的事故。这类事件往往构成当事人履约障碍，对于普通的合同当事人来说，也属于不可抗力，也是他们无法控制、不能预见和无法克服的。

关于不可抗力的范围，国际上并无统一的解释，当事人在合同订立时可自行商定。由于不可抗力是一项免责条款，买卖双方(主要是卖方)都可以援引它来解释自身所承担的合同义务，这种援引在多数情况下是扩大不可抗力的范围，以减少自己的合同责任。因此，在交易中应认真分析，区别不同情况，作出不同处理，防止盲目接受。在实践中，对不可抗力的认定是很严格的，要与商品价格波动、汇率变化等正常的商业风险区别开来。不可抗力和商业风险的区别如表9-1所示。

表9-1　不可抗力和商业风险的区别

异同点	不可抗力	商业风险
共同点	客观性、损失性、不确定性	
不同点	有形风险	无形风险
	客观的静态风险	主观的动态风险
	多为纯粹风险	多为投机性风险
	可以投保	不能投保

(三)不可抗力的法律后果

根据《联合国国际货物销售合同公约》的规定，一方当事人享受的免责权利只对履约障碍存在期间有效，如果合同未经双方同意宣告无效，则合同关系继续存在，一旦履行障碍消除，双方当事人仍须继续履行合同义务。所以，不可抗力

> 知识扩展：
> 《中华人民共和国民法典》对不可抗力的规定

事故所引起的后果可能是解除合同，也可能是延迟履行合同，究竟如何处理应由买卖双方按约定的处理原则和办法，视事故的原因、性质、规模及其对履行合同所产生的实际影响程度而定。

二　合同中的不可抗力条款

订约后发生的当事人双方无法控制的意外事故，能否构成不可抗力、后果如何，国际上并无统一的解释。为了避免一方当事人任意扩大和缩小对不可抗力事故范围的解释或在不可抗力事故发生后在履约方面提出不合理要求，在货物买卖合同中订明不可抗力条款是非常重要的。

(一)不可抗力事故的范围

关于不可抗力事故的范围,应在买卖合同中订明。通常有下列三种办法:

(1)概括式规定。在合同中不具体规定哪些事故属于不可抗力,而只是笼统地规定"由于不可抗力的原因",至于具体内容和范围并未具体说明。这种方法含义模糊,解释伸缩性大,难以作为解释问题的依据,不宜采用。

(2)列举式规定。在合同中详细列明不可抗力的范围,虽然具体明确,但难以一览无余,且可能出现遗漏情况,这样仍可能发生争执,因此也不是最好的方法。

(3)综合式规定。合同中列明可能发生的不可抗力事故的同时,又加上"其他不可抗力的原因"的文句,这样就为双方当事人共同确定未列明的意外事故是否构成不可抗力提供了依据。因此,这种规定方法既具体明确,又有一定的灵活性,比较科学实用。在我国进出口合同中,大多采用这种方法。

(二)不可抗力的后果

不可抗力事故所引起的后果有两种:一种是解除合同,另一种是延期履行合同。什么情况下解除合同,什么情况下延期履行合同,要视所发生的事故的原因、性质、规模及对履行合同所产生的影响程度而定,并明确地规定在合同中。

(三)不可抗力发生后通知对方的方式和证明

按照国际惯例,当发生不可抗力事故影响合同履行时,当事人必须及时通知对方,对方亦应于接到通知后及时答复,如有异议也应及时提出。尽管如此,买卖双方为明确责任,一般在不可抗力条款中还规定一方发生事故后通知对方的期限和方式。此外,当一方援引不可抗力条款要求免责时,必须向对方提交一定机构出具的证明文件,作为发生不可抗力的证据。在国外,一般由当地的商会或合法的公证机构出具。在我国,是由中国国际贸易促进委员会或其设在口岸的分会出具。

三 援引不可抗力条款的注意事项

(1)合同中是否约定不可抗力条款,不影响直接援用法律规定。

(2)不可抗力条款是法定免责条款,约定的不可抗力条款如果小于法定范围,当事人仍可援用法律规定主张免责;如果大于法定范围,超出部分应视为另外成立了免责条款。

(3)不可抗力条款作为免责条款具有强制性,当事人不得约定将不可抗力排除在免责事由之外。

(4)当不可抗力事故发生后,买卖双方应本着实事求是的精神,根据事故发生的原因和情况协商决定,是否解除合同或延迟履行合同。

> **常用不可抗力条款示例**
>
> 如因战争、地震、水灾、火灾、暴风雨、雪灾或其他不可抗力的原因,致使卖方不能部分或全部装船或延迟装船,卖方对此均不负有责任。但卖方必须在事故发生时立即电告买方,并在事故发生后15天内航空邮寄给买方由灾害发生地点的有关政府机关或商会所发给的证件证实灾害存在。除因不可抗力导致装船延迟或不能交货外,如卖方不能在合同规定期限内发船,则应赔偿买方直接由于延期交货或不能按合同条件交货所遭受的一切损失及费用。人力不可抗拒事故继续存在60天以上时,买方有权撤销合同或合同中未发运部分。

第四节　国际仲裁

一　解决国际贸易争议的方式

在国际贸易中,买卖双方签订合同后,由于种种原因没有如约履行,从而引起争议。而解决争议的方式有很多,既可以由当事人双方自行协商处理,也可以由第三者出面调解,还可以通过仲裁或提交司法机关审理。这些做法各有特点,也各有利弊。

(一)协商

协商(consultation)又称友好协商,是指在发生争议后,由当事人双方直接进行磋商,自行解决纠纷。在协商过程中,当事人通过摆事实、讲道理,弄清是非曲直和责任所在,必要时由双方各自作出一定的让步,最后达成和解,消除分歧。

这种做法可节省费用,而且气氛和缓、灵活性大,有利于双方贸易关系的发展。双方当事人一旦发生争议,一般都愿意采用协商方式加以解决。国际经济贸易界多以此方式解决争议。但协商方式也存在一定的局限性,如当争议涉及的金额数目巨大时,双方均不肯做较大让步或经反复协商相持不下,致使争议难以解决。

(二)调解

调解(conciliation),是指发生争议后,双方协商不成,则可邀请第三者居间调停。调解人的作用是帮助当事人弄清事实,分清是非,并找到一种双方均可接受的解决办法。若调解成功,双方应签订和解协议,作为一种新的契约予以执行;若调解意见不为双方或其中一方所接受,则该意见对当事人无约束力,调解即告失败。

调解在性质上与协商并没有什么区别,最后的解决办法还须经双方当事人一致同意才能成立。该方式在运用时,是以双方当事人自愿为前提,一方当事人或调解人不得强迫另一方当事人接受调解。另外,调解人一般具有专业知识或实践经验,有利于公平、公正地解决争端。

(三)诉讼

诉讼(litigation)即打官司,是指由司法部门按法律程序来解决双方的贸易争议。在争议出现后,可由任何一方当事人,依照一定的法律程序,向有管辖权的法院提起诉讼,要求法院依法予以审理,并作出公正的判决。通常起诉方大多要求被诉方承担违约责任,或赔偿经济损失,或支付违约金。

该方式的运用通常是由于争议所涉及的金额较大,双方都不肯让步,或者一方缺乏解决问题的诚意,通过协商或调解难以达成协议,以致诉诸法律解决。

(四)仲裁

仲裁(arbitration)亦称公断,是指买卖双方按照在争议发生之前或之后签订的协议,自愿把他们之间的争议交给仲裁机构进行裁决,并约定裁决是终局的,具有法律的强制性,对双方均有约束力。若一方不执行裁决,另一方有权向法院起诉,要求予以强制执行。

由于仲裁有其自身的立法及程序,断案迅速,仲裁员一般具有较丰富的专业知识和审案经验,从而为确切、合理、公正地解决争议提供了有利条件。因此,仲裁在解决争议方面得到国际贸易界的普遍承认和广泛应用。

二 仲裁的特点

仲裁一直是解决国际贸易争议的首选方式。和其他争议解决方式相比,仲裁具有以下优点:

(1)裁决具有终局性。裁决对当事人具有约束力并可强制执行。仲裁裁决不同于法院判决,其不能上诉,一经作出即为终局,对当事人具有约束力。

(2)当事人意思自治。在仲裁中,当事人享有选择仲裁员、仲裁地、仲裁语言以及适用法律的自由。当事人还可以就开庭审理证据的提交和意见的陈述等事项达成协议,设计符合自己特殊需要的仲裁程序。在我国仲裁,当事人可以书面形式提交证据和陈述;此外,在我国受理的仲裁案件绝大多数可在仲裁庭组成之后6个月内结案。因此,与法院严格的诉讼程序和时间相比,仲裁程序更为灵活。

(3)仲裁具有保密性。仲裁案件不公开审理,一般不损害当事人双方的业务关系,有益于买卖业务的继续开展,从而可以有效地保护当事人的商业秘密和商业信誉。

(4)仲裁程序简单、费用合理。与诉讼相比,仲裁一裁终局、程序快捷等特点,使得采用仲裁比采用诉讼对当事人而言更为经济。

三 仲裁协议

(一)仲裁协议的含义

仲裁协议是指当事人在合同中约定的或单独订立的提交仲裁的书面协议。它是当事人提请仲裁案件的重要法律依据,是申请仲裁的必备材料。

(二)仲裁协议的形式

在我国,解决国际贸易争议的仲裁协议必须是书面的。它既包括当事人双方为解决争议而特意签订的协议,也包括当事人之间以书面达成的其他形式的协议,如相互交换的信函、电子邮件和电传等。此外,在仲裁申请书和仲裁答辩书的交换中,一方当事人声称有仲裁协议而另一方当事人不作否认表示的,则视为存在书面仲裁协议。

根据我国法律,有效的仲裁协议必须载有请求仲裁的意思表示、选定的仲裁委员会和约定的仲裁事项;必须是书面的,当事人具有签订仲裁协议的行为能力,形式和内容合法。

仲裁协议主要有两种形式:一种是由双方当事人在争议发生之前订立的,表示同意把将来可能发生的争议提交仲裁解决的协议,这种协议一般都已包含在合同内,作为合同的一项条款,即我们所说的**仲裁条款**(arbitration clause);另一种是由双方当事人在争议发生之后订立的,表示同意把已经发生的争议交付仲裁的协议,这种协议称为**提交仲裁的协议**(arbitration submission)。这两种仲裁协议虽然形式不同,其法律作用与效力却是相同的。此外,根据规定,合同中的仲裁条款或者附属于合同的仲裁协议均应视为与合同其他条款分离的、独立存在的条款或者其中的一个部分;合同的变更、解除、终止、转让、失效、无效、未生效、被撤销以及成立与否,均不影响仲裁条款或仲裁协议的效力。

(三)仲裁协议的作用

仲裁协议的作用包括以下三个方面:

(1)约束双方当事人只能以仲裁方式解决争议。由于已签有仲裁协议,当事人之间一旦发生争议,就只能以仲裁方式来解决。向仲裁机构提出仲裁申请,既不得任意改变仲裁机构和仲裁地点,更不得单方面地要求撤销仲裁协议。

（2）排除法院对有关案件的管辖权。双方当事人一经订立仲裁协议，任何一方就不得向法院提起诉讼。如果一方违背仲裁协议，自行向法院起诉，另一方可根据仲裁协议作出抗辩，要求法院予以撤案，并将争议案件退回仲裁机构予以审理。

（3）仲裁机构取得对有关案件的管辖权。日后一方当事人如将争议案件提交仲裁，而另一方若在规定的时限内未出庭应诉，则仲裁机构有权进行缺席审理和作出缺席裁决。

四 仲裁条款

目前我国进出口贸易合同中的仲裁条款一般包括：提请仲裁的事项、仲裁地点、仲裁机构、仲裁程序规则的适用、仲裁裁决的效力以及仲裁费用的承担等。

（一）仲裁事项

仲裁事项是指当事人提交仲裁解决的争议范围，也是仲裁庭依法管辖的范围。当日后所发生的争议超出规定的范围时，仲裁庭无权受理。所以，在仲裁协议中一定要规定清楚。

（二）仲裁地点

在国际贸易实践中，仲裁地点与仲裁所适用的程序法，以及合同所适用的实体法关系甚为密切。仲裁地点不同，适用的法律可能不同，对买卖双方的权利、义务的解释就会有差别，其结果也会不同。

我国进出口贸易合同中的仲裁地点，一般采用下述三种规定方法之一：①力争规定在我国仲裁；②规定在双方同意的第三国（地区）仲裁；③规定在被告所在国（地区）仲裁。

（三）仲裁机构

仲裁解决方式包括临时仲裁和常设机构仲裁。相应地，仲裁机构也分为临时仲裁庭（特设仲裁庭）和常设仲裁机构。目前，我国的常设仲裁机构，即是设在北京的中国国际经济贸易仲裁委员会（CIETAC），以及其分别设在全国各地的分会或仲裁中心。

许多国家（地区）也都有常设的国际贸易仲裁机构。在国际贸易业务中经常遇到的外国常设仲裁机构有：英国伦敦国际仲裁院、瑞典斯德哥尔摩商会仲裁院、瑞士苏黎世商会仲裁院、日本国际商事仲裁会、美国仲裁协会、意大利仲裁协会等。此外，俄罗斯和东欧各国商会中均设有对外贸易仲裁委员会。国际组织的仲裁机构有设在巴黎的国际商会仲裁院等。

（四）仲裁程序

仲裁程序主要是规定进行仲裁的手续、步骤和做法，其中包括仲裁申请、仲裁员指定、仲裁庭组成、仲裁答辩与反诉、仲裁审理、仲裁裁决及仲裁费用等各方面的内容，为当事人和机构共同遵守。

我国现行的仲裁程序规则是2023年9月2日由中国国际贸易促进委员会/中国国际商会修订并通过，自2024年1月1日起施行的《中国国际经济贸易仲裁委员会仲裁规则》（简称《中国仲裁规则》）。根据该规则的规定，凡当事人同意将其争议提交中国国际经济贸易仲裁委员会的，均视为同意按本规则进行仲裁。

（五）仲裁裁决的效力

根据《中国仲裁规则》的规定，仲裁庭应当根据事实和合同约定，依照法律规定，参考国际惯例，公平合理、独立公正地作出裁决。仲裁裁决是终局的，对双方当事人均有约束力，任何一方当事人不得向法院起诉，也不得向其他任何机构提出变更裁决的请求。仲裁裁决作出后，通常情况下，败诉方应当依照仲裁裁决书写明的期限自动履行裁决，但也有由于各种原因拒不履行的。当败诉方拒不履行仲裁裁决时,如仲裁机构或仲裁庭不具有强制执行的权力,胜诉方有权向法院提出申请,要求予以强制执行。

(六)仲裁费用的负担

通常在仲裁条款中明确规定仲裁费用由谁来负担。根据规定,仲裁庭有权根据案件的具体情况在裁决书中裁定败诉方应补偿胜诉方因办理案件而支出的合理费用。

> **中国国际经济贸易仲裁委员会仲裁条款示例**
>
> 凡因本合同引起的或与本合同有关的任何争议,均应提交中国国际经济贸易仲裁委员会,按照该会现行的仲裁规则,由申请人选定在该会总会或深圳分会或上海分会进行仲裁。仲裁裁决是终局的,对双方均有约束力。

五 仲裁裁决的承认与执行

仲裁裁决对双方当事人都具有法律上的约束力,当事人必须执行。但是,如果一方当事人在国境外,则涉及一个国家(地区)的仲裁机构所作出的裁决要由另一个国家(地区)的当事人去执行的问题。

如果一方当事人拒不执行仲裁裁决,就会影响到仲裁的效力,为了解决这一困难,1958年6月10日联合国在纽约召开了国际商事仲裁会议,签订了《承认及执行外国仲裁裁决公约》(Convention on the Recognition and Enforcement of Foreign Arbitral Award,也称《纽约公约》)。该公约规定,各缔约国必须承认和执行外国的仲裁裁决。该公约强调了两点:承认双方当事人所签订的仲裁协议有效;根据仲裁协议所作出的仲裁裁决,缔约国应承认其效力并有义务执行。截至2020年5月,该公约的缔约国已经达到162个,它是国际商事仲裁领域内最为成功的一个公约。中国政府1986年12月2日加入该公约,1987年4月22日该公约对中国生效。我国加入该公约时做了两项保留:①中华人民共和国只在互惠的基础上对在另一缔约国领土内作出的仲裁裁决的承认和执行适用该公约;②中华人民共和国只对根据中华人民共和国法律认定为属于契约性和非契约性商事法律关系所引起的争议适用该公约。

知识扩展:
《纽约公约》成员名单

复习巩固

一、习题链接

第九章测试题

二、思考题

1.在国际货物买卖合同中,确定商品检验时间和地点对于买卖双方有何意义?

2.对于违约和违约的法律后果,《联合国国际货物销售合同公约》是如何规定的?

3.异议和索赔条款的主要内容有哪些?

4.不可抗力事故引起的后果有哪些？援引不可抗力条款处理事故应注意哪些事项？

5.为什么仲裁是解决国际贸易争议的重要方式？

📈 综合能力提升

1.某年夏天,我国南方发生特大洪水灾害,在此之前外贸企业与外商订有三份大米合同,合同的商品名称分别为"太湖大米""在某仓库存放的江苏大米""中国大米",七八月份交货。试问:针对以上情况,我方应如何向外商提出免责要求？

2.我国某企业以FOB厦门从国外进口一批货物,合同规定9月15日前装船。8月10日卖方所在地发生地震,因仓库离震中较远,未受到严重损坏,但交通受到严重损坏,所以货物不能按时出运,事后,卖方以不可抗力为由要求解除合同,免除交货责任。试问:卖方解除合同的要求是否合理？为什么？

☞ 学习导航

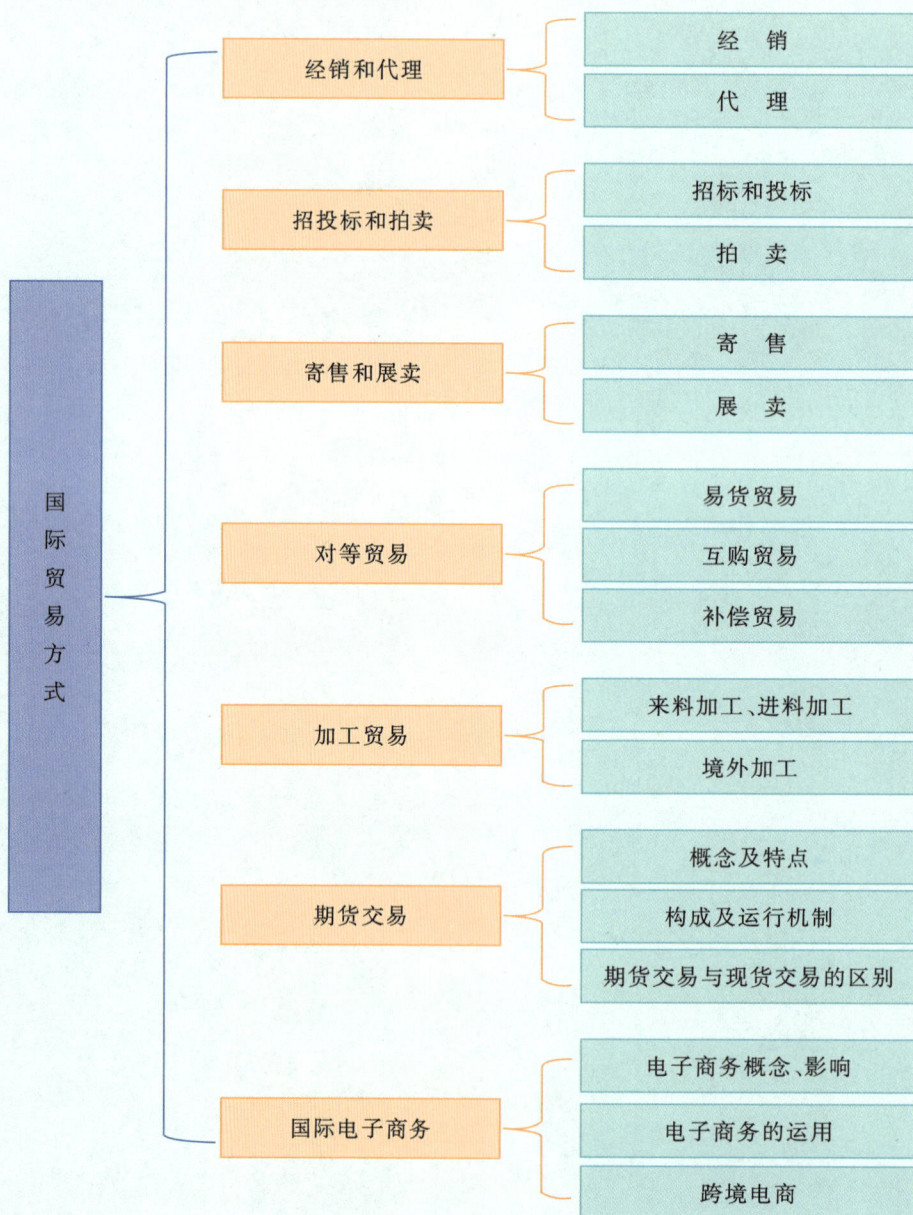

1.知识目标:了解经销与代理、招投标、拍卖、寄售、展卖和跨境电子商务的基本含义和种类;熟悉各种贸易方式的基本流程。

2.能力目标:了解跨境电商的蓬勃发展态势和对国际贸易的助力提升;基于对加工贸易的了解,总结和归纳中国贸易发展的特色;培养学生应用知识能力、辩证分析问题能力、解决实际问题以及创新创业的能力,鼓励学生进行跨境电商的实操和创新模式的实践。

3.思政目标:党的二十大报告明确提出,推动货物贸易优化升级,创新服务贸易发展机制,发展数字贸易,加快建设贸易强国。在此背景下,要让学生在深感中国取得的巨大成就的同时更加清楚自己被赋予的民族责任,帮助学生树立爱国意识、民族自信心和自豪感。同时,培养学生精益求精的工匠精神和守约诚信的职业道德操守。

第一节　经销和代理

经销和代理,是我国外贸企业销售货物时采用的非常重要的贸易方式。事实证明,商品出口,必须通过恰当的渠道即通过境外经销商和代理商,才能及时、准确地送到境外消费者的手中。在国际贸易中,以不同方式进行销售,价格往往会有很大的差异。所以,选择恰当的销售方式,是外贸企业销售中的重要工作。通过采用经销、代理方式,能建立有序的销售网络,防止客户之间恶性竞争。因此,经销和代理是很有效的贸易方式。

一　经　销

(一)经销的含义

经销(distribution)是指出口企业与境外经销商达成书面协议,主要明确销售商品的种类、经销期限和地区范围等,利用境外经销商就地推销商品的一种方式。出口企业和境外经销商签订经销协议(distributorship agreement),确立了经销业务关系,可以依靠双方的密切合作,达到推销约定商品的目的。

特别注意的是,很多经销协议只规定了双方当事人的权利、义务和一般交易条件,以后每批货的交付要依据经销协议订立具体买卖合同,明确价格、数量、交货期甚至支付方式等具体条件,或者由供货商根据经销商发出的订单交付货物。

从法律上讲,供货商和经销商是本人对本人的关系。经销商是以自己的名义购进货物,在规定的区域内转售时,也是以自己的名义进行,货价涨落等经营风险由经销商自己承担。

(二)经销的种类

按经销商权限的不同,经销方式可分为两种:包销和一般经销。

1.包　销

包销(exclusive sales)又称独家经销(sole distribution),指经销商在协议规定的期限和地域内,对指定的商品享有独家专营权的一种经销方式。也就是说,供应商在某一时期和某一地区内,只向包销人报价成交,销售其中某种货物,而包销人在此期间和在此地区内不得购买其他人的同样的或类似的货物。

2.一般经销

一般经销也称为固定销售,分销的经销商不享有独家管理(专营权),供应商可以在同一地区指定多个经销商在同一时期经营同一商品。

(三)经销协议

在经销模式下,供应商与经销商之间的权利和义务由经销协议决定。经销协议的主要内容包括:货物的经销商品的范围、经销区域、经销数量或金额、作价方法、经销协议的其他义务、经销期限等。

1.经销商品的范围

经销商品可以是供应商经营的全部商品,也可以是其中的一部分。若供应商经营的商品种类繁多,经销协议中要明确规定商品的范围以及同一商品的不同品牌号和规格,以避免双方日后发生争议。确定经销商品的范围时,要考虑供应商的经营意图以及经销商的经营能力与资信状况。

2.经销区域

所谓经销区域,是指经销商行使经营权的地理范围。它可以是一个或几个城市,也可以是一个甚至几个国家,其大小的确定,除应考虑经销商的规模、经营能力、销售网络之外,还应考虑该地区的政治区域划分、地理和交通条件以及市场差异程度等因素。经销区域的规定不保持不变,经双方同意后,可根据业务发展的具体情况进行调整。在包销方式下,供应商不得指定其他经销商在包销区域内经营类似商品,以维持包销商的特许经营权。为保障供应商的利益,一些经销协议规定,包销商不得在该区域以外销售经销产品。

3.经销数量或金额

经销协议还应规定经销商在一定期限内的经销数量和金额,这在包销协议中是更为重要的。此数量或金额对双方有同等的约束力,它也是卖方应供应的数量和金额。经销数额一般采用最低采购金额的做法,规定经销商在一定时期内采购的数额下限,并明确经销数额的计算方法。为防止经销商订约后拖延履行,可以规定最低承购额以实际装运数量为准。在规定最低承购额的同时,还应规定经销商未能完成承购额时所需承担的责任和后果,这也是卖方的权利。

4.作价方法

经销商品可以在规定的期限内**一次作价**,结算时以协议规定的固定价格为准。这种方法使用较少,因为交易双方要承担价格变动的风险。在大多数经销协议中采用**分批作价**的方法,也可由双方定期地根据市场情况加以商定。

5.经销协议的其他义务

对经销商来说,应负责广告宣传、市场调研和维护供货人权益等问题。通常规定,经销商有促进销售和广告宣传的义务,一些协议规定,供货商应提供必要的样品和宣传资料,对于广告宣传的方式以及有关费用的负担问题,也应明确规定,一般由经销商自己负担。在协议中,还可规定经销商承担市场调研的义务,以制定销售策略和提高产品质量。有的包销协议还规定,若在包销地区内发现供货商的商标权或专利权受到侵害,包销商应及时采取保护措施。

6.经销期限

经销期限即协议的有效期,可规定为签字生效起一年或几年。一般而言,可以经双方协商后延期,也可规定在协议到期前若干天如没有发生终止协议的通知,则可延长一期。

经销期限届满协议即终止,但为了防止一方利用一些微不足道的差异作为撕毁协议的借口,在协议中还应规定终止条款,明确在什么情况下解除协议。

除上述主要内容外,经销协议中还应规定不可抗力及仲裁条款等一般交易条件,其规定方法与一般买卖合同大致相同。

(四)采用独家经销时应注意的问题

(1)在选择独家经销商时,既要考虑其政治态度,又要注意其资信情况、经营能力及其在该地区的商业地位。对大众商品采用独家经销方式时,为慎重起见,可以有一个试行阶段。

(2)适当规定独家经销商品范围、地区及独家经销数量或金额,确定商品范围的大小和地区的大小,以及客户的资信能力。在一般情况下,独家经销商品的范围不宜过大。规定独家经销数量的多少或金额的大小,应根据供应商的货源和市场的容纳量来决定。

(3)要注意签订经销协议。独家经销协议(exclusive sales agreement)是出口商与其授权的独家经销商规定双方的权利和义务,并从法律上确定双方关系的契约。为了防止独家经销商垄断市场或经营不力、"独家经营而不销"或"独家经营而少销"的情况出现,应该在独家经销协议中规定中止条款或索赔条款。

(4)要注意当地的法律法规。在独家经销方式下,特许经营的规定有时构成"限制性的商业惯例"。在部分经销协议中,在规定经销商品的种类和经销区域时,有时有以下限制性规定:"承销商不得经营其他厂家的类似产品","禁止承销产品向承销区域以外的地区销售"等。这些规定可能会违反一些相关法律法规,如反托拉斯法、反垄断法等。因此,在签署独家经销协议时,应该了解当地的相关法律法规,并注意文句的使用,尽量避免与当地法律法规相冲突。

> 在国际贸易中,什么情况下卖方愿意让买方做独家代理?

二　代　理

(一)代理的含义

代理(agency)是指代理人(agent)按照委托人(principal)的授权,代表委托人与第三方订立合同或实施其他法律行为,而由委托人直接负责由此而产生的权利与义务。

《中华人民共和国民法典》中规定的代理方式有两种,即委托代理和法定代理。我们这里所说的代理是指货主或生产厂商(委托人)授权代理人代表其在规定的地区和期限内,向第三方招揽生意、订立合同或办理与交易有关的其他事宜,同时向代理人支付佣金作为报酬的一种贸易关系。所以,国际贸易中所指的代理是委托代理。

(二)代理的种类

按照委托人授权的大小,代理可分为以下几种。

1.总代理

总代理(general agent)是出口商在指定区域的全权代表。总代理在一定区域和一定期限内不仅享有专营权,还代表委托人进行全面业务活动,包括商业性质和非商业性质的活动。

2.独家代理

独家代理(exclusive agent,sole agent)是在代理协议规定的时间、区域内,对指定商品享有专营权,从事代理协议中规定的有关业务的代理人。出口商在该区域内不得委托其他代理人,而必须给予代理人在特定区域和一定期限内代销指定商品的独家专营权。在我国的出口业务中,采用独家代理方式时,参照国际贸易习惯做法,只要在一定区域和规定的期限内达成该项货物的交易,代理商都按成交额提取佣金。

3.一般代理

一般代理又称佣金代理(commission agent),是指在同一区域和期限内出口商可以同时委托几个代理人代表其从事代理范围内的商务活动,代理人不享有独家专营权。佣金代理完成授权范围内的事务后,按协议规定的办法向出口商计收佣金。

佣金代理与独家代理的主要区别有两点:一是独家代理享有专营权,佣金代理不享有这种权利。二是独家代理收取佣金的范围,既包括招揽生意介绍客户成交的金额,也包括委托人直接成交的金额;佣金代理收取佣金的范围,只限于其推销出去的商品的金额。

(三)代理协议的内容

代理协议也称代理合同,它是用以明确委托人和代理人之间权利与义务的法律文件。协议内容由双方当事人按照契约自由的原则,根据双方的合意加以规定。国际贸易中的代理种类繁多,代理协议的形式和内容也各不相同。实务中常见的代理协议主要包括以下内容。

1.协议名称及双方当事人

签订代理协议时,一定要明确注明代理协议的性质是独家代理、总代理还是一般代理,同时,要保证所签订的代理协议不要与有关法律的强制性规定相抵触。代理协议的双方当事人,即委托人和代理人,通常是独立的、自主的法人或自然人;协议必须清楚地规定双方当事人各自的全称、地址、法律地位、业务种类、注册日期、注册地点以及可以用来识别它的任何其他表示。在代理协议的序言中,一般要对双方当事人的法律关系、授权范围和代理人的职责范围有明确的规定。

2.指定代理的商品、区域和期限

在代理协议中,要明确、具体地对代理人代理商品的种类、名称、规格以及代理的区域、时间等作出规定。代理商品的范围,出口企业要根据其经营意图,代理商的规模、经营能力及资信等状况作出决定。

3.代理的权限

不同性质的代理,该条款的具体内容不同。如果是一般代理,应该在该条款中规定:委托人在代理人代理的区域,有直接向买主进行谈判和成交的权利。独家代理协议中规定的独家代理权,通常可以分成两个方面:①独家代理权,即独家代理约定商品的专营权。委托人给予独家代理商专营权后,委托人在约定期限和约定区域内,不得另选代理商或自己直接销售。②独家代理商是否有权代表委托人订立具有约束力的合同。为避免独家代理商利用委托人的名义和信誉从事不利于委托人的活动,该条款常规定独家代理商的权限仅限于替委托人物色买主、招揽订单及中介交易等,而无权以委托人的名义与第三者订立合同。

4.佣金条款

代理协议中须规定佣金率、支付佣金的时间和方法。佣金率与成交金额或数量相联系。

5.最低成交额

独家代理通常承诺最低成交数量或金额。若未能达到该数量或金额,委托人有权终止协议或按协议规定调整佣金率。

6.宣传推广、提供商情报告

代理人在代理期内,有义务定期或不定期地向卖方提供商情报告,代理人还应在代理区域内努力而适当地进行广告宣传以促进产品的销售。

7.其他规定

在代理协议中,进出口企业双方有时常就一些其他情况作出规定,其中包括:

(1)例外性条款。如委托人在授予独家代理商专营权时,同时又保留在约定区域一定的销售权限的例外规定。这种例外规定通常属于下列情况:政府机构或国营企业向委托人直接购货、进行国际招标或参与合资经营等。出口企业在进行上述业务时,不受协议约束,也不付给佣金或报酬,其销售额也不列入协议的最低推销额。

(2)非竞争性条款。如代理人在代理协议有效期内,不得在代理区域销售或代理与约定商品相同、类似或具有竞争性的其他商品。此外,独家代理协议还应规定代理商应负责进行产品的售后服务及保护委托人的知识产权等内容的条款。

需要注意的是,在代理协议中,委托人通常保留货主对代理商品的商标注册权。经销商代理合同见附件10-1。

(四)独家经销和独家代理的区别

(1)性质不同。代理人与委托人之间属于委托代理关系,而独家经销商与出口商之间则是买卖关系。

(2)风险不同。独家代理人不承担经营风险,而独家经销商要承担经营风险。

(3)目的不同。独家代理人赚取的是佣金,而独家经销商赚取的是商业利润。

(4)专营权不同。独家代理人在特定区域和期限内,享有代销指定商品的专营权;独家经销拥有包销的专营权,包括专买权和专卖权。

第二节　招投标和拍卖

随着国际分工的进一步发展和各国(地区)对经济的日益依赖,招投标在世界经济活动中的应用越来越普遍。越来越多的国家(地区)利用国际招标作为改善本国(地区)进出口贸易的有效手段。在发达国家、发展中国家或国际政府贷款项目和国际金融组织贷款项目中,招投标的应用非常广泛。拍卖则主要用于难以标准化或按传统习俗销售的商品。拍卖作为一种历史悠久的国际贸易方式,至今仍被广泛采用。

一　招标和投标

(一)招标和投标的含义

招标(invitation to tender)是指招标人(买方)在规定的时间和地点发布招标公告或投标书,提出采购商品的种类、数量和相关交易条件,并邀请投标人(卖方)投标,旨在选择最有利的投资者达成交易的行为。

投标(submission of tender)是指投标人(卖方)应招标人(买方)邀请,按照招标公告或投标书规定的条件,在规定的时间内提交给招标人的行为。因此,投标和投标是一种贸易方式的两个方面。

(二)招标和投标的特点

(1)竞争性。有序竞争,适者生存,优化配置,提高社会经济效益,这是社会主义市场经济的基本要求,也是招投标的根本特征。

(2)程序性。招标投标活动必须遵循严密规范的法律程序。《中华人民共和国招标投标法》及相关法律政策,对招标人从确定招标采购范围、招标方式、招标组织形式直至选择中标人并签订合同的招标投标全过程每一环节的时间、顺序都有严格、规范的限定,不能随意改变。

(3)规范性。《中华人民共和国招标投标法》及相关法律政策,对招标投标各个环节的工作条件、内容、范围、形式、标准以及参与主体的资格、行为和责任都作出了严格的规定。

(4)一次性。投标要约和中标承诺只有一次机会,且密封投标,双方不得在招标投标过程中就实质性内容进行协商谈判、讨价还价。这也是招投标与询价采购、谈判采购以及拍卖竞价的主要区别。

(5)技术经济性。招标采购或出售标的都具有不同程度的技术性,包括标的使用功能和技术标准,以及建造、生产和服务过程的技术与管理要求等。

(三)招投标的优点

招投标是一种通过公开竞争比较,在订立合同前,对对象内容、价格等属性进行报价,以确定最优和较具有竞争性的较佳赢家的过程。它可以帮助机构或个人挑选出较具性价比的服务或产品。招投标的好处不仅仅限于机构或个人,它在各行各业中都有很大的作用。

首先,招投标制度有助于保证公平公正。招投标的过程不仅需要明确的竞争规则和规范,而且参与者必须遵守特定的规则,确保公平公正。任何违背规则的参与者都会受到相应的处罚,以维护所有参与者的正当利益。

其次,招投标制度有助于促进市场化竞争。在这种竞争机制下,参与者通过竞争来确定最终成交价,这对整个市场环境具有积极作用。招投标制度可以促进市场竞争,有助于降低物价、提升服务质量、建立公平环境,从而提高市场效益。

此外,招投标制度还有助于提升服务质量。一般来说,招标单位会对参与投标的企业进行详细的审核和考核。招标单位对参与投标企业的要求越高,企业也将在参与招标并获胜时,提供质量更好的服务。

总之,招投标制度能够使各方受益。它不仅可以帮助机构或个人挑选较具性价比的服务或产品,还能保证公平公正,促进市场化竞争,提高服务质量。因此,招投标制度在各行各业中都发挥着重要的作用。

(四)招标的方式

目前,国际上通常采用的招标方式主要包括以下几种。

1.公开招标(open bidding)

公开招标也称为无限竞争性招标,这是最常见的招标形式。招标人会通过各种途径,如报刊、杂志等,发布招标信息,吸引全球各地的合格承包商参与投标。这些承包商必须经过资格预审才能购买招标文件并提交投标。公开招标有助于形成买方市场,增加竞争性,从而为招标方提供更多的选择和更优的条件。

2.选择性招标（invitation to bid）

选择性招标也称为邀请招标，是一种有限竞争性招标方式。在这种模式下，招标人不会广泛地公开招标信息，而是会根据自己的业务需求和情报资料，主动邀请一些潜在的供应商参与投标。该方式通常适用于那些需要特定资质或经验的项目，或者是为了与某些特定的供应商建立长期合作关系。

3.两段招标（two-stage bidding）

这是一种结合了公开招标和选择性招标的方法。首先进行公开招标，吸引众多供应商参与；然后从参与的供应商中选择若干家进行第二轮的筛选和谈判，最终选定最合适的合作伙伴。

4.谈判招标（negotiated bidding）

谈判招标也称为议标，是一种非公开、非竞争性的招标方式，由招标人物色几家供应商直接进行合同谈判，一旦谈判成功，则交易达成。

以上是国际上常用的招标方式，它们各有特点和应用场景，旨在确保项目的透明度和公正性，同时为企业和个人创造公平的竞争环境。

（五）招标和投标的基本流程

招投标流程包括：招标、投标、开标、评标、中标、签订合同等。招投标作为一种成熟的交易方式，其重要性和优越性在国内外经济活动中日益被各国和各类国际经济组织广泛认可，进而在相当多的国家和国际组织中得到立法推行。

1.招　标

（1）制订招标方案。招标方案是指招标人通过分析和掌握招标项目的技术、经济、管理的特征，以及招标项目的功能、规模、质量、价格、进度、服务等需求目标，依据有关法律法规、技术标准，结合市场竞争状况，针对一次招标组织实施工作的总体策划。招标方案包括合理确定招标组织形式、依法确定项目招标内容范围和选择招标方式等。

（2）组织资格预审。为了保证潜在投标人能够公平获取公开招标项目的投标竞争机会，并确保投标人满足招标项目的资格条件，避免招标人和投标人的资源浪费，招标人可以对潜在投标人组织资格预审。

（3）编制发售招标文件。招标人应结合招标项目需求的技术经济特点和招标方案确定要素、市场竞争状况，根据有关法律法规、标准文本编制招标文件。

（4）踏勘现场。招标人可以根据招标项目的特点和招标文件的规定，集体组织潜在投标人实地踏勘了解项目现场的地形地质、项目周边交通环境等并介绍有关情况。

2.投　标

（1）投标预备会。投标预备会是招标人为了澄清、解答潜在投标人在阅读招标文件或现场踏勘后提出的疑问，按照招标文件规定时间组织的投标答疑会。

（2）编制提交投标文件。潜在投标人应依据招标文件要求的格式和内容，编制、签署、装订、密封、标识投标文件，按照规定的时间、地点、方式提交投标文件，并根据招标文件的要求提交投标保证金。

3.开　标

招标人或其招标代理机构应按招标文件规定的时间、地点组织开标，邀请所有投标人代表参加，并通知监督部门，如实记录开标情况。除招标文件特别规定或相关法律法规有规定外，投标人不参加开标会议不影响其投标文件的有效性。

4.评　标

评标由招标人依法组建的评标委员会负责。评标委员会应当在充分熟悉、掌握招标项目的需求特点，认真阅读研究招标文件及其相关技术资料的基础上，依据招标文件规定的评标方法、评标因素和标准、合同条款、技术规范等，对投标文件进行技术经济分析、比较和评审，向招标人提交书面评标报告并推荐中标候选人。

5.中　标

招标人按照评标委员会提交的评标报告和推荐的中标候选人以及公示结果，根据法律法规和招标文件规定的定标原则确定中标人。

6.签订合同

招标人和中标人应当自中标通知书发出之日起30日内，按照中标通知书、招标文件和中标人的投标文件签订合同。签订合同时，中标人应按招标文件要求向招标人提交履约保证金，并依法进行合同备案。

二　拍　卖

(一)拍卖的含义

拍卖(auction)是指由拍卖行在一定的时间和地点将货物出售给出价最高的买主的一种贸易方式。

(二)拍卖的特点

概括地讲，拍卖有以下四个基本特点：

(1)机会均等。拍卖是在众多买家参与下，以价格竞争的方式对拍卖标的进行竞买，每个投买者都有多次出价的权利，只要自己需要并有满足这种需要的相应财力，都有在出到最高价格后购得拍卖品的机会。

(2)价格合理。在一般的商品交易中，由于各种人为的因素，往往会使商品的价格与价值相背离，甚至可能是严重背离，而在拍卖市场中，竞价是在众目睽睽之下进行的，众多买家心明眼亮，不必担心其中有"猫腻"，拍卖品受到市场的充分检验，最后实现的价格能与价值趋于一致。

(3)公开性强。拍卖会是面向社会的，不问职业、年龄、性别，只要按章程办理了入场手续，各界人士都可以参加拍卖会。从拍卖的程序上看，每次拍卖会前都要事先登广告，发布信息，将拍卖标的的种类、拍卖场地、日期等事项公开告知公众。并且要在拍卖前把拍卖品向社会公开展示，使参加拍卖会的人士在拍卖前就可以了解到拍卖品的品种、数量、规格、尺寸、质量、颜色、包装及参考价格。在重要的拍卖会之前，投买者还可以得到文字和图片的介绍，可以说每一个环节都体现其公开性。

(4)具有法律约束力。任何一场真正的拍卖会，由于都是由具有拍卖经营权的中介企业主持，并且拍卖活动是依据法律和法律承认的章程和规则进行的，这些章程和规则的执行是在大庭广众之下进行的，所以买卖双方的权益都可以得到法律的保护，拍板成交当然也具备了与合同同等的效力。一旦成交，双方均不得反悔。如拍卖方反悔会影响买家的利益，若投买方反悔则不仅影响了卖家和拍卖方的利益，同时会侵害其他竞买人的利益。为此，双方反悔都必须依法承担责任。可以说，拍卖的过程也是执行有关法律、章程和规则的过程，有关法律、章程和规则是拍卖活动得以顺利进行的保证。

（三）拍卖的出价方式

拍卖的出价方式，主要有以下四种。

1.增价拍卖（英国式拍卖）

增价拍卖也称买主叫价拍卖，是一种极常见的拍卖方式。拍卖人先宣布拍卖货物的最低价，由买主按规定的增加额度竞相加价，直至出价最高时，由拍卖人接受，并以击槌动作宣布成交。

2.减价拍卖（荷兰式拍卖）

减价拍卖也称卖方叫价拍卖。拍卖人首先宣布拍卖货物的最高价，然后由拍卖人逐渐降低叫价，直到有人表示接受而达成交易。减价拍卖成交速度快，一般适用于拍卖易腐烂的鲜活商品，如鲜花、水果、蔬菜、活鱼等。

3.密封递价拍卖（招标式拍卖）

拍卖人事先公布每批商品的具体情况和拍卖条件，然后由买主在规定的时间内将自己的出价密封标书递交拍卖人，再由拍卖人选择标书中条件最合适的达成交易。这种方式失去了公开竞买的性质，拍卖人不一定接受最高的递价，而是综合考虑多种因素后作出选择。这种拍卖方式多用于工程项目、大宗货物、土地房产等不动产交易以及资源开采权出让等交易。目前，这种拍卖方式已被越来越多国家（地区）政府用于在网上销售库存物资以及海关处理的货物。

4.双重拍卖

双重拍卖也称双向拍卖，是指买卖双方通过软件代理竞价系统出价的一种拍卖方式。在拍卖开始前，买家向软件代理竞价系统提交最低出价和出价增量，卖家向软件代理竞价系统提交最高要价和要价减量。网上拍卖信息系统把买家的要约和卖家的要约进行匹配，直到要约提出的所有出售数量都卖给了买家。这种方式只对那些事先知道质量的物品有效，如有价证券或定级的农产品，这类物品一般交易数量很大。双重拍卖既可以按照密封递价方式进行，也可以按照公开出价方式进行。

（四）拍卖的一般程序

拍卖业务的一般程序分为以下三个阶段。

1.准备阶段

参加拍卖的货主事先将货物运到拍卖地点，委托拍卖行进行挑选、整理、分类、分批、编印目录并招揽买主。参加拍卖的买主可以在规定的时间到仓库查看货物，了解商品的品质，拟定自己的出价标准，做好拍卖前的准备工作。拍卖行一般还提供各种书面资料进行宣传，以扩大影响。

2.正式拍卖阶段

正式拍卖是指在规定的时间和地点，按照一定的拍卖规则和章程，依拍卖目录规定的次序，逐笔喊价成交。拍卖人作为货主的代理人掌握拍卖的进程。货主对于要拍卖的货物可以提出保留价，也可以无保留价。对于无保留价的，拍卖主持人在拍卖前要给予说明；对于有保留价的，竞买人的最高喊价未达到保留价时，主持人要停止拍卖。拍卖过程中，竞买人在正式拍卖时的每一次叫价，都相当于一项发盘，当另一竞买人报出更高的价格时，该发盘即失效。拍卖主持人以击槌的方式表示竞买停止，交易达成。

3.成交与交货阶段

拍卖成交后，买主即在成交确认书上签字，并按规定付款和提货。买主通常以现汇支付货款，买主在付清货款后，货物的所有权随之转移，买主凭拍卖行开出的账单或提货单到指定的仓库提货。提货必须在规定的期限内进行。由于拍卖前买主可事先看货，所以事后发生索赔的现象较少。但如果货物确有瑕疵，或者拍卖人、委托人不能保证其真伪，必须事先声明。否则，拍卖人要承担担保责任。

三 招标和拍卖的异同点

由上所述,招标和拍卖都具有竞争和公平的特性,两种交易方式都是在固定的时间、地点按照规定的程序和条件进行的。但招标和拍卖有本质的区别,具体表现在以下五点:

(1)方式、方法不同。在拍卖中,竞买人公开出价,相互知道其他竞买人的价格;而在投标中,由各投标人秘密提出条件,彼此均不知道对方的底细,所以有可能出现两人以上提出相同承诺条件的情况。

(2)程序不同。拍卖中各竞买人均有再次出价的机会,即当别人的出价比自己高以后,还可以再次出价;但投标人不能多次出价,只能有一次出价的机会。

(3)法律效果不同。从订立合同的角度看,拍卖人的叫价,只是为诸多竞买人提供一个信息,供竞买人参考;但招标人的表示,除另有约定保留外,其表示均具有承诺的法律效力。

(4)形式不同。一般拍卖用口头语表示;而招标必须用书面形式表达。

(5)先后出价的法律约束力不同。在拍卖中,前一竞买人的应价在后一竞买人又有更高应价时,即失去约束力,不发生法律上的后果;但在招标中,在规定期限内投标的,能否中标不取决于投标的先后次序。

第三节 寄售和展卖

一 寄 售

(一)寄售的含义

寄售(consignment)是一种委托代售的贸易方式。它是指委托人(货主)先将货物运往寄售地,委托当地的代销人(委托人),按照寄售协议规定的条件,代替货主进行销售,在货物出售后,由代销人向货主结算货款的一种贸易方式。

(二)寄售的优缺点

1.寄售的优点

寄售货物出售前,寄售人拥有货物的所有权,因此,寄售人有权对货物的销售和价格确定等问题进行处理,这有利于随行就市;寄售是凭实物买卖,货物与买主直接见面,有利于促进成交;代销人不负担风险与费用,一般由寄售人垫资,不占用代销人资金,可以调动代销人的经营积极性。

2.寄售的缺点

寄售对于出口商(货主)来讲,须承担以下风险:一是出口商承担的风险较大,费用较多,而且增加出口商的资金负担,不利于其资金周转;二是寄售货物的货款回收较为缓慢,一旦代销人不遵守协议,可能遭遇货款两空的危险。

二 展 卖

(一)展卖的含义

展卖是最古老的交易方式之一,其原型是一个区域性市场。在商品经济欠发达的时代,展览和销售促进了商品的流通和贸易的发展。随着制造业的快速发展,国际贸易的不断扩张,现代技术、交通和通信水平的不断提高,展会日益国际化、庞大、全面,已成为国际贸易的重要方式,被广泛接受。

展卖(fair and sales)是利用展览会和博览会及其他交易会形式,对商品实施展销结合的一种贸易方式。

(二)展卖的优点

展卖的基本特点是,把出口商品的展览和推销有机地结合起来,以销为主。这种展销结合的方式具有下列明显的优点:

(1)有助于更好地宣传产品和服务。通过展览会进行展卖,为展商提供了充分展示自己产品的机会,增进客户对产品的了解。对一些新产品或产品品质难以用文字来描述的产品而言,展览会的作用显得尤其重要。

(2)有助于建立和发展客户关系,扩大销售地区和范围,实现市场多元化。

(3)有助于搜集市场信息,以便更有效地掌握市场动态。展览会是一个行业的聚焦点,会有该行业的大量生产企业和买方聚集于此。生产企业可以很容易地了解其他企业的产品和服务现状,从而确定自己在行业中的地位,进而找出相应的对策。另外,由于聚集了大量的买方,生产企业可以通过与潜在买方的交流了解市场的需要和潜力,从而找到改进产品质量和推销手段的方法。这种市场调研方法不仅精准有效而且成本低廉。

(4)有助于扩大销售。展览的时间虽然较短,但参加者却非常多,便于企业直接与客户交流,大多数参展者都希望在展览会上达成一些协议或意向,企业认为这是它们参加展览会的最大收获。

知识扩展:
中国主要的展览会

第四节　对等贸易

对等贸易的历史已经很古老了。在货币发明之前,古人通过以物易物的方式获得自己所需的产品。自第二次世界大战以来,由于贸易保护主义政策的普遍存在,一些国家(地区)的国际收支状况恶化,互惠贸易的发展极其迅速,这已成为国际贸易发展的一个显著特征。目前,世界上几乎所有国家(地区)都在不同程度上进行了不同形式的互惠贸易。越来越多的企业意识到对等贸易是一种有效的营销工具,在企业发展市场中发挥着积极的作用。

一　对等贸易概述

(一)对等贸易的含义

对等贸易(counter trade)也叫对销贸易、返销贸易、互抵贸易或反向贸易等,它是指在互惠互利的前提下,由两个或两个以上的贸易方达成协议,规定一方的进口产品可以部分或者全部以其向对方出口的产品来支付。其主要目的是以进带出,开辟贸易双方各自的出口市场,求得贸易收支平衡或基本平衡。

(二)对等贸易的特点

对等贸易和进出口的区别,主要体现在以下几个方面:

(1)对等贸易不同于单边进出口,它实质上是进口和出口相结合的方式,一方商品或劳务的出口必须以进口为条件,体现了互惠的特点,双方相互提供出口机会。

(2)在对等贸易方式下,一方从国外进口货物,不是用现汇支付,而是用相对的出口产品来支付。

所以对销贸易不仅缓解发展中国家外汇不足的缺陷,同时作为一种有效的市场营销手段,对企业开拓市场有很大的帮助。很多跨国公司通过这种方式向海外直接投资,进行市场扩张。

(3)对等贸易买卖的标的除了有形财产以外,还可包括劳务、专有技术和工业产权等无形资产。

二 对等贸易的种类

对等贸易有多种形式,其基本形式有三种:易货贸易(barter trade)、互购贸易(counter purchase)和补偿贸易(compensation on trade)。

(一)易货贸易

1.一般易货

一般易货即交易双方按照各自的需要,交换双方认为价值相等的商品。交易双方可以用货币表示其所交换的商品的价值,也可以不用。如用货币表示其所交换的商品的价值,则价格的作用仅在于比较交换货物的价值。

一般易货往往要求进口和出口同时成交,双方把货物交到约定地点进行交换。交易合同订明品种、规格、数量、交货时间等,但不涉及现金的支付,也不涉及第三方。在国际贸易中,两个相邻国家所进行的边境贸易中有相当一部分就是通过这种形式进行的。

2.综合易货

由于一般易货在实践中有很大的局限性,第二次世界大战后出现了综合易货方式,即两国之间签订清算协定,对两国一定时期内进行的多项换货交易的货款采用记账方式,没有实际支付。到了一定时间,两国以相互冲销货款的方式来清算两国间的贸易收支。如有差额,有的规定结转下一年度,也有的规定如果差额超过约定的摆动额,则以现汇拨付。

综合易货实际上是在国家的支持下,对一般易货方式的灵活运用。两国间的清算协定解决了贸易双方的支付问题,也解决了贸易双方在每次交易中货物价值必须相等的难题,甚至使出口货物和进口货物的交付也不需要在同一时间进行,这为易货贸易的开展带来了便利。因此,易货贸易被许多缺乏外汇的发展中国家所采用。

(二)互惠贸易

1.互购贸易的含义

互购贸易是指贸易双方互相购买对方商品的贸易方式。对一方来说,互购贸易涉及两笔交易,一笔是出口,另一笔是进口。这两笔交易既是分别独立的,又是相互联系的,即一方与另一方签订出口合同的同时,必须承担与该方签订进口合同的义务;反之,一方与另一方签订进口合同的同时,则有与该方签订出口合同的权利。

2.互购贸易的支付

在互购贸易中,一般通过即期信用证来进行支付。对于先出口后进口的一方来说,采用即期信用证支付比较有利。该方可以在收到出口货款至支付进口货款这段时间里,利用对方的资金;而且,在此后的进口谈判中处于有利的地位。而对另一方来说,则处在被动地位,风险较大。如果在先出口合同中规定用远期信用证支付,在后进口合同中规定用即期信用证支付,则意味着先出口方对先进口方提供信贷,可以不用现汇。

（三）补偿贸易

1.补偿贸易的含义

补偿贸易是指在信贷基础上进口设备,然后以回销产品或劳务所得价款,分期偿还进口设备的价款及利息。

2.补偿贸易的特点

（1）先进口的一般是机器、设备、零配件及技术等,进口方进口后利用自己的生产场所、本国（地区）的劳动力、原材料等生产加工出成品,出口的一般是成品。

（2）信贷是补偿贸易必不可少的前提条件,即先进口的机器、设备、零配件及技术等不是采用即期支付的方式,而是采用远期支付及分期支付的方式。

（3）设备供应方必须同时承诺回购设备进口方的产品或劳务,这是构成补偿贸易的必备条件。

3.补偿贸易的作用

对设备进口方而言,通过补偿贸易可以引进先进的技术和设备,提高本国（地区）的生产能力,加快企业的技术改造,使产品不断更新及多样化,增强出口产品的竞争力。另外,通过对方回购,还可在扩大出口的同时,得到一个较稳定的销售市场和销售渠道。

对设备供应方来说,进行补偿贸易有利于解决进口方支付能力不足的问题,从而扩大出口。同时,通过承诺回购义务加强自己在同行业中的竞争地位、争取贸易伙伴,或者在回购中取得较稳定的原材料来源,或从转售产品中获得利润等。

4.补偿贸易的方式

在当前我国开展的补偿贸易中,按照用来偿付的标的的不同,大体上可分为以下三类:

（1）直接产品补偿。即双方在协议中约定,由设备供应方向设备进口方承诺购买一定数量或金额的由该设备直接生产出来的产品。这是补偿贸易最基本的做法。

（2）其他产品补偿。当所交易的设备本身不生产产品或设备所生产的直接产品不是设备供应方所需或在国际市场上不好销售时,可由双方协商,用回购其他产品来代替。

（3）劳务补偿。以我国劳务补偿交易为例,双方根据协议,通常由外商代我方购进所需的技术、设备,货款由外商垫付,我方按外商要求加工生产后,从应收的工缴费中分期扣还所欠款项。

5.进行补偿贸易应注意的问题

补偿贸易是一种相对复杂的交易,涉及贸易、信贷和生产,且持续的时间较长,在履约期间,往往会发生一些不可预测的变化。因此,进行补偿贸易时,应特别注意以下几个问题:

（1）做好项目的可行性研究,立项时必须慎重考虑。

（2）合理计算货款的成本和安排偿还期。对于贷款成本,既要考虑利率的高低,又要考虑所使用的货币是软币还是硬币,还要考虑设备价格的高低,只有从这三个方面进行综合核算,才可能得到比较合乎实际的成本。

（3）正确处理补偿贸易和正常出口的关系,原则上应该以不影响我国的正常出口为前提。

三　对等贸易的优缺点

（一）对等贸易的优点

对等贸易作为一种普遍使用的贸易方式,其优点如下:

（1）它是一种可以不动用外汇或少动用外汇就可以发展一国（地区）对外贸易的有力手段。

（2）在贸易保护主义盛行的当代，通过对等贸易，有利于打破西方国家的贸易壁垒，为本国（地区）产品，尤其是发展中国家的工业制成品打开市场。

（3）某些方式，如产品回购（补偿贸易）或抵销贸易，除了具有一般对等贸易所具有的平衡国际收支的作用外，还具有融通资金和吸收外资资本流入的功能。

（4）由于对等贸易采用的是进出结合的做法，故核算其经济效益，可从进、出口两方面结合起来通盘考虑，例如，进口盈利，出口亏损，但只要前者大于后者，还是有利可图的。再加上对等贸易是由交易双方私下进行的，这就更增加了商品定价的灵活性和隐蔽性，从而起到补贴出口而不遭报复的作用。

（5）从发达国家的角度来看，对某些回购、信贷或投资的承诺不仅可以提高其市场竞争力，而且有助于推广一些难以通过现金交换方式销售的产品和技术，获得一些廉价的原材料或零部件供应。

（二）对等贸易的缺点

对等贸易的缺点如下：

（1）对等贸易带有浓厚的双边性和封闭性，其实质是采取限制性的措施来反对保护主义，但结果反而增加了贸易保护主义的气氛。

（2）在上述模式下，决定交易的主要因素不是商品的价格和质量，而是回购的承诺。这就不可避免地削弱了市场机制的作用。

第五节　加工贸易

20世纪90年代以来，我国加工贸易蓬勃发展，加工贸易占了我国对外贸易的半壁江山。加工贸易主要有来料加工、进料加工和境外加工三种形式。

一　来料加工贸易

（一）来料加工的含义

来料加工（processing with supplied materials）是指由外商等（委托方）提供原材料、样品和零部件等，委托我方（承接方）按要求进行加工、生产，或装配成为成品、半成品，然后运出我国由委托方自行处置，我方按照约定收取一定的加工费作为报酬。

我国成立经济特区后，来料加工贸易发展迅速。20世纪70年代末80年代初，我国把来料加工作为利用外资的一种形式，在政策上加以保护和支持，因而其发展迅速。加工装配贸易额在我国进出口总额中，已占有相当大的比重。应该说，这一贸易方式在增加就业机会、繁荣地方经济和推动出口贸易方面，起了很大的作用。

（二）来料加工业务的作用

来料加工对我方的积极作用如下：

（1）克服本国生产能力有余而原材料不足的矛盾，为国家增加外汇收入。

（2）开发劳动力资源，增加就业机会，繁荣地方经济。

（3）引进国外先进的技术和管理经验，促进外向型经济的发展。对委托方来讲，来料加工业务也可降低其产品成本，增强其竞争力，并有利于委托方所在国的产业结构调整。

(三)来料加工合同的主要内容

来料加工合同包括三个部分:约首部分、本文部分和约尾部分。约首部分和约尾部分主要说明订约人的名称、订约宗旨、订约时间、合同的效力、有效期限、终止及变更办法等问题。本文部分是合同的核心部分,具体规定双方的权利和义务。在商谈合同的主要条款时,应注意下列问题。

1.关于来料来件的规定

在来料加工业务中,能否按时、按质、按量交付成品很大程度上取决于委托方能否按质、按量、按时供料。因此,在合同中要明确规定来料来件的质量要求、具体数量和到货时间。为了明确责任,一般同时规定验收办法和委托方未能按规定提供料件的处理办法,以及料件未按时间到达造成承接方停工、生产中断的补救方法。

2.关于成品质量的规定

委托方为了保证成品在国际市场上的销路,对成品的质量要求比较严格,因此承接方在签订合同时必须从自身的技术水平和生产能力出发,妥善规定,以免交付成品时出现困难。质量标准一经确定,承接方就要按时、按质、按量交付成品,委托方则根据合同规定的标准进行验收。

3.关于耗料率和残次品率的规定

耗料率又称原材料消耗定额,是指每单位成品消耗原材料的数额。残次品率是指不合格产品在全部成品中的比例。这两个指标如果定得过高,则委托方必然要增加成本,减少成品的收入;如果定得过低,则承接方难以完成。因此,这一问题的规定直接关系到双方的利害关系和能否顺利执行合同。一般,委托方要求耗料不得超过一定的数额,否则由承接方负担;残次品不能超过一定比例,否则委托方有权拒收。

4.关于工缴费标准的规定

工缴费是直接涉及合同双方利害关系的核心问题。由于加工装配业务本质上是一种劳务出口,所以工缴费的核定应以国际劳务价格为依据,要具有一定的竞争性,并考虑我国当前劳动生产率及其与国外的差距。

5.关于工缴费结算方式的规定

来料加工业务中关于工缴费的结算方法有两种:一是来料、来件和成品均不作价,单收加工费,由委托方在承接方交付成品后通过汇付、托收或信用证方式向承接方支付。二是对来料、来件和成品分别作价,两者之间的差额即为工缴费。采用这种方式时,承接方应坚持先收后付的原则,承接方开立远期信用证或以远期托收的方式对来料、来件付款;委托方以即期信用证或即期托收方式支付成品价款。远期付款的期限要与加工周期和成品收款所需时间相衔接并留有适当余地,以免垫付外汇。

6.关于运输和保险的规定

来料加工业务涉及两段运输:原料运进和成品运出,须在合同中明确规定由谁承担有关的运输责任和费用。由于原料和成品的所有权均属于外商,所以运输的责任和费用也应由外商承担。但在国际贸易实务的具体业务中可灵活掌握,我方也可代办某些运输事项。

涉及的保险包括两段运输险,以及货物加工期间存仓的财产险。同运输一样,从法律上讲,承接方只承担加工装配,保险应归委托方负责。但从实际业务过程看,由承接方投保较为方便,有时委托方也要求承接方代办保险,保险费可连同工缴费向委托方结算。如果由我方代办保险,双方还应约定保险险别、保险金额等条件。

中国人民保险公司为适应来料加工业务发展的需要,开设了来料加工一揽子综合险,投保这一险别后,保险公司即承担了两段运输险和存仓财产险。此外,来料加工合同中还应订立工业产权的保证、不可抗力和仲裁等预防性条款。

二 进料加工贸易

(一)进料加工的含义

进料加工(processing with imported materials)是指有关经营单位用自有外汇在国际市场上购买原料、材料、辅料、元器件、零部件、配套件和包装物料等,由国内生产者加工成成品或半成品后再销往国外市场的贸易方式。进料加工贸易包括自进原料、自定生产、自定销售、自负盈亏。

(二)进料加工业务的做法

进料加工的具体做法,归纳起来,大致有以下三种:

(1)先签订进口原料的合同,加工出成品后再寻找市场和买方。这种做法的好处是进料时可选择适当时机,在低价时购进。一旦签订出口合同,就要尽快安排生产,保证及时交货,交货期一般较短。采取这种做法时,要随时了解国外市场动向,以保证所生产的产品能适销对路,否则产品无销路,就会造成库存积压。

(2)先签订出口合同,再根据国外买方的订货要求从国外购进原料,加工生产,然后交货。这种做法包括来样进料加工,即由买方先提供样品,我方根据样品的要求再从国外进口原料,加工生产。这种做法的优点是产品销路有保障,但要注意所需的原料来源必须有保障,否则会影响成品质量或导致无法按时交货。

(3)对口合同的履约方式。即与对方签订进口原料合同的同时签订出口成品的合同,原料的提供者也就是成品的购买者。但两个合同相互独立,分别结算。这样做使原料来源和成品销路均有保证,但适用面较窄,不易成交。在实际做法中,有时原料提供者与成品购买者也可以是不同的人。

(三)开展进料加工的意义

进料加工在我国并非一种新的贸易方式,在改革开放过程中,在中央政策的鼓励下有了较为迅速的发展,特别是在东部沿海地区,开展得十分普遍。我国开展进料加工的意义,主要表现在以下几个方面:

(1)有利于解决国内原材料紧缺的困难,利用国外提供的资源,发展出口商品生产,为国家创造外汇收入。

(2)开展进料加工可以更好地根据国际市场的需要和客户的要求,组织原料进口和加工生产,特别是来样进料加工方式有助于做到产销对路,可避免盲目生产,减少库存积压。

(3)进料加工是将国外的资源和市场与国内的生产能力相结合的国际大循环方式,也是国际分工的一种形式。通过开展进料加工,可以充分发挥我国劳动力价格相对低廉的优势,并有效利用相对过剩的加工能力,扬长避短,促进我国外向型经济的发展。

(四)来料加工与进料加工的区别

来料加工与进料加工有以下区别:

(1)料件付汇方式不同。来料加工的料件由外商免费提供,无须付汇;进料加工的料件必须由经营企业付汇购买。

(2)货物所有权不同。来料加工的货物所有权归外商所有;进料加工的货物所有权归经营企业所有。

（3）交易笔数不同。在来料加工中，料件进口和成品出口往往是同一笔买卖，或是两笔相关的买卖，供应料件的往往是成品承受人；对于进料加工来说，进口是一笔买卖，加工再出口又是一笔买卖，在进出口的合同上没有联系。

（4）经营方式不同。来料加工中的经营企业不负责盈亏，只赚取工缴费；进料加工中的经营企业自负盈亏，自行采购料件，自行销售成品。

（5）交易双方关系不同。来料加工的双方，一般是委托加工关系；进料加工再出口，从贸易对象方面来讲，没有必然的联系，"进归进，出归出"，双方是商品买卖关系，不是加工关系。

（6）承担风险不同。来料加工中的经营企业不必承担经营风险；进料加工中的经营企业必须承担经营过程中的所有风险。

（7）退税的方式不同。进料加工复出口货物，实行"先征后退"的方式；来料加工复出口货物，实行"不征不退"的方式。

三　境外加工贸易

（一）境外加工贸易的含义

境外加工贸易（processing trade abroad）是指我国企业在国外进行直接投资的同时，利用当地的劳动力开展加工装配业务，以带动和扩大国内设备、技术、原材料、零配件出口的一种国际经济合作方式。境外加工贸易是在海外投资办厂的基础上，结合开展来料加工、进料加工或就地取材的一种新做法。

（二）开展境外加工贸易时应注意的问题

开展境外加工贸易业务是一项复杂而艰巨的工作，结合我国一些企业的经验教训，在开展境外加工贸易时，应注意以下几个重要问题。

1.要注意做好境外加工贸易项目的可行性研究

做好项目可行性研究是保证项目取得成功的重要前提。举办境外加工贸易项目，必须深入全面地开展可行性研究。可行性研究的重点应放在市场需求、投资环境（包括当地相关的税收、进出口管理、海关管理、外汇管制、人员入境、环保政策、用工制度等政策法规），以及能否有效发挥自身优势等方面的调研上。要根据市场需求对产品进行准确定位，并适时进行调整。在没有落实销售渠道之前，不可贸然投资。

2.注意做好我国境外投资行业和投资方式的选择

在行业选择上，以我国在设备、技术上有较强优势的轻工、纺织、家用电器等机械电子，以及服装加工等行业为重点，到境外投资办厂，进行产品的组装和加工生产。在投资方式上，鼓励企业以设备、技术、原材料和零部件等实物为投入，以从事散件组装和加工生产为重点，重点支持那些不需要申请资金、以自有资金投资的优势企业。同时对投资少、见效快、风险小的短平快项目，也要重点推动。

3.要注意考察、了解境外合作方的资信情况

在举办境外加工贸易项目，与当地企业探讨合资、合作事宜前，必须对当地合作伙伴的资信情况、市场营销能力、合作精神等进行深入调查和了解。在充分了解合作伙伴的前提下，要通过订立协议（必要时可进行公证）的形式明确合资、合作双方的权利和义务。要注意落实项目各方的投入资金及项目开办初期的流动资金。在举办合资、合作企业的整个过程中，要选派得力人员参与企业的注册、经营管理,特别是财务部门,必须由我方控制,以便及时准确地掌握合资、合作企业的运营情况。在项目启动后,要采取措施,确保我方投资主体出售给合资、合作企业的设备、零配件、原材料等货款的回收安全。

4.要做好人才方面的准备,并选派得力人员

我国境外投资的实践表明,人员选派是否得当在相当程度上决定了投资项目的成败。为保证境外加工贸易项目成功,我方投资主体应选派政治素质好、责任心强、富有开拓精神、熟悉业务、懂外语、身体健康的人员赴境外开展工作。

5.要做好境外加工贸易的对外宣传工作

举办境外加工贸易项目,可根据实际情况,注意强调该项业务的开展有利于受资国增加就业、发展经济、扩大当地出口和发展双边经贸合作,努力争取当地政府的支持和有关优惠政策,为项目的顺利开展创造良好的外部环境。

课堂讨论:为什么我国在改革开放初期尝试性地创立"三来一补"贸易形式?

第六节　期货交易

期货交易是商品生产者为规避风险,从现货交易中的远期合同交易发展而来的一种交易形式。在远期合同交易中,交易者集中到商品交易场所交流市场行情,寻找交易伙伴,通过拍卖或双方协商的方式来签订远期合同,等合同到期时,交易双方以实物交割方式来了结义务。交易者在频繁的远期合同交易中发现:由于价格、利率或汇率波动,合同本身就具有价差或利益差,因此完全可以通过买卖合同来获利,而不必等到实物交割时再获利。为适应这种业务的发展,期货交易应运而生。

一　期货交易的概念及特点

期货交易(futures)是在现货交易的基础上发展起来的,是通过在期货交易所买卖标准化的期货合约而进行的一种有组织的交易形式。交易所涉及的商品和有价证券不直接进入市场,而只是承诺在未来某一时刻以特定的价格销售或在规定交割日之前将合约转手买卖或冲销。其实质是借助商品买卖方式来进行的金融行为。

期货交易具有如下特点:

(1)以小博大。期货交易只需交纳5%~10%的履约保证金就能完成数倍乃至数十倍的合约交易。由于期货交易保证金制度的杠杆效应,使之具有"以小博大"的特点,交易者可以用少量的资金进行大宗的买卖,节省大量的流动资金。

(2)双向交易。期货市场中可以先买后卖,也可以先卖后买,投资方式灵活。

(3)不必担心履约问题。所有的期货交易都通过期货交易所进行结算,且交易所成为任何一个买者或卖者的交易对方,为每笔交易作担保,所以交易者不必担心交易的履约问题。

(4)市场透明。交易信息完全公开,且交易采取公开竞价方式进行,使交易者可在平等的条件下公开竞争。

(5)组织严密,效率高。期货交易是一种规范化的交易,有固定的交易程序和规则,一环扣一环,环环高效运作,一笔交易通常在几秒钟内即可完成。

二　期货市场的构成及运行机制

期货交易的完成是通过期货交易所、结算所、经纪公司和交易者这四个组成部分的有机联系进行的。

首先交易者(即客户)选择一个期货经纪公司,在该经纪公司办理开户手续。选择期货经纪公司和经纪人时要把握以下几个基本原则:

(1)资本雄厚,信誉好。

(2)通信联络工具迅捷、先进,服务质量好。

(3)能主动向客户提供各种详尽的市场信息。

(4)主动向客户介绍有利的交易机会,并且诚实可信、稳健,有良好的商业形象。

(5)收取合理的履约保证金。

(6)规定合理、优惠的佣金。

(7)能为客户提供理想的经纪人。

开户的具体程序如下:

(1)客户提供有关文件、证明材料。

(2)期货经纪机构向客户出具《风险揭示声明书》和《期货交易规则》,向客户说明期货交易的风险和期货交易的基本规则。在准确理解《风险揭示声明书》和《期货交易规则》的基础上,由客户在《风险揭示声明书》上签字、盖章。

(3)期货经纪机构与客户双方共同签署《客户委托合同书》,明确双方的权利、义务关系,正式形成委托关系。

(4)期货经纪机构为客户提供专门账户,供客户从事期货交易的资金往来,该账户与期货经纪机构的自由资金账户必须分开。客户只有在其账户上存有足额保证金后方可下单。

当客户与经纪公司的代理关系正式确立后,就可根据自己的要求向经纪公司发出交易指令。经纪公司接到客户的交易订单后,须立即通知该公司驻交易所的出市代表,并记下订单上的内容,交给该公司收单部。出市代表根据客户的指令进行买卖交易。目前国内一般采用计算机自动撮合的交易方式。结算所每日结算后,以书面形式通知经纪公司。经纪公司同样向客户提供结算清单。若客户提出平仓要求,过程同前。最后,由出市代表将原持仓合约进行对冲(平仓),经纪公司将平仓后的报表送给客户。若客户不平仓,则实行逐日盯市制度,按当天结算价结算账面盈利时,经纪公司补交盈利差额给客户。账面亏损时,客户须补交亏损差额。直到客户平仓时,再结算实际盈亏额。

三　期货交易与现货交易的区别

现货交易是指买卖双方以实物交割为目的的商品交易方式。按其交割时间不同,可分为即期现货交易和远期现货交易。即期现货交易是现买现卖,钱货两清,即由拥有商品、准备立即出售的卖方和拥有货币,但想立即得到商品的买方直接见面,即时成交。远期现货交易,亦即现货远期合同交易,是一种成交在先,交割在后,即买卖双方先通过签订合同达成交易契约,在未来某一确定时间再进行交割的交易方式。

期货交易与现货交易的区别有以下七点：

(1)买卖的标的物不同。现货交易买卖的直接对象是商品本身。期货交易买卖的直接对象是期货合约,是买进或卖出多少手或多少张期货合约。

(2)交易的目的不同。现货交易是一手钱、一手货的交易,马上或在一定时期内获得或出让商品的所有权,是满足买卖双方需求的直接手段。期货交易的目的一般不是到期获得实物,套期保值者的目的是通过期货交易转移现货市场的价格风险,投资者的目的是从期货市场的价格波动中获得风险利润。

(3)交易方式不同。现货交易一般是一对一谈判签订合同,具体内容由双方商定,签订合同之后不能兑现,就要诉诸法律。期货交易是以公开、公平竞争的方式进行交易,一对一谈判交易(或称私下对冲)被视为违法。

(4)交易场所不同。现货交易一般分散进行,如粮油、日用工业品、生产资料都是由一些贸易公司、生产厂商、消费厂家分散进行交易的,只有一些生鲜和个别农副产品是以批发市场的形式来进行集中交易的。但是,期货交易必须在交易所内依照法规进行公开、集中的交易,不能进行场外交易。

(5)商品范围不同。现货交易的品种是一切进入流通的商品。期货交易的品种是有限的,主要是农产品、石油、金属等商品,以及一些初级原材料和金融产品。

(6)结算方式不同。现货交易是货到款清,无论时间多长,都是一次或数次结清。期货交易实行每日无负债结算制度,必须每日结算盈亏,结算价格是按照成交价加权平均计算的。

(7)保障制度不同。现货交易由《中华人民共和国民法典》等法律保护,合同不兑现即毁约时要用法律或仲裁的方式解决。期货交易除了国家的法律和行业、交易所规则之外,主要是以保证金制度为保障,以保证到期兑现。

知识扩展：
期货交易技巧

第七节　国际电子商务

以微电子和计算机为核心的电子核心技术的快速发展,使商业活动进入了信息时代。近年来,中国电子商务交易规模不断扩大,居全球在线零售第一。与此同时,中国的跨境电子商务发展迅速,与全球电子商务市场的联系趋势越来越明显。电子商务产生的跨境电子商务模式在对外贸易中也发挥着越来越大的作用。

一　电子商务的概念

在中国,电子商务的概念是1993年从国外引入的。**电子商务**是指运用 internet(互联网)、intranet(内部网)、extranet(外部网)、局域网来解决交易问题、降低经营成本、增加商业价值并创造新商机的所有商务活动和经济活动。电子商务并不仅仅是一个单纯的技术概念或商业概念,而是一个过程概念,或者说是一个动态概念,包括组织和组织、组织和个体、个体和个体等之间,各种商务活动和经济活动过程中数据、文本、声音、图像的传输,如电子信箱、电子交易、网络谈判、电子合同、电子结算、网络购物、电子反馈、通过网络提供产品和服务,以及规范电子商务的信用认证和管理、合同、法律法规、清算和支付、税收等。电子商务涉及制造业、商业、银行业、证券业、贸易、法律服务、管理咨询、保险业、文化教育、艺术业等多个行业。

二　电子商务对国际贸易的影响

电子商务创造了一个以信息交换为媒介的网上虚拟市场,所形成的新的国际贸易运行机制,促进了以信息网络为纽带的世界市场一体化进程。在这种网络贸易的环境下,各国(地区)之间的经济贸易联系得以进一步加强,为进一步促进国际贸易创新奠定了基础。

(一)电子商务对国际贸易方式的创新

电子商务是一种以信息网络为载体的新的国际贸易运作模式。在电子商务中,交易各方不是通过直接面谈或当面交换的方式达成国际贸易交易的,而是采用数字化电子方式,进行数据交换和国际贸易电子商务,进一步促进国际贸易方式的创新,改革原来以纸面单据流转为主体的传统国际贸易的流程和交易方式,形成新的国际贸易运作方式。

电子商务的存在大大简化了传统贸易企业的操作过程,实现了国际贸易管理的电子化、信息化、自动化、实时化和规模化,从而起到了提高国际贸易企业的管理效率,形成新的国际贸易流程管理模式,促进了国际贸易的快速发展。

(二)电子商务对国际贸易营销的创新

电子商务引起了市场营销的创新,产生了新的市场营销形式——电子营销。**电子营销**是指电子商务在市场营销上的应用,即通过电子信息网络进行市场营销,这种以互联网为核心支撑的电子营销正在成为现代国际贸易营销的重要方式。与传统国际贸易营销相比,国际贸易电子营销的主要特点有以下四方面。

1.网络互动式模式

电子营销帮助企业同时考虑客户需求和企业利润,寻找能实现企业利益最大化和最能满足客户需求的营销策略。新的市场经营环境,要求企业必须把客户整合到整个营销过程中来,并在整个营销过程中不断与客户交流。网络互动的特性使客户真正参与其中,地位和主动性都得到加强。

2.网络整合营销

在电子营销中,企业与客户之间的关系非常紧密,形成了一对一的营销关系,这种营销框架称为**网络整合营销**。它始终体现了以客户为出发点,以及企业和客户不断交互的特点,其营销过程是一个双向的链条。

3.网络定制营销

企业和客户的关系通过互联网得到进一步改善,相互了解增多,销售信息将变得更加个性化。一些大型跨国公司通过个性化需求订单不仅可以满足客户的不同需求,同时也大大减少了库存。

4.网络软营销

电子营销作为一种软营销,即主动方是客户,一切以客户利益和需求为出发点,这体现了需求经济的实质。

(三)电子商务对国际贸易宏观管理的创新

电子商务的发展必然会给政府对国际贸易的监管带来新的挑战,但同时也会为国际贸易宏观管理方式的创新带来新的机会。如可以在网上招标出口商品配额,在网上申领发放许可证,运用电子商务进行海关管理和电子报关,运用电子商务进行进出口商品检查管理等。与外贸有关的政府管理,通过网络进行,也可大大提高工作效率,减少其中的错误率,降低管理成本,同时也有利于实现政府管理的信息化、网络化、数字化。

(四)电子商务对国际贸易分销渠道的革新

电子商务对分销渠道管理的影响主要表现在以下三个方面。

1.提供了新的消费模式

由生产商、批发商、代理商和零售商共同组成的传统渠道是实体的,这种单向、静止的流通渠道以实物转移为纽带,将分销渠道的各个主体连接起来。随着电子商务的出现,一切都已经虚拟化,包括分销渠道,于是出现了 E-distribution,即虚拟的分销渠道。网上零售、网上批发、网上拍卖、网上采购和网上配送等新的销售形式的出现使分销渠道呈现多元化,分销渠道由窄变宽、由实变虚、由单向静止变双向互动。

2.扩展了分销渠道的范围

由于互联网打破了地域和国界的限制,因此基于互联网的电子商务使全球范围内的沟通变得更加容易、简单,这样产品的销售渠道通过互联网就扩展到了更广阔的全球市场,而非局限于国内市场。电子商务使得分销渠道向全球化扩张,这与传统的国际贸易的分销方式是不同的,它比传统的贸易更加高效、快捷,特别是信息产品的流通更加直接,几乎消除了距离上的障碍。地球上任何两地的两台计算机,只要上了互联网,就可以进行信息商品的点对点传送,并且在瞬间完成,真正实现了用时间消灭空间。

3.带来了分销渠道的扁平化

传统的分销渠道是粗线条的,生产商、中间商和消费者之间的联系是间接的;而在网络经济时代,互联网提供了一个全新的沟通平台,形成了以网络服务商为中枢的扁平化组织结构。

三 跨境电子商务

党的二十大报告提出,推动货物贸易优化升级,创新服务贸易发展机制,发展数字贸易,加快建设贸易强国。作为发展速度最快、潜力最大、带动作用最强的外贸新业态,跨境电商不仅是数字贸易的重要组成部分,也是推动建设贸易强国的新动能。2022年以来,面对复杂严峻的国内外形势和多重超预期因素冲击,我国外贸展现出较强的韧性与活力,2022年,我国货物进出口总值42万亿元,同比增长7.7%。其中,作为新兴贸易业态,跨境电商凭借线上交易、非接触式交货、交易链条短等优势成为稳外贸、促消费的重要抓手。

(一)跨境电子商务的含义

跨境电子商务(cross-border electronic commerce)是指分属不同关境的交易主体,通过电子商务平台达成交易、进行电子支付结算,并通过跨境电商物流及异地仓储送达商品,从而完成交易的一种国际商业活动。

(二)跨境电子商务的分类

(1)按照进出口方向,跨境电子商务可分为跨境电子商务出口和跨境电子商务进口。

(2)按照交易模式,跨境电子商务可分为企业之间的电子商务交易(B2B)、企业对消费者的零售交易(B2C)、消费者对消费者的网络零售业务(C2C)。

目前我国跨境电子商务出口模式以外贸 B2B 和 B2C 为主;进口模式以外贸 B2C 以及网络海外代购模式为主。其主要模式如表10-1所示。

表 10-1　跨境电子商务的主要模式

模式	参与主体	交易特点	代表网站
B2B	企业与企业	大批量、小批次、订单集中	阿里巴巴国际站、敦煌网等
B2C	企业与消费者	小额商务交易	eBay等
C2C	消费者与消费者	小批量、多批次、面向众多顾客、订单分散	淘宝全球购等

(三)我国跨境电商现状

1.跨境电商进出口规模持续增长

在全球经济背景下,虽然各国(地区)经济不同程度受挫,我国进出口规模仍然实现了持续增长。海关总署数据显示,2021年我国跨境电商进出口规模约为1.98万亿元,比2020年增长18.6%。在进出口结构方面,目前我国跨境电商仍然以出口为主,且出口占比逐年提升。在2021年跨境电商进出口总额中,出口总额占比超过70%,进口占比仅为27%左右。

2.跨境电商交易规模增速放缓

2021年由于疫情影响,我国跨境电商行业机遇与挑战并存。国际物流道路受阻、海外网购需求增速放缓等因素导致我国跨境电商交易规模增速放缓。2021年我国跨境电商交易规模为14.2万亿元,同比增长13.6%,增速较2020年下降了5.44个百分点。2022年,我国跨境电商交易规模达到15.7万亿元左右。

近年来,随着我国跨境电商出口业务的增长以及我国消费者对进口优质商品需求的增加,跨境电商渗透率持续增长。虽然2021年受疫情影响,跨境电商渗透率出现小幅下降,但未来随着疫情影响的减弱以及跨境电商行业规模的增长,我国跨境电商行业渗透率将会不断提升。

3.B2B为跨境电商主要交易模式

在交易模式方面,目前我国跨境电商以B2B交易模式为主,2021年占比达到77%。但从发展趋势来看,近年来B2C交易模式占比逐年提升。随着我国跨境电商行业规模的扩大以及覆盖范围的拓展,未来B2C交易规模将会逐渐扩大。

(四)我国跨境电商发展趋势

1.跨境电商效率优势明显,未来需求增长空间大

进入互联网时代,电子商务产业在移动支付、物流运输等行业发展的影响下,市场持续扩大。近年来,全球电子商务的市场渗透率也持续上涨,全球电子商务市场持续扩容。不断扩张的全球电子商务市场为我国的跨境电商业务带来巨大的挖掘空间。相较于传统的出口贸易,跨境出口电商能减少商品流通环节,有效提高商品流通效率,因此部分传统的出口贸易也将逐步转向跨境电商服务。与此同时,随着我国制造业的高质量转型升级,我国产品生产质量和效率明显提高。"中国创造"走向国际舞台,并赢得了广大国际消费者的认可。国际市场对中国产品的接受度和认可度不断提升,需求也持续增多,这也将推动我国跨境电商需求快速增长。

2.传统国际物流弊端多,海外仓将成为跨境电商未来的核心竞争力

物流是电子商务发展的基础和支撑,物流行业在电子商务发展过程中发挥着重要的作用。而依靠传统的跨境物流方式运输货物已经难以满足我国当前快速发展的跨境电商的需求。传统的跨境物流通过寄送商品包裹的方式将商品送到消费者手中,这种方式存在着配送慢、清关慢、易丢包、退还难等弊端,并且容易受到各国(地区)出入境政策的限制。同时,随着国际买家对电商购物需求的增多,不仅

对产品品质的需求提升,对物流服务的品质需求也同步提升。在此背景下,海外仓将成为解决这些问题的重要途径。海外仓深入海外买家所在地,在当地建立仓库并储存商品,然后在买家下单后,由当地仓库直接派送。海外仓的建设不仅可以降低跨境电商企业的物流成本,还能缩短物流配送时长,改善买家的购物体验感。

知识扩展:
云仓储助力跨境电商

复习巩固

一、习题链接

第十章测试题

二、思考题

1.简述加工贸易的基本形式、主要概念、种类及其主要特点。

2.简述对等贸易的基本形式、产生背景、特点,以及对等贸易合同的内容。

3.跨境电商主要有哪些实战平台?

4.跨境电商平台是如何推行跨境人民币交易的?

三、案例分析

1.我某政府部门为采购某商品进行国际公开招标,招标文件规定投标截止日期为10月31日。我国一家主要生产这类商品的工厂在认真研究了招标文件后认为,自身完全能够达到招标文件规定的条件。这家工厂为了推销其产品,决定进行投标。同时,为争取投标,在投标书中所报价格极具竞争性。8月初,该厂寄出投标书,并按照招标文件要求交纳了投标保证金5000美元。之后不久,生产该商品的原料价格猛涨,若按投标书中所报价格中标,该厂将蒙受重大损失,不得已只能向招标人申请要求修改投标书中的报价。招标人以投标文件明确规定,投标书一经送达不得撤销和修改为由加以拒绝。事后,原料市价涨势未减。眼看按投标书价格进行交易已不可能,于是被迫通知招标人撤销投标书,已交纳的保证金被招标人全部没收。按此情节,试分析该厂在工作中存在哪些不足?应当吸取哪些教训?除保证金损失外,还有哪些损失?

2.某年,某市工业部门采取补偿贸易的方向德国A公司引进一套制造大型发电机设备的生产线,价值890万美元,偿还期为5年,计划本金按逐年偿还额递减,年利率为3%,其中800万美元由引进方用加工该设备配套零件的工料费偿还。其余100万美元用间接产品偿还,即由引进方按输出方的来样生产皮质工作服,每年提供1万件,5年共计100万美元。该机电设备的生产,根据合同规定,由输出方派驻技术人员监造、验收,故每次如数运出,均无问题,但第一批出口的工作服4000件,却遭到德方退货。理由是:工作服式样与其来样不符,尺寸和材质均不合要求。德方坚决要求退货,我方解释是由于生产人员的疏忽所致,为了弥补这一缺陷,我方愿意减价出售,并保证以后的产品与原样相符。但德方坚持要求退货。最后我方只好同意,造成惨重损失。试分析在补偿贸易出口中,使用间接产品偿还时,我方应注意哪些问题?

综合能力提升

1.杭州跨境贸易电子商务产业园被列为浙江省级跨境电子商务园区、国家重点物流园区。已在全球布局了数十个海外仓,如美国洛杉矶仓、日本东京仓、德国法兰克福仓、英国曼城仓、德国科隆仓、澳大利亚悉尼仓等。空港跨境电商园已经构建了国内快递配送国内保税仓、国际航空干线物流、公共海外仓等在内的四位一体的跨境电商国际供应链体系。试问:何谓海外仓?跨境电商为什么热衷于海外仓建设?

2.在新冠疫情影响下,世界经济增长和全球贸易遭受严重冲击,但我国经济展现出强大的市场活力和综合竞争力,进出口物流量快速回稳。尤其是跨境电商积极地营造了更广阔的外贸环境,而且给予外贸更大的支持。试问:作为当代大学生,你应该如何在跨境电商方面进行创新呢?

附件:

附件10-1 经销商代理合同

经销商代理合同

甲方(授权公司):　　　　　　　　乙方(代理公司):

地址:　　　　　　　　　　　　　　地址:

联系电话:　　　　　　　　　　　　联系电话:

经协商一致,双方达成以下条约,以明确双方的权利和义务,并共同履行。

一、总则

1.甲方授权乙方成为＿＿＿＿＿＿＿产品代理商。

2.销售地区为＿＿＿＿＿＿＿＿＿＿＿＿。

3.乙方代理权限期限为本合同签订之日起至＿＿年＿＿月＿＿日止。合同期限为1年。

4.乙方只能在甲方授权地区销售产品,甲方授权于乙方的区域,不得再授权于其他经销商。

5.甲方对乙方的商业行为和法律行为及经营不善所造成的损失不承担责任。

二、代理价格及销售指标

1.该产品的代理价格为＿＿＿＿＿＿,乙方必须按照甲方规定的价格销售商品,不得抬价或压价,甲方因各种原因需要调整价格的,需提前1个月通知甲方。

2.本合同规定年销售额为＿＿＿＿＿＿＿。乙方必须在授权期内完成指标。

三、双方权利及义务

1.甲方必须保证在乙方提交订单的情况下,为乙方提供充足的货源,帮助乙方了解市场,提供产品资料,帮助乙方进行产品宣传活动,协助乙方建立并提高企业信誉。甲方在协议期限内,可根据销售数量和实际情况,有权终止甲方代理资格。

2.乙方必须在代理区域以合法方式销售产品,未经甲方同意,不得与其他企业签订销售同类产品的合同,乙方保证不对甲方产品进行拷贝、复制,乙方必须尊重甲方的知识产权,不得泄露甲方的产品机密。合同到期或其他原因终止合同,乙方未售出部分可返还甲方,甲方按合同代理价格全额退还,但是由此产生的运费,由乙方负责。

四、货款结算方式

乙方必须提前付款,采取款到发货方式。

五、运费及交货地点

甲方承担运费,必须保证将货物送至＿＿＿＿＿＿＿＿。

六、验收方式

乙方当面点清货物,如因运输造成毁坏,必须在收货当天向乙方提出异议。

合约未尽事项,双方协商解决,解决不了,提交法院。

本合同一式两份,双方各执一份。

甲方签字: 乙方签字:

甲方盖章: 乙方盖章:

　　　　　年　　月　　日   年　　月　　日

参考文献

[1]曹晶晶,傅潇.外贸跟单实务[M].2版.杭州:浙江大学出版社,2022.

[2]曹旭平.新编国际贸易实务[M].北京:电子工业出版社,2018.

[3]陈平.国际贸易实务[M].3版.北京:中国人民大学出版社,2020.

[4]陈文汉.国际贸易实务[M].2版.北京:中国人民大学出版社,2022.

[5]陈岩.国际贸易理论与实务[M].5版.北京:清华大学出版社,2021.

[6]崔日明,王海.国际贸易实务[M].2版.北京:机械工业出版社,2022.

[7]龚文龙,王宇佳.跨境电商实务[M].杭州:浙江大学出版社,2022.

[8]胡丹婷,成蓉.国际贸易实务[M].4版.北京:机械工业出版社,2022.

[9]蒋琴儿.国际贸易实务(中英双语)[M].杭州:浙江大学出版社,2022.

[10]冷柏军.国际贸易实务[M].3版.北京:中国人民大学出版社,2020.

[11]黎孝先,王健.国际贸易实务[M].7版.北京:对外经济贸易大学出版社,2020.

[12]李军.国际贸易实务[M].北京:电子工业出版社,2017.

[13]林俐,陈婷.国际贸易理论与实务[M].杭州:浙江大学出版社,2021.

[14]唐军荣.国际贸易实务[M].杭州:浙江大学出版社,2021.

[15]王力,黄育华.中国自贸区发展报告(2020—2021):中国自贸试验区迈向高质量发展之路[M].北京:社会科学文献出版社,2021.

[16]王微微."一带一路"倡议背景下中国对外贸易发展研究[M].北京:中国经济出版社,2021.

[17]王文涛.加快建设贸易强国[N].人民日报,2022-12-20(9).

[18]王孝松,谢申祥.中国对外贸易环境与贸易摩擦研究报告[M].北京:中国人民大学出版社,2022.

[19]吴百福,徐小薇,聂清.进出口贸易实务教程[M].8版.上海:上海人民出版社,2020.

[20]姚俊彪,刘康.国际贸易实务[M].北京:中国海关出版社,2022.

[21]余庆瑜.国际贸易实务原理与案例[M].3版.北京:中国人民大学出版社,2021.

[22]张大卫,苗晋琦,喻新安.中国跨境电商发展报告(2022):以制度型开放打通跨境电商发展堵点[M].北京:社会科学文献出版社,2022.

[23]赵慧娥.国际贸易实务[M].2版.北京:中国人民大学出版社,2018.

[24]周瑞琪,王小鸥,徐月芳.国际贸易实务(英文版)[M].7版.北京:对外经济贸易大学出版社,2020.